KLHE

Bibliografische Information der Deutschen Nationalbibliothek
Die Deutsche Nationalbibliothek verzeichnet diese Publikation in der Deutschen Nationalbibliografie; detaillierte Daten sind im Internet abrufbar über: http://dnb.dnb.de

Für Fragen und Anregungen:
info@klhe.de

Die verlorenen Jahre
Originalausgabe, März, 2024

KLHE-Verlag
ein Imprint der GbR:
Christopher Klein & Jens Helbig
Hortensienstr. 26
40474 Düsseldorf

ISBN: 978-3-98538-150-0
Cover: Christopher Klein
Fotos Cover und Inhalt: Originalaufnahmen von Helmut Tödter (via Antonio De Mitri)
Layout: KLHE Verlag, Maleen Dorgeloh
Lektorat & Korrektorat: KLHE Verlag, Maleen Dorgeloh, Carola Klein, Christopher Klein

Webseiten
Verlag: https://www.klhe.de
Bücher des Verlags: https://www.klhe.de/buecher/

Die verlorenen Jahre

von Helmut Tödter

Über Helmut Tödter

Helmut Tödter wurde 1921 in Düsseldorf geboren. Nach dem Krieg heiratete er Jetty Ebus 1947 in Süchteln am Niederrhein. Die beiden waren mehr als 50 Jahre glücklich verheiratet und haben eine gemeinsame Tochter, die heute in Murnau am Staffelsee wohnt. Nach dem Krieg zog Helmut Anfang der Fünfzigerjahre mit seiner Familie zurück nach Düsseldorf, in den Stadtteil Gerresheim. Bis zu seiner Rente arbeitete er als Einkäufer beim Kranbauer Leo Gottwald in Reisholz. Er starb 2003. Seine geliebte Frau folgte ihm 2014 nach. Ihre letzte Ruhe haben die beiden auf dem Gerresheimer Waldfriedhof gefunden.

Über Antonio De Mitri

Der Journalist und Publizist Antonio De Mitri wurde 1968 als Enkel von Helmut und Jetty Tödter in Hilden bei Düsseldorf geboren. Sein Vater stammt aus Brindisi in Italien. Antonio startete seine Laufbahn bei der Rheinischen Post in Düsseldorf und arbeitete nach dem Studium am Dortmunder Institut für Journalistik mehrere Jahre als freier Reporter für Magazine und Radiosender, bevor er sich als Kommunikationsberater und Entwickler von Zeitschriften international einen Namen machte. Er ist verheiratet und hat zwei erwachsene Kinder. Heute arbeitet er als Redakteur in Baden-Württemberg.

Inhaltsverzeichnis

4 Kommentar des Verlegers

6 Vorwort des Autors

10 Prolog: Eine Weihnachtsgeschichte

13 Teil 1: Zweifel und Verzweiflung

14 Marschbefehl nach Afrika
37 Lehrgang in München
53 Neuen Zielen entgegen
65 Jetty
76 Beförderungen
99 ... bis zum letzten Mann

105 Briefe

145 Teil 2: Der weite Weg zurück

146 Selbsterhaltungstrieb
159 Die Kapitulation
174 Flucht!
181 Über alle Berge ...
206 Nach Hause!

224 Epilog

Kommentar des Verlegers

Im Herbst 2023 kontaktierte mich Antonio De Mitri, der Enkel des Autors dieses Buches, Helmut Tödter. Die Idee des Manuskripts und die dahinterliegende Geschichte haben mich sofort fasziniert. Eine original Flucht-Geschichte vom Opa, dessen Traum es war, seine inspirierende Biografie mit interessierten Lesern zu teilen. Obgleich es nun einige Jahrzehnte länger gedauert hat, freue ich mich sehr, Antonio und seinem Großvater mit der Veröffentlichung dieses Buches einen lang gehegten Wunsch erfüllen zu können.

Daher habe ich mich auch dazu entschieden, diesen Titel nicht wie sonst klassischerweise lektorieren und „umschreiben" zu lassen, sondern die Worte von Helmut Tödter im Original beizubehalten. Denn genau das macht dieses Buch für mich so besonders. Durch die Lektorentätigkeit hätten wir die Geschichte sicherlich an der ein oder anderen Stelle etwas dramatischer darstellen oder die Ausdrucksweise verändern können, dann wäre jedoch der Charme und die Authentizität dieser eindrucksvollen autobiographischen Erzählung verlorengegangen. Wir haben daher bewusst darauf verzichtet.

Abschließend möchte ich noch einen kurzen persönlichen Kommentar an Sie richten. Das vorliegende Buch ist ein Original-Erlebnisbericht eines Deserteurs aus dem 2. Weltkrieg. Vor dem Hintergrund des Angriffs Russlands auf die Ukraine, aber auch des Pulverfasses im Nahost-Konflikts, empfinde ich diese Geschichte aktuell wie eh und je. Schließlich sehen sich Zweifel am Krieg und die Selbstverständlichkeit, in Frieden und Freiheit leben zu können, heutzutage wieder vermehrt bedroht.

Ja, es gibt nicht wenige Menschen, die sich – mangels Gehirn und Lebenserfahrung – wieder in vergangene Zeiten zurückwünschen und an der Demokratie zweifeln, die uns die letzten Jahrzehnte begleitet hat. Dieses Buch zeigt, wie man sich selbst als überzeugter und patriotischer Soldat in unmenschlichen Zeiten des Krieges schon bald nichts sehnlicher wünscht, als in den Armen seiner Liebsten in Frieden leben zu können. Lassen wir es nie wieder soweit kommen und setzen wir uns ein für Frieden und Demokratie – auf der gesamten Welt.

Ich wünsche Ihnen, verehrte*r Leser*in, nun eine unterhaltsame und ebenso informative Lektüre und alles Gute.

Christopher Klein
Verleger

Vorwort des Autors

Die vorliegende Niederschrift von Begebenheiten im Zweiten Weltkrieg beruht auf Tatsachen.

Annähernd ein halbes Jahrhundert danach war die Aufarbeitung anhand aufbewahrter Notizen und Briefe möglich, weil sich gravierende Einzelheiten unauslöschlich in meinem Gedächtnis verankert haben.

Den zweiten Teil dieses Bandes mit dem Titel „Der weite Weg zurück“ habe ich vor drei Jahren zuerst geschrieben.

Nach seiner Lektüre wünschten Verwandte und Freunde, vornehmlich aber mein Enkel Antonio, mehr über meine Erlebnisse im Krieg zu erfahren. Dieser Bitte nachkommend habe ich anschließend im ersten Buch geschildert, was mich in jenen Jahren am meisten beeindruckt und berührt hat.

Ich habe bewusst die damals geläufige Sprache benutzt, die jüngeren Lesern hier und da vielleicht zu einfach oder aber zu romantisch erscheinen mag. Auf Kraftausdrücke in jeglicher Form habe ich verzichtet; sie waren ohnehin unter uns Soldaten damals viel seltener, als von manchen Schreibern heute verwendet.

Auch wenn das Buch nur die Wahrnehmungen, Empfindungen und Gefühle eines einzelnen Menschen wiedergibt, so soll es doch für die Leser eine Anregung sein, über den unschätzbaren Wert normaler, friedlicher Zeiten nachzudenken und dafür jeden Tag dankbar zu sein.

Es sei meinem lieben Enkel Antonio gewidmet, der mich zum Schreiben animiert hat, und der sich mit allen geschichtlichen Geschehnissen ernsthaft auseinandersetzt.

Helmut Tödter

Düsseldorf, im Mai 1989

Frisch ins Heer eingezogen

Prolog
Eine Weihnachtsgeschichte

Es war der 24.Dezember 1944, Heiligabend im fünften Kriegsjahr. Wir hatten in der Nähe von Lucca in der Toskana Stellung bezogen. Vormittags gab es noch einige Schießereien auf beiden Seiten. Heute schossen aber wohl alle mehr in die Luft – hüben wie drüben. Die Besonderheit dieses Tages schien das Zielen und Treffen zu verbieten.

Mittags, gegen 12 Uhr, brach das Geplänkel völlig ab. Eine fast beängstigende Ruhe trat ein, als sei der Krieg auf Verabredung beendet worden. Es war, als besannen wir uns urplötzlich auf die Friedensbotschaft Christi. Wir klammerten uns innerlich fest an sie. So junge und doch schon alte Soldaten.

Ich ließ die Batterie in einer geschützten Mulde hinter der Anhöhe durch Oberfähnrich Karlheinz Kluge zusammentreten. Ein paar gute Worte zu Weihnachten – was sagte man schon nach fünf Kriegsjahren? – sowie die unverhoffte Ankündigung eines Rumpunsches (wo mochte dieser Evertz den aufgetrieben haben?) zauberten ein Lächeln auf die Gesichter der jungen Männer. Gesichter, in die sich harte Linien der Not, Entbehrung, Sehnsüchte und eines fortwährenden Kampfes um Leben und Tod eingegraben hatten.

Seit mittags war kein Schuss mehr gefallen. Die Landschaft war in Frieden getaucht. Es war fast wie Heiligabend früher zu Hause. Zu Hause? Mein Gott, wie war das denn noch, Heiligabend zu Hause? Lichterbaum, Singen, die Geschenke, das Vorlesen der Weihnachtsgeschichte, die Mette, ich konnte mich kaum noch erinnern.

Die Dunkelheit brach herein. Der trübe Tag wich einem strahlenden Sternenhimmel, wie ich ihn in dieser Schönheit zuvor aus Italien und Afrika kannte. Er vermochte es selbst die durch Bomben und Granaten verwundete Landschaft noch zu verzaubern.
Langsam und vorsichtig näherte ich mich dem zweiten Geschütz. An einem zerschossenen Baumstumpf lehnte Unteroffizier Siegfried Krüger. Mit Krüger hatte ich mich in den letzten Wochen angefreundet. Er rauchte und ich zündete mir ebenfalls eine Zigarette an. In Feindnähe überaus leichtsinnig wegen des Lichtscheines. An diesem besonderen Abend schien es aber ungefährlich. Schweigend blickten wir in die Abendlandschaft.
Plötzlich deutete Siegfried mit der Hand nach vorn. Ich traute meinen Augen nicht. Genau in Richtung auf die amerikanischen Stellungen zu, schritten langsam, aufregend lässig, zwei Soldaten aus unserer Batterie – glimmende Zigaretten zwischen den Fingern.
Zuerst wollte ich Alarm geben, unterließ es aber, um nicht Schlimmeres heraufzubeschwören. Doch meine Maschinenpistole nahm ich von der Schulter, um den beiden Träumern, wenn nötig, Feuerschutz zu geben.
Es sollte zum Glück nicht nötig werden. Allmählich lösten sich schattenhafte Gestalten aus der Stellung der Amerikaner, drei oder vier. Sie gingen, ebenfalls langsam und lässig, auf unsere Soldaten zu. Trotz der Abendkühle wurde es mir heiß.
„Menschenskind, Siggi, was soll denn das geben?“ flüsterte ich leise zu Siegfried. Er schüttelte nur den Kopf und blickte stoisch nach vorn. Da geschah ein Wunder!
Die „Feinde“ hatten einander erreicht und gaben sich die Hände. Vereinzelte Wortfetzen drangen zu uns herüber:
„Frohe Weihnacht“ und „Merry Christmas“.

Der Bann war gebrochen. Von beiden Seiten strömten die Soldaten zueinander. Einige hielten Kerzen in den Händen, andere Zigarettenpäckchen, Schokolade oder sonst irgendwas, womit sie ihrem Nächsten eine Freude bereiten wollten. Freude in einer Zeit der Feind¬schaft, des Mordens, der abgrundtiefen Not. Günther Evertz setzte allem jedoch die Krone auf. Er hatte ein kleines Nadelbäumchen, das ich nicht genau identifizieren konnte, aufgetrieben. Er stellte es

auf den höchsten Platz unserer Anhöhe und entzündete in aller Seelenruhe Kerzen, die er behelfsmäßig am Baum angebracht hatte.
Es leuchtete weit in die Nacht! Minutenlang herrschte völliges Schweigen.
Dann erklang, erst leise und fast verschämt, ein Singen aus rauen Kehlen, das immer mehr anschwoll. Es mischten sich fremde Laute hinein. Alle hielten nur eine Melodie: „Stille Nacht, heilige Nacht".

Siegfried blickte zu mir. In seinen Augen glitzerte es: „Sag, Helmut, glaubst du, dass wieder einmal Frieden sein wird? Dass dies alles vorbei ist und wir wieder zu Hause leben dürfen bei unseren Lieben, in Frieden mit den anderen Völkern?"
„Ja", antwortete ich, „ja, Siggi. So wie in diesem Augenblick wollen alle Völker im Grunde nur den Frieden und gerade heute Abend lass uns fest daran glauben."
Die Nacht senkte sich hernieder. Längst hatten die Soldaten ihre Zelte aufgesucht und sich zur Ruhe auf dem kalten Boden ausgestreckt, um seit langer, sehr langer Zeit die erste Nacht still zu schlafen – die Heilige Nacht.
Siegfried saß noch bei einer Kerze im Zelt und schrieb an seine Mutter, wie er mir zuvor mitgeteilt hatte.

Am nächsten Morgen, Punkt acht, brüllten die Kanonen von drüben, und die Granaten fegten in unsere Stellung. Wir flogen in die Geschützstände und nach einigen Kommandos donnerten die Kanonen los und spien Verderben in die Reihen unserer Feinde. Oder waren es nicht eben noch Freunde gewesen?
Mittags, in einem kurzen Moment der Ruhe, kniete ich neben Siegfried. Helfen konnte ich ihm nicht mehr. Niemand konnte es mehr. Er war tot. Ein Granatsplitter hatte sein junges Herz durchbohrt.
Später, als ich seine Sachen ordnete, um sie irgendwann seiner Mutter zukommen zu lassen, fiel mir sein angebrochener Brief in die Hand.:

„Liebe Mutter, es geht mir gut im schönen Italien. Heute feiern wir in Ruhe Weihnachten und freuen uns, dieses Fest nächstens wieder zu Hause erleben zu dürfen. Eben noch sagte Helmut zu mir: Bald wird wieder Frieden sein, man muss nur fest daran glauben. "

Teil 1: Zweifel und Verzweiflung

Marschbefehl nach Afrika

An jenem denkwürdigen Heiligabend in Lucca waren es bald zwei Jahre, in denen ich direkt an der Front kämpfen musste. Zuvor hatte der Krieg für mich aus einer Stellung meiner Flak-Batterie im dänischen Aalborg bestanden, in der kein Schuss fallen sollte. Es war wie Frieden mitten im Krieg. Ich war zu einem mehrwöchigen Dänisch-Lehrgang abkommandiert worden, die mit einer Dolmetscherprüfung abschloss. Es diente dem Zweck, eine bessere Verständigung zwischen den Dänen und den deutschen Einheiten herbeizuführen.

Doch jetzt sollte es ernst werden. Wir hatten Marschbefehl an die Front nach Nordafrika erhalten.

Nachdem uns im November 1942 der Stellungswechsel befohlen worden war, führte uns eine beinahe endlose Odyssee mit dem Zug, begleitet von Umstiegen und mehrtägigen Aufenthalten, über Hamburg, München und den Brenner bis nach Neapel und Reggio di Calabria. Spezialfährschiffe brachten uns schließlich mit unserer Ausrüstung und den Geschützen über die Straße von Messina nach Palermo.

Am 4. Januar 1943 wechselten wir in einem Wehrmachts-Depot in der Nähe des Bahnhofes unsere bisherigen Uniformen. Wir bekamen khakifarbene Tropenuniformen, die hinsichtlich Stoff und Machart den klimatischen Verhältnissen Nordafrikas angepasst waren.

Ich fand sie leger, schick und wollte mich sofort von einem Straßenfotografen vor Palmen fotografieren lassen. Am nächsten Tag holte ich die Bilder. Mit der Ablichtung von Umgebung und Uniform war ich überaus zufrieden, jedoch nicht mit meinem ernsten Gesichtsausdruck.

Helmut Tödter in Palermo, Sizilien, kurz vor dem Abflug nach Afrika

An dem Abend wurde uns befohlen, alles bis auf die Zeltplane und Decken zusammenzupacken. Unser Einsatztermin wurde nicht bekanntgegeben. Später saß ich mit meinen Kameraden Peter und Derk vor unserem Zelt. Wir tranken Wein, der in jeder gewünschten Menge ausgegeben wurde. Es war ein Abschiedstrunk. Peter fiel das Sprechen bereits sichtlich schwer:
„Der Kuckuck soll mich holen, wenn wir nicht morgen schon woanders sitzen oder liegen oder so. Immer, wenn ich anfange, mich einzuleben, hauen wir ab, aber angenehmer wird es nie."
„Beklage dich nicht über das Vergangene", mahnte ihn Derk, „ich schätze, dass das Unangenehmste jetzt erst beginnt."
Vom Bauernhof klang ein lauter, leicht disharmonischer Gesang zu uns herüber. Viele Soldaten hatten sich dort unter der Leitung unseres Hauptwachtmeisters versammelt, um alte Soldatenlieder zu schmettern. Ein schwieriges Unterfangen nach dem reichlichen Weinkonsum. Wie bei solchen Momenten üblich, wurde zum Abschluss gesungen: „In der Heimat, in der Heimat, da gibt's ein Wiederseh'n!"

Wir hatten alles vorbereitet, um Europa zu verlassen. Um Punkt vier Uhr am frühen Morgen rissen uns schrille Pfeiftöne aus dem Schlaf und die lauten Rufe „Stellungswechsel" ließen uns wissen, dass wir nach Afrika aufbrechen sollen. Mit Lastwagen wurden wir zum Flugplatz transportiert. Dort stand eine unübersehbare Anzahl von Flugzeugen bereit. Soweit ich feststellen konnte, handelte es sich vorwiegend um „Ju 52". In einer davon fand ich mich kurze Zeit später wieder. Ausgerechnet auf dem Platz neben dem Spieß. Der schaute so merkwürdig irritiert um sich, als wolle er die Häupter seiner Lieben zählen. Der viele Wein gestern Abend hatte ihm scheinbar über Gebühr zugesetzt. Nach fast drei Stunden hob unsere Maschine ab und folgte den bereits gestarteten Flugzeugen. Überrascht stellte ich fest, dass sich von fern und nah immer weitere Flugzeuge zu einem riesenhaften Pulk formierten. Über und unter uns gewahrte ich etliche Jagdflugzeuge, die unseren Geleitschutz übernommen hatten.
Als ich den Hauptwachtmeister neben mir fragte, „wie viele Maschinen fliegen wohl heute nach Afrika?", griff dieser mit wächsernem Gesicht nach einer der Tüten, die an den Seitenwänden hingen. Er übergab sich und taumelte nach hinten. Komisch, dachte ich, der Spieß selbst hatte doch heute Morgen mit leicht

lädierter Stimme gebrüllt: „Wehe, wenn einer von euch Brüdern kotzt!" Und ausgerechnet er war nun der Erste von den Brüdern. Derk, der hinter mir saß, flüsterte mir zu: „Hoffentlich kriegen wir den heil übers Meer, der sieht ja gotteserbärmlich aus."
Trotz des donnernden Getöses der vielen Motoren und der Gefahr, in der wir uns befanden und der wir erst recht entgegensteuerten, empfand ich diesen ersten Flug meines Lebens als ein besonderes Erlebnis. Hellblauer Himmel über uns und tiefblaues Meer unter uns – ich konnte mich nicht sattsehen an dieser mir unbekannten Welt und vergaß völlig, dass wir jeden Augenblick von englischen Jagdfliegern angegriffen werden konnten.
In strahlender Morgensonne landeten wir auf dem Flugplatz von Biserta. Wir waren mit unserem Gepäck kaum aus der Maschine geklettert, da dröhnte es laut aus Megaphonen über den Flugplatz: „Alle Mann haben sofort den Flugplatz zu räumen, es besteht die Gefahr eines Feindangriffes! Los, Beeilung! Für die Einheiten stehen die Lastwagen auf der Straße abfahrbereit. Im Laufschritt, marsch, marsch!"
Das fing ja gut an. Mit unseren schweren Klamotten keuchten wir auf die Landstraße zu und fanden auch bald unsere Leute, die uns per Schiff in Palermo verlassen hatten. Mit laufendem Motor standen unsere beiden Lastwagen mit Anhänger da. Nassgeschwitzt hievten wir uns samt Gepäck hinauf. Gut zehn Minuten später rollten wir unserem unbekannten Einsatzort entgegen.
Nach mehr als zwei Stunden näherten wir uns einer Anhöhe, auf der unsere Geschütze und Messgeräte bereits aufgestellt waren. Darum gekümmert hatten sich die Unteroffiziere, die sämtliche Geräte auf dem Schiff begleiten mussten und für den Weitertransport hierher verantwortlich waren. Hauptmann Bäumer ließ alle Leute zusammenrufen und kündigte an:
„Wir haben den Auftrag Feindangriffe aus der Luft und auf der Erde zu bekämpfen. Beschuss einmal mit Zeitzünder und auf Panzer mit Aufschlagzünder. Dazu erwarte ich von jedem einzelnen äußerste Konzentration. Fehler können wir uns nicht leisten; wir befinden uns in Frontnähe. Schlafen müssen wir einstweilen in unseren Zweimann-Zelten. Die großen Afrika-Zelte erhalten wir in den nächsten Tagen. Und noch etwas: Dort drüben ist ein Brunnen. Das Wasser darf nur zum Waschen, keinesfalls zum Trinken benutzt werden. Wer Fragen hat, kann jederzeit zu mir kommen."

Gegen Abend war die Batterie feuerbereit. Alle Kabel und Strippen waren verlegt und die kleinen Zelte hatten wir rund um die Geschütze und Messgeräte aufgebaut.

Auf einmal bewölkte sich der Himmel und es wurde schlagartig finster. Ein gewaltiger Sturm fegte heran, der uns um die Standhaftigkeit unserer Zelte bangen ließ. Und dann entlud sich direkt über uns ein unheimliches Gewitter mit grellen Blitzen und ohrenbetäubendem Donnern. Derk hockte mit mir im Zelt. Ich schrie ihm durch das Getöse über uns zu:

„Hier wird uns ja ein großartiger Empfang bereitet! Wenn um Himmels Willen nur die Zeltpflöcke halten!“

Derk wollte etwas erwidern, da passierte es schon. Es gab einen mächtigen Ruck und krachend und peitschend fegte unser Zelt davon. Im strömenden Regen, der wie eine Sintflut herunterprasselte, versuchten wir von unseren Siebensachen zu retten, was der Sturm übrigließ. Durchnässt bis auf die Haut krochen wir mit dem schäbigen Rest unserer Habe in das nächstgelegene Zelt. Die Kameraden waren alles andere als begeistert von unserem Besuch. Kein Wunder, das Zelt war für zwei Leute schon fast zu klein. Geschweige denn für zwei zusätzliche, die dazu noch patschnass waren.

Um Mitternacht legte sich das Gewitter. Wir hatten unsere Uniformen ausgezogen und uns in Decken eingewickelt. Am Morgen wurde es schlagartig warm. Die Sonne strahlte vom blauen Himmel herunter, als hätte nie ein Gewitter stattgefunden. Wir fühlten uns wie zerschlagen. Wir hatten doch wie Fragezeichen im Zelt gelegen und kaum geschlafen.

Mit Derk suchte ich die Umgebung ab. Der Sturm hatte ganze Arbeit geleistet. Wir fanden nichts, rein gar nichts von den Sachen, die wir vermissten. Auch von unserem Zelt fehlte jede Spur. Ich ging zum Chef, um ihm die Verlustmeldung zu machen. Er zog die Augenbrauen hoch und grinste:

„Da haben Sie aber einen guten Einstand in Afrika gehabt. Allerdings, das Gewitter war auch nicht von schlechten Eltern. Gehen Sie zu Wachtmeister Wolf und lassen sie sich die fehlenden Teile ersetzen.“

Wolf befand sich mit seinem Tross etwas außerhalb der Feuerstellung. Ich verstand mich gut mit ihm und er versorgte mich großzügig mit allem, was ich brauchte. Mit einem Teil davon zog ich los. Den Rest wollte ich später mit Derk holen.

Als ich das Batteriegelände erreicht hatte, hörte ich plötzlich Motorengeräusche und sah sechs Jagdflugzeuge vom Typ „Spitfire“ im Tiefflug auf uns zurasen. Sie schossen wild auf uns los. Ich schmiss mich mit allen Klamotten auf die Erde. Die Geschosse zischten an meinen Ohren vorbei. Unsere Jungs waren bereits an den 2-cm-Kanonen und beschossen die Maschinen bei ihrem nächsten Anflug. Dreimal flogen uns die Spitfire an bis eine Maschine getroffen wurde und brannte. Sie drehten ab und der Spuk war vorüber.
Ich raffte mich auf und stellte fest, dass mein soeben in Empfang genommenes Kochgeschirr einen Durchschuss erhalten hatte. Tatsächlich hätte nicht viel gefehlt, um meinem Afrika-Einsatz am ersten Tage ein jähes Ende zu bereiten.
Wachtmeister Wolf musste mich wohl beobachtet haben, denn er kam aufgeregt im Laufschritt heran:
„Mensch, Tödter, Sie haben Schwein gehabt. Das war knapp. Kommen Sie, ich gebe Ihnen ein neues Kochgeschirr. Aber wenn das so weitergeht, fliegen Sie am besten nach Hause, sonst werden Sie der Wehrmacht zu teuer.“
Bei den letzten Worten grinste er, doch mir war nicht zum Lachen zumute. Erst recht nicht, als ich zur Batterie zurückkam und Derk mich mit den Worten empfing:
„Drei Leute sind getroffen worden und müssen zum Hauptverbandsplatz transportiert werden. Ab sofort bleiben alle Geschütze besetzt. Da die Brüder nun wissen, wo wir zu finden sind, werden sie uns öfter besuchen. Helmut, ich fürchte, wir gehen unruhigen Zeiten entgegen.“
„Darauf kannst du dich verlassen, Derk“, erwiderte ich, „aber geh' du erst mal zu Wolf und hole die Sachen, die ich nicht mehr tragen konnte. Pass auf, dass du nicht auch ein Loch ins Kochgeschirr bekommst.“

In den nächsten Tagen löste ein Luftangriff den Nächsten ab. Die Kameraden an den Geschützen und wir an den Messgeräten standen unter Hochdruck. Es galt, dem Feind unsere Abwehrfähigkeit zu beweisen. Schon bald waren wir so gut aufeinander eingespielt, dass es uns gelang, die Maschinen bereits beim ersten Anflug gezielt unter Beschuss zu nehmen. Mehr als einmal drehten sie dann sofort ab.
Die Verpflegung klappte nicht. Es wurde zu viel Sabotage verübt. Wenn einmal ein Schiff mit Verpflegung an Bord den Hafen von Tunis oder Biserta erreichte

und nicht sofort von den ständigen Fliegerangriffen gelöscht wurde, war sicher, dass es binnen 24 Stunden durch eine heimlich eingeschleuste Bombe in die Luft flog.
Tagelang gab es entweder nur Ölsardinen oder Büchsenfleisch und das unvermeidliche Knäckebrot oder aber zu dem Brot eine ganze Zeit hindurch nur Marmelade und etwas Butter. Schlimmer noch war der Durst. Die Hitze nahm zu, doch der Nachschub an Getränken war mehr als unzulänglich. Von dem reichlich vorhandenen, schweren afrikanischen Wein einmal abgesehen. Der löschte schließlich keinen Durst, sondern sorgte nur für einen Brummschädel.

Helmut Tödter in Afrika

Lediglich waren zu unserem Leidwesen ausreichende Mengen Medikamente vorhanden. Unser erstes Frühstück bestand pflichtgemäß und regelmäßig aus einer Tablette Chinin, die unter Aufsicht des Hauptwachtmeisters eingenommen werden musste. Ein widerlich schmeckendes, bitteres Zeug, das die Malaria verhüten sollte. Doch damit nicht genug. An jedem Samstag besuchte uns ein Oberarzt, der allen ausnahmslos eine Spritze verpasste. Angeblich gegen irgendeine Tropenkrankheit oder Infektion. Bereits beim ersten Mal erregte ich den Unwillen des Arztes, der beim Setzen der Spritzen nicht gerade zimperlich vorging. Er stieß mir die Nadel mit dem üblichen Nachdruck in den Oberarm und dabei brach sie ab. „Verdammt“, knurrte er, „Sie haben ja eine Haut wie ein Elefant.“ Es half ihm nichts. Er musste das im Muskel steckende Stück der Nadel vorsichtig mit der Pinzette herausziehen. Dass während dieser Prozedur ausgerechnet Tiefflieger über unsere Batterie hinwegfegten, passte ihm gar nicht. Nun lagen wir beide im Dreck, was sein Spritzenprogramm zeitlich durcheinanderbrachte.

Die Nachwirkungen der Medikamente waren unangenehm, insbesondere bei unserer mangelhaften Kost. Übelkeit und Durchfall wechselten mit Benommenheit und schneller Ermüdung ab. Nun, auch dagegen gab es ein Mittel, ein geradezu Erstaunliches. Immer, wenn Feindeinwirkungen unseren vollen Einsatz erforderlich machten, gab es reihum Pervitin-Tabletten. Nach deren Einnahme war man stundenlang wie aufgedreht und wuchs mit seinen Kräften über sich hinaus. Dafür fühlte man sich hinterher wie ausgelaugt.
Am Abend des 20. Januar machten wir Stellungswechsel. Wie uns Hauptmann Bäumer mitteilte, ging es nach Medjez ei Bab. An die vorderste Front. Einer meiner Kameraden, der Gefreite Manfred Jung, raunte mir beim Verstauen der Messgeräte zu:
„Wir werden aus diesem Hexenkessel nicht mehr herauskommen. Entweder gehen wir drauf oder wir kommen bestenfalls in Gefangenschaft."
Ernst und verbittert kam das von Manfred. Ausgerechnet von ihm, der sonst immer guter Dinge war. Ich entgegnete schnell:
„Manfred, so darfst du nicht einmal denken. Bis jetzt hatten wir doch Glück. Vertrauen wir auf Rommel. Der weiß schon, was er tut und wird von allen gefürchtet."
Ganz wohl war mir bei meinen Worten allerdings nicht. Schließlich wurden unsere Truppen in Afrika immer weiter zurückgedrängt. Nur durfte man den Mut nicht verlieren, sonst begab man sich gefährlich in die Nähe der Selbstaufgabe.
In der Umgebung von Medjez el Bab, einem kleinen Ort weitab jeglicher Zivilisation, gingen wir in Stellung. Geschütze und Geräte konnten in dem sandigen Boden nicht eingegraben werden, weswegen wir auf freier Pläne wie auf einem Präsentierteller lagen. Morgens musste ich mit drei Unteroffizieren zum Chef. Ernst und bedächtig sah Hauptmann Bäumer uns an:
„Vom Stab weiß ich, dass wir hier von Panzern angegriffen werden. Sie sollen auf unseren vier 8,8-cm-Kanonen als Richtschützen fungieren. Ich brauche Ihnen nicht zu sagen, dass von Ihrer präzisen Ermittlung der Ziele unter Umständen der Erhalt unserer Batterie abhängt. Lassen Sie die Panzer so nahe wie möglich herankommen und erst, wenn Sie das Ziel exakt im Fadenkreuz haben, geben Sie ‚Feuer frei'. Ab sofort befinden wir uns konstant im Alarmzustand. Ich verlasse mich auf Sie."

Der Tanz begann am nächsten Tag um 12 Uhr mittags. Sechs Jagdflugzeuge vom Typ „Buffalo“ flogen aus der Sonne heraus auf unsere Stellung, wodurch unsere Kanoniere an den 2-cm-Geschützen geblendet wurden. Dennoch gelang ihnen ein gezieltes Schießen, das die Jäger zum Abdrehen zwang.
Plötzlich vernahmen wir das unheimliche Geräusch rasselnder Panzerketten.
Ich saß auf dem Richtsitz von Geschütz „Anton“ und beobachtete im Zielfernrohr einen von fünf Panzern, die den genauen Kurs auf unsere Stellung hielten. Trotz der Hitze lief es mir eiskalt über den Rücken. Schneller, viel schneller, als ich angenommen hatte, rollten die Ungetüme näher und eröffneten das Feuer. Der von mir ausgemachte Panzer befand sich nun exakt in der Mitte meines Fadenkreuzes. Ich hob den Arm, das Zeichen zum Feuern. Der Schuss traf den Panzer frontal und setzte ihn in Brand. Zwei weitere Abschüsse von den anderen Kanonen erreichten ebenfalls ihre Ziele. Die Panzer drehten ab und waren bald verschwunden. Abgesehen von dem in Brand geschossenen, den zwei Soldaten fluchtartig verlassen hatten, um auf einem anderen Wagen das Weite zu suchen.
„Gut gemacht, Tödter“, hörte ich hinter mir die Stimme von Hauptmann Bäumer, der das Schießen an unserer Kanone überwacht hatte. „Machen Sie weiter so, dann wird denen die Lust an ihren Ausflügen hoffentlich vergehen.“
Als ich später mit Derk und Peter hinter der Kanone saß, gestand Derk:
„Ich habe eben eine verfluchte Angst gehabt. Diesmal haben die zwar nichts getroffen, aber das war ja auch erst der Anfang. Du hast gleich beim ersten Mal einen Volltreffer gelandet, Helmut. Wie war es dir denn da oben am Fernrohr?“
„Hundsmiserabel“, gab ich zurück. „Mir war vor Angst eiskalt und mein Magen verkrampfte sich. Jetzt habe ich fürchterlichen Durst. Mein Mund ist wie ausgetrocknet.“
Peter hielt mir seine Flasche entgegen: „Hier, nimm' meine Feldflasche. Da ist noch etwas lauwarmer Kaffee drin. Wasser gibt es ja in dieser Einöde nicht.“
„Ja, und du denn, Peter?“, fragte ich.
„Ich saufe warmen Rotwein, vielleicht wird mir dann wohler.“
Mit Eintritt der Dämmerung gab es wenigstens einen Fortschritt. Lastwagen brachten uns die großen Afrika-Zelte, in denen etwa zwanzig Leute Platz hatten. In den Nächten, die nach den heißen Tagen abrupt kalt wurden, boten diese Zelte mehr Wärme. Sie bescherten uns allerdings auch einen penetranten Mief.

Ausgehend von zwanzig verschwitzten, ungewaschenen und in schmutzigen Uniformen steckenden Körpern.
Die Angriffe wurden von Tag zu Tag intensiver. Ich kam kaum noch von meinem Richtsitz herunter. Längst saß ich dort nur noch mit der Badehose bekleidet. Die Sonne brannte und die Geschütze glühten förmlich. Ich hockte ja nur wenige Zentimeter vom Kanonenrohr entfernt.
Nach drei Wochen fehlten uns schon zwölf Mann. Zwei hatten wir abseits der Stellung begraben müssen. Darunter auch meinen Kameraden Manfred, der sein Schicksal vorausgeahnt hatte. Die anderen waren verwundet nach Tunis gebracht worden.
Der Durst und die Unsauberkeit wurden schier unerträglich. Wir hatten doch weit und breit keinen Tropfen Wasser zur Verfügung. In der Frühe und nachmittags erhielten wir je einen Liter Kaffee oder Tee, den wir nur so in uns hineinschütteten. Der Nachschub an Essen wurde immer dürftiger. Wir ernährten uns nahezu nur noch von Konserven und Knäckebrot, die von Ameisen und Insekten aller Art mitverzehrt wurden.
Eines Nachts kroch ich, von der Wache kommend, in unser Zelt und schlug auf meinem Lager die Decke zurück. Ich prallte zurück. Mir zischte eine Sandviper entgegen. Eine von jenen meterlangen Ottern, mit denen wir uns fast täglich herumschlagen mussten. Die Biester waren gefährlich und ich konnte einen Schrei nicht unterdrücken.
„Was ist los, verdammt nochmal?“, rief Heinz mein Bettnachbar. Ein Hüne von Kerl, der Nerven wie Drahtseile besaß.
Als er die Schlange sah, fuhr er wie der Blitz hoch. Er rannte zum Ausgang und holte von dort einen gabelförmigen Stock. Der diente uns als Fanggerät, womit wir mit einiger Geschicklichkeit die Vipern buchstäblich aufspießten. Heinz war geradezu ein Meister darin. In wenigen Minuten landete die Schlange in einer dafür vorgesehenen Tonne, die vor dem Zelt stand und mit einem Deckel verschlossen wurde. Von Zeit zu Zeit wurde Benzin in solche Blechtonnen gegossen und angezündet, wodurch die Nattern verbrannten. Abscheulich, aber nicht zu umgehen.
Am 15. Februar, einem Montag, erhielt ich hier in Afrika zum ersten Mal Post aus der Heimat. Meine anfängliche Freude hierüber verging mir schnell beim Lesen des Briefes meiner Mutter.

In knappen Sätzen und mit zittriger Handschrift, die ich so nicht von ihr kannte, teilte sie mir mit, dass bei einem Bombenangriff das Haus getroffen worden sei, in dem wir wohnten. Unsere Wohnung sei zerstört. Sie müsse nun im unteren Stockwerk behelfsmäßig bei Nachbarn bleiben.

Die Nachricht traf mich wie ein Peitschenschlag. Unsere äußerst bescheidene Wohnung, nur zwei Zimmer im Dachgeschoss, war für mich in den Jahren der Kindheit und Jugend zum Mittelpunkt des Lebens geworden. Zum Inbegriff von Geborgenheit und Wärme. Dort hatte mir meine Mutter unendlich viel Liebe und Frohsinn entgegengebracht, nachdem mein Vater sie verlassen hatte. Ich war drei Jahre alt gewesen, als sie mit mir hier einzog. Ich werde ein Leben lang nicht ermessen können, mit wieviel Putzarbeit sie unser Dasein bestreiten musste.

Wie ausgebrannt saß ich vor dem Zelt und stierte in die trostlose Landschaft.

Derk kam zu mir und sah mich prüfend an:

„Was hast du, Helmut? Du siehst ganz verfallen aus. Du bist doch nicht etwa krank?“

„Dieser verfluchte Krieg“, murmelte ich und fügte dann laut und verbissen hinzu:

„Wozu nehmen wir dies alles hier auf uns? Ich denke, für unser Vaterland, um unsere Heimat zu schützen.“

„Ja, natürlich“, erwiderte Derk, „wir erfüllen unsere Pflicht als Soldaten, um Deutschland gegen die Feinde zu verteidigen.“

„So, und wie sieht es damit aus?“, fuhr ich aufgebracht hoch. „Hier, lies' doch mal den Brief meiner Mutter. Dann weißt du, wie es in der Heimat aussieht.“

Ich reichte Derk den Brief und während des Lesens wurde er sehr ernst. Dann sagte er leise und eindringlich:

„Das tut mir furchtbar leid, Helmut, aber verliere jetzt bitte nicht den Mut. Wir müssen an den Sieg glauben und daran, dass nachher alles wieder aufgebaut wird.“

In der Nacht schlief ich fast gar nicht. Mir fiel ein, dass ich einige Nächte zuvor im Traum unser zerstörtes Haus gesehen hatte. Gab es so etwas wie Telepathie? Mein Traum war bittere Realität geworden.

Im Morgengrauen donnerten feindliche Flugzeuge über unsere Stellung.

Im Eiltempo verließen wir die Zelte und brachten Geschütze und Geräte in

Gefechtsbereitschaft. Wir waren es schon gewohnt, dass die Sonne in Afrika binnen kürzester Frist aufstieg, um in Minutenschnelle ihre sengenden Strahlen über uns auszubreiten. Durch das Zielfernrohr waren acht Panzer zu erkennen. Sie schwenkten ein und nahmen Kurs auf unsere Stellung. Aber sie kamen diesmal nicht allein. In ihrem Schutz wurden sie von englischer Infanterie begleitet. Offenbar mit dem Auftrag, unsere Stellung zu überrennen.

Die Panzer eröffneten das Feuer. Unmittelbar zum Auftakt wurde unser Geschütz „Cäsar“ getroffen. Wir feuerten mit den übrigen drei Geschützen in schneller Folge. Nach zwanzig Minuten hatten wir drei Panzer außer Gefecht gesetzt. Doch die anderen rückten näher, gefolgt von den Fußtruppen. Erst nachdem zwei weitere Panzer zerschossen waren, drehten die restlichen drei ab. Noch konnten wir die Verluste in unserer Batterie nicht feststellen., Die englischen Infanteristen, die sich in den Sand geworfen hatten, feuerten gezielt, wenngleich sinnlos, mit Maschinengewehren auf uns. Es genügten einige Salven aus unseren 2-cm-Kanonen, bis die ersten Engländer mit erhobenen Händen auf uns zukamen. Nach und nach folgten ihnen auch die anderen., Wir zählten insgesamt 67 Leute.

Ihre Waffen wurden in Zeltplanen eingesammelt. Hauptmann Bäumer sprach mit einem der Soldaten. Er war offensichtlich ebenfalls Offizier wie Bäumer selbst. Ich beobachtete die beiden und wurde nachdenklich. Sie sprachen so zwanglos und ohne jede erkennbare Gefühlsregung miteinander. Wenn man so will, hätten die beiden auch befreundet sein können.

In diesem Augenblick erkannte ich erstmals und in vollem Umfang die fürchterliche Sinnlosigkeit kriegerischer Auseinandersetzungen., Den Wahnwitz, Menschen aufeinander schießen und sich umbringen zu lassen, die sich weder kennen noch hassen.

Nachmittags rief mich der Chef zu sich:

„Unsere Gefangenen müssen morgen nach Tunis gebracht werden. Der Gefreite Ernst wird unseren Lastwagen mit Anhänger fahren. Sie und der Gefreite Burgner werden den Transport begleiten. In Tunis übergeben Sie die Gefangenen der Leitung des Auffanglagers am Stadtrand. Die Verantwortung für die reibungslose Durchführung übertrage ich Ihnen. Seien Sie vorsichtig. Die Leute sind zwar unbewaffnet und auch kriegsmüde, aber immerhin in der Überzahl. Halten Sie sich an Leutnant Burns. Er spricht gut Deutsch und hat mir versprochen,

Ihnen beizustehen. Haben Sie noch Fragen?“
„Herr Hauptmann, wie machen wir es mit der Verpflegung?“
„Die Leute haben noch Mundvorräte in den Brotbeuteln und einige Konserven gebe ich Ihnen mit.“
Am nächsten Morgen, Mittwoch, den 17. Februar 1943, brachen wir um neun Uhr auf. Der Gedanke, dass wir drei allein die 67 „ehemaligen Feinde“ durch Ödland begleiten mussten, verursachte mir Unbehagen. Doch das schwand schon bald. Die Soldaten hatten den Lastwagen bestiegen., Ich musste mich als Letzter mit Rucksack und Karabiner hinaufschwingen, was mir natürlich Schwierigkeiten bereitete. Ehe ich mich versah, hoben die Engländer die beschwerlichen Gegenstände auf den Wagen und zogen mich anschließend selbst hinauf. Das geschah so selbstverständlich, als seien wir gute Kameraden. Ich schaute mir die Tommys näher an und hatte das Empfinden, durchweg freundlichen Blicken zu begegnen. Wir waren noch keine zwanzig Minuten vom Batteriegelände entfernt, da hatte man mich schon mit etlichen englischen Zigaretten und Riegeln Schokolade versorgt.
Ein Sergeant an meiner Seite sprach recht gut Deutsch. Er übernahm die mühsame Aufgabe eines Dolmetschers. Allmählich tauten meine Schützlinge auf und redeten von allen Seiten auf mich ein. Mit einem Lächeln wandte sich der Sergeant an mich:
„Die Jungs finden Sie sympathisch und mögen Sie. Ich soll Ihnen sagen, dass sie froh sind, dass der Krieg für sie zu Ende ist.“
Etwas zögernd antwortete ich:
„Sie sind mir ebenfalls sympathisch. Was den Krieg betrifft, so habe ich seit gestern Gedanken, die mich vorher nicht so sehr belastet haben wie jetzt.“
„Das gegenseitige Umbringen auf Befehl, meinen Sie., Während sich die Menschen, wie in unserem Fall, eigentlich ganz gut verstehen. Glauben Sie mir, stünden sich Ihr Hitler und unser Churchill mit der Waffe in der Hand gegenüber, es gäbe keinen Krieg.“
Bei diesen Worten war das Lächeln aus dem klugen Gesicht des jungen Mannes verschwunden; er blickte finster vor sich hin.
Am Nachmittag erreichten wir eine hügelige Landschaft, die mit Bäumen und Sträuchern bewachsen war. Ein herrlicher Anblick nach der Wüstenei, die hinter uns lag. Sehr weit konnte Tunis nicht mehr entfernt sein, doch weiterfahren

mochten wir nicht. Wir waren genug durchgeschüttelt worden. Zudem bot sich die Ruine eines ehemaligen Landsitzes für die Übernachtung an. Es war ein kleiner Bach vorhanden, der zum Waschen Gelegenheit gab.
Im Dämmerlicht setzten wir uns alle zu einer großen Runde zusammen., Wir tranken von dem Wein, der uns mitgegeben worden war und erzählten, soweit die Verständigung es möglich machte. Leutnant Burns saß neben mir. Ein noch sehr junger, baumlanger und strohblonder Mann mit lustigen Augen. Er reichte mir wieder eine von den wohlschmeckenden englischen Zigaretten:
„Wie ist es, Sir, hätten Sie nicht Lust, mit uns zu kommen? Als Dauerbewachung?"
Ich lachte:
„Lust hätte ich schon, und nebenbei könnte ich auf bequeme Art Englisch lernen. Aber glauben Sie ja nicht, dass man mir in Tunis diesen Gefallen tun wird."
Am nächsten Mittag trafen wir im Sammellager am Stadtrand von Tunis ein. Dieses Lager war mir als Bestimmungsort genannt worden. Es war viel größer als ich mir vorgestellt hatte. Hier waren sowohl deutsche als auch italienische Wachtposten. Ich brauchte geraume Zeit, bis ich einen deutschen Infanterieleutnant fand, der meine Meldung entgegennahm.
Die Engländer hatten sich unter dem Kommando von Leutnant Burns ordentlich in Reih und Glied aufgestellt. Burns reichte mir die Hand:
„Schätze, wir werden noch oft an Sie denken. Sehen Sie zu, dass Sie heil aus dem Krieg herauskommen."
Ich wendete mich den Soldaten zu und rief laut:
„Good bye, Boys!"
„Good bye, Sir!", erwiderten sie und winkten.
Im Lager erhielten wir Verpflegung und konnten mit Wonne duschen. Obendrein erhielten wir die Erlaubnis, zwei Tage in Tunis zu bleiben, um uns die Stadt anzusehen. Dieses unerwartete Geschenk galt als Belohnung für die einwandfreie Ausführung eines Befehls. Das verstand ich zwar nicht so recht, nahm es jedoch voller Freude hin.
In Tunis erlebte ich am nächsten Tag eine Stadt, die mich wegen ihrer Fremdartigkeit stark beeindruckte. Meine Kameraden Ernst und Burgner waren im Lager geblieben, um sich einmal gründlich auszuruhen. So wanderte ich

allein durch die Altstadt. Ich bestaunte die vielen arabischen Händler, die alles Mögliche feilboten. Gemüse, Datteln, Oliven und gleich daneben Innereien, vor denen ich ein leichtes Grausen empfand, bis hin zu Tüchern, Stoffen und Schmuckgegenständen.

Viele Straßen und Bauten der Neustadt, durch die ich nun schlenderte, wiesen europäischen Charakter auf., Dieser war wohl durch die französischen Kolonialisten geprägt worden. Vor einem Gebäude in der Innenstadt gewahrte ich zu meinem Erstaunen eine ganze Schlange deutscher Soldaten aller Waffengattungen. Sie standen hintereinander und schienen auf Einlass zu warten, um vielleicht etwas besichtigen zu wollen.

Ein Soldat der Feldgendarmerie pendelte an der Reihe vorbei., Er hatte anscheinend für Ordnung zu sorgen. Die Landser unterhielten sich lebhaft, lachten und scherzten. Sie freuten sich offensichtlich auf das, was ihnen hier geboten wurde. Neugierig ging ich hinüber und fragte den Feldgendarmen:

„Gibt es hier etwas anzuschauen, vielleicht sogar einen Film?"

Der musterte mich von oben bis unten und sagte dann mit einem ironischen Unterton:

„Bist du so naiv oder tust du nur so? Das sieht doch wohl jeder, dass das ein Puff ist. Stell' dich da hinten an, dann bist du vielleicht in zwei Stunden dran. Es stehen nämlich nur drei ‚Damen' zur Verfügung."

Ich stand da wie verdattert. Natürlich hatte ich schon von Bordellen gehört. Das war beim Kommiss ja selbstverständlich. Aber dass man Schlange stehen konnte, um „dranzukommen", verursachte ein Gefühl des Ekels in mir. Diese Institutionen verabscheute ich sowieso, hatte ich doch eine wesentlich andere Einstellung den Mädchen gegenüber. Mehr Achtung und Zuneigung und nicht den Austausch der Begriffe „Liebe" gegen „Triebe".

„Na, was ist?" hörte ich den Feldgendarmen sprechen, „hast du nicht genug Geld bei dir oder fühlst du dich nicht Manns genug, da mitzumachen?"

„Nee, danke. In dieser Form meine Männlichkeit zu beweisen, entspricht nicht meinen Vorstellungen."

„Ein feiner Pinkel", vernahm ich noch im Fortgehen, doch das scherte mich nicht.

Ich ging weiter und erblickte nach einigen Minuten eine große Moschee. Die arabische Bauweise faszinierte mich. Das Gebetshaus war mit verschiedenen

Türmchen verziert, die ein kunstvoll errichtetes Minarett weit überragte. Nach dem Erlebnis von soeben verspürte ich die Neigung, dieses Haus zu betreten. Auch wenn es Angehörigen einer anderen Religion zur inneren Sammlung diente.

Meine Nagelstiefel knallten, als ich den großen Gebetsraum betrat. In diesem Augenblick erkannte ich meinen Fehler. In der Mitte des Raumes hockte eine Anzahl Araber beim Gebet. Als sie meiner ansichtig wurden, sprangen einige wütend auf und kamen, laut schimpfend und gestikulierend, auf mich zu. Herrgott, schoss es mir durch den Kopf. Es war ja eine schwere Beleidigung für Moslems, als „Ungläubiger" eine Moschee zu betreten, noch dazu mit Schuhwerk.

Ich nahm Reißaus und lief so schnell ich konnte. Zwei Araber setzten mir nach, aber nach fünf Minuten hatte ich als ehemaliger Hundertmeterläufer die beiden abgehängt. Wer weiß, was die mit mir angestellt hätten, wäre ich nicht schneller gewesen.

Die Erlebnisse der letzten Stunde veranlassten mich zu einer Verschnaufpause. In einem Bistro auf der Hauptstraße bestellte ich mir eine halbe Flasche Rotwein. Ich rauchte genüsslich eine von den englischen Zigaretten, die mir meine Schützlinge geschenkt hatten und dachte darüber nach, wie es ihnen wohl ergehen mochte. Gewiss, der Krieg war für sie zu Ende, aber von der Freiheit und der Heimat waren sie genauso weit entfernt wie ich.

Nach dem Verzehr eines gut zubereiteten Omelette aux confitures fühlte ich mich wieder gestärkt. Ich wanderte zu einem baumbestandenen Hügel am Rande der Stadt. Hier oben, inmitten herrlicher Gärten und Parkanlagen, zeugten vornehme Villen und erhabene Bauten von der Wohlhabenheit ihrer Bewohner. Da hatten sich gutsituierte Franzosen, Kaufleute, Bankiers und was weiß ich, in der schönsten Gegend von Tunis zusammengefunden.

Ich schaute hinunter auf die bunte Stadt bis hinüber zum Golf von Tunis. Der gehört zum Mittelmeer, das uns von Europa und der Heimat trennte. Es war ein malerisches Bild, aber beim Betrachten überkamen mich sehnsuchtsvolle Gedanken.

Der Abend nahte. Es wurde für mich Zeit, zum Lager zurückzukehren. Auf der Straße, die dorthin führte, erhielt ich unversehens Begleitung. Ein Araber ritt auf einem Esel an meine Seite, stieg ab und sagte, für mich ganz überraschend:

„Du, Kamerad, nicht laufen. Sitzen und reiten. Ich gehen.“
Lächelnd wehrte ich ab, doch der Araber duldete keine Widerrede. Er zog an meinem Arm und gab nicht eher Ruhe, bis ich auf dem kleinen Esel saß. Da ritt ich nun und das zum ersten Mal in meinem Leben. An meiner Seite schritt sichtlich vergnügt der Araber. Er freute sich, dass ich auf seinem Esel bequem reiten konnte, während er zu Fuß gehen musste.
Diese Geste des Zutrauens und der Menschenfreundlichkeit verscheuchte meine trüben Gedanken, die mich eben auf der Anhöhe befallen hatten.
Als ich in Lagernähe abgestiegen war und mich bei dem guten Araber bedanken wollte, legte dieser ganz ernst beide Hände auf meinen Kopf. Mit einem langen Blick zum Himmel erbat er offensichtlich Allahs Segen für mich. Von dieser Handlung gerührt, drückte ich dem Mann sprachlos beide Hände. Seine Augen leuchteten, und im Fortreiten drehte er sich noch einmal um und winkte mir zu.
Die Rückfahrt verlief zügig, wenn auch nicht gerade angenehm. Zum einen saßen wir zu dritt viel zu warm im Fahrerhaus und zum anderen schaukelten wir auf der miserablen Straße, die diesen Namen gar nicht verdient hatte, derart herum, dass wir uns allmählich um unsere Knochen sorgten. Merkwürdig, je näher wir unserem Batteriegelände kamen, umso mehr wurde ich von einer unerklärlichen Unruhe erfasst. Den Grund hierfür erfuhr ich, nachdem wir uns bei Hauptmann Bäumer zurückgemeldet hatten.
Ich erschrak, als ich mich in der Stellung umsah. Zwei Kanonen waren zerbombt, überall Einschlagsmulden. Ein Zelt lag in Fetzen am Boden.
„Gestern war hier die Hölle los“, erklärte der Chef, „den Tag über haben Jagdbomber immer wieder versucht, uns auszuschalten. Aber kommen Sie, Tödter, ich hab für Sie eine kleine Überraschung im Zelt.“
Dort angekommen, ernannte er mich zunächst zum Obergefreiten, überreichte mir dann das Kriegsverdienstkreuz und einen italienischen Tapferkeitsorden.
„Das ist zwar nicht viel, aber es werden sicher noch andere Auszeichnungen folgen“.
Ich bedankte mich vorschriftsmäßig, konnte aber nicht umhin, zu fragen:
„Wofür bekomme ich ein Kriegsverdienstkreuz, Herr Hauptmann? Soviel ich weiß, gibt es das doch nur für Verdienste abseits der Front oder in der Heimat.“
„Nun, nach meinen Unterlagen haben Sie in Dänemark gute Arbeit bei der Ermittlung von Messwerten geleistet. Nun gucken Sie nicht so traurig.

Zum Eisernen Kreuz habe ich Sie ja schon eingereicht."
Im Zelt fand ich Derk und die anderen Kameraden. Sie waren damit beschäftigt, ihre Sachen zu packen.
„Was wird denn hier gespielt?", fragte ich Derk.
„Wie, hat der Alte dir denn nicht gesagt, dass wir bei Sonnenaufgang Stellungswechsel machen? Wir sind doch gar nicht mehr gefechtsbereit."
„Nein, der hat mich nur befördert und mit belanglosen Orden beglückt. Aber sag' mal, Derk, was hat sich denn gestern hier abgespielt? Es sieht ja schrecklich draußen aus."
„Sei froh, dass du nicht hier warst, Helmut", erwiderte Derk. „Wir haben gedacht, den Tag überleben wir nicht. Viermal haben uns die Maschinen angeflogen, Bomben geworfen und wie wild geschossen. Drei Mann sind getötet worden. Hunold, der Wolter und auch Wachtmeister Wolf, mit dem du dich so gut verstanden hast. Sechs Verletzte sind abends noch weggefahren worden. Na, das übrige Debakel hast du zum Teil ja schon gesehen."
Bei Derks Worten war mir furchtbar kalt geworden. Wieder waren junge Männer aus unserer Mitte gerissen worden. Kameraden, deren Zukunft doch eigentlich erst beginnen sollte. Wahrhaftig, ich hatte einen Schutzengel gehabt. Hoffentlich begleitete er mich auch weiterhin.
Es war Sonntag, der 7.März, und seit 14 Tagen lagen wir in der Nähe der Stadt Beja. Wir hatten zwei neue Geschütze übernommen, sonstiges Gerät war ausgetauscht und Munition erneuert worden. Bis jetzt hatten wir es in dieser Stellung relativ ruhig. Abgesehen von ein paar Jagdflieger-Angriffen. Wir lagen auf einer begrünten Anhöhe. Ein klares Bächlein floss an unserer Stellung vorbei. Endlich hatten wir Gelegenheit, Körper, Kleider und Wäsche einer Reinigung zu unterziehen.
Eines Morgens erlebte ich eine nette Überraschung. Vom Ort her trabte ein dunkelhäutiger Junge auf mich zu. Er war etwa zwölf Jahre alt, mit krausem Haar und schwarzen Kulleraugen. Er trug einen Korb am Arm, der mit irgendeinem runden, goldgelben Gebäck beladen war. Der hübsche Junge baute sich vor mir auf:
„Möchschten Sie frichsche Brötchschen, Herr?"
Das „ch" und „sch" kam so zischend heraus, dass ich lachen musste und sofort lachte das Bübchen mit.

Vorsichtshalber kostete ich erst einmal eines dieser „Brötchschen“ und stellte fest, dass es ganz frisch war und vorzüglich schmeckte. Eingedenk meiner hungrigen Kameraden kaufte ich sofort zwanzig Stück und gab dem freundlichen Lieferanten zwanzig Franc dafür. Er strahlte nun über das ganze Gesicht und versicherte:
„Morgen früh, Herr, isch kommen wieder und bringen frichsche Brötchschen, ja?“
„Ja, tu das, mein Sohn", erwiderte ich.
Ich überschlug meine Finanzen und war froh, dass es morgen wieder Sold in der Landeswährung gab. Sonst hätte ich meinem neuen Freund nichts mehr abkaufen können. Er kam regelmäßig jeden Morgen, frohgemut und eine fremdartige Melodie trällernd, und bald schon hatten wir ihn alle ins Herz geschlossen.
Bis es mit der Idylle wieder vorbei war. Die Front rückte näher. Die deutschen Verbände wurden mehr und mehr zurückgedrängt. Die Angriffe auf unsere Stellung wurden wieder massiver. Dazu wurde es von Tag zu Tag heißer und der Nachschub an Lebensmitteln ließ wegen der Sabotageakte erschreckend nach. Sechs Leute waren mit Malaria oder Gelbsucht bereits nach Deutschland ausgeflogen worden.
Doch es geschah auch mal ein kleines Wunder. Am Nachmittag des 1. April rollte ein Lastwagen in unsere Stellung. Dem durften wir zehn Fässer mit je fünfzig Liter echtem Münchner Bier entladen. Zuerst glaubten wir an einen Aprilscherz, doch nach einer Kostprobe kam Leben in die Mannschaft. Es war unser Glück, dass die Gegenseite an diesem Abend nichts unternahm. Die hätte mit unserem bierseligen Haufen ein leichtes Spiel gehabt.
Am nächsten Morgen erhielt ich nach langer Zeit einen Brief von meiner Freundin Irene. Ein ernster Brief, der nicht zu Irenes Frohnatur passte. Sie schrieb mir aus einem kleinen Ort in Thüringen. Dorthin war sie mit den Eltern evakuiert worden, nachdem Bomben ihre Wohnung in unserem Haus zerstört hatten. Der Schluss des Briefes war voller Traurigkeit und endete mit dem Satz: „Ob wir uns jemals im Leben wiedersehen, Helmütchen?“
Ich hielt den Brief lange in der Hand. Dachte an die fröhlichen Jugendjahre zurück, die ich mit diesem lieben Mädchen verlebt hatte. An unseren Rollschuh-Paarlauf rund um die Kirche, der von den Passanten bewundert wurde.

An gemeinsame Kino- und Theaterbesuche. An unsere Spaziergänge und auch an den ersten zaghaften Kuss auf einer Bank im Düsseldorfer Zoopark …
Zum Nachdenken blieb keine Zeit mehr. Die Angriffe wurden heftiger. Das Thermometer stieg auf 50 Grad Celsius und zu allem Überfluss setzten Sandstürme ein, die uns fast um den Verstand brachten. Während eines Luftangriffes, der wieder aus der Sonne heraus auf unsere Stellung erfolgte, geschah das, woran ich noch lange denken sollte.
Die Jagdflugzeuge hatten wir mit Erfolg abgewehrt. Kurz darauf entdeckten wir einen Bomberverband, der in etwa 3000 Meter Höhe Kurs auf Tunis nahm. Ich war als Geschützführer zum Geschütz „Anton“ kommandiert worden. Unsere Messstaffel hatte die Bombenflugzeuge erfasst und die Schusswerte an uns weitergegeben.
Ich gab Feuerbefehl. Der Abzug wurde betätigt, doch die Granate blieb im Verschluss stecken. Der Zünder war eingestellt und lief. In wenigen Sekunden musste die Granate explodieren. Laut schrie ich:
„Verschluss auf!“
Die neun Kilogramm schwere Granate landete mit einem Satz in meinen Armen. Ich sprang sofort aus dem Geschützstand und rannte mit der Granate, die jeden Augenblick krepieren konnte, wie irrsinnig aus der Stellung heraus. Etwa 60 Meter lief ich auf dem sandigen Boden und spürte, wie meine Kräfte mich verließen. Ich betete immer wieder:
Lieber Gott, bitte hilf' mir, bitte hilf' mir!
Jetzt rollte ich die Granate auf den Boden, drehte mich um und lief zurück. Ich rannte um mein Leben. Als ich den Geschützstand erreichte, brach ich schweißüberströmt zusammen. Rote Kreise tanzten vor meinen Augen und alles drehte sich um mich. In diesem Moment flog die Granate berstend in die Luft. Sie hatte keinen Schaden mehr anrichten können.
Später saß ich vor unserem Zelt, noch immer mit zitternden Händen. Ich trank Wein und erholte mich langsam. Der Chef setzte sich zu mir und reichte mir eine Zigarette:
„Das war ein riskantes Stück, mein Junge. Aber Sie haben sich vorbildlich und mannhaft benommen. Einige Leute dürften Ihnen besonders dankbar sein. Machen Sie morgen mal einen Tag Urlaub, soweit das in dem Ort hinter uns überhaupt möglich ist.“

Am frühen Nachmittag des nächsten Tages saß ich in einem Zelt, das vielleicht zwei Kilometer von unserer Stellung entfernt war. Dort trank ich mit einem Dutzend Araber Tee. Sie hatten mich zu sich eingeladen und ich war neugierig genug, diese freundlichen Männer einmal unter sich zu beobachten.

Wir saßen im Kreis. In der Mitte brodelte auf einem Spirituskocher der Tee in einem undefinierbaren Gefäß. Ich vermochte kaum zu atmen in dem stickigen, überhitzten Zelt. Eine kleine Tasse ohne Henkel wurde von Zeit zu Zeit gefüllt und machte dann die Runde von einem Mann zum anderen. Als Gast wurde mir die Ehre zuteil, die frisch gefüllte Tasse als Letzter zu erhalten. Vermutlich, um mich etwas länger an dem Gebräu laben zu können.

In vielen Dingen hatte uns das Soldatenleben im Krieg abgestumpft. Doch wenn ich mir die hier im Kreis sitzenden Araber anschaute und mir vergegenwärtigte, dass sie schon alle aus der gleichen Tasse getrunken hatten, wurde es mir doch etwas mulmig. Erwartungsvoll blickten sie mich jetzt an und ich durfte sie um alles in der Welt nicht beleidigen. Also gab ich mir einen Ruck und nippte an der Tasse. Sofort hatte ich mir die Zunge verbrannt. Der Tee war glühend heiß und zuckersüß. Mit Todesverachtung trank ich Schlückchen für Schlückchen, bis endlich die Tasse geleert war. Mir tropfte der Schweiß von der Stirn, doch die Augen der Araber leuchteten ob der Ehre, die ich ihnen erwiesen hatte.

Es wurde Zeit für mich und ich gab meinen Gastgebern zu verstehen, dass ich wieder zurück zu meiner Batterie müsse. Jeder schüttelte mir die Hand, aber entlassen wurde ich erst, nachdem der Segen Allahs auf mein Haupt herabbeschworen worden war.

In der Stellung entdeckte ich Derk, Peter und andere Kameraden beim Reinigen der Messgeräte, denen die Sandstürme arg mitgespielt hatten. Die Stimmung war miserabel. Kein Wunder, die anhaltende Hitze, die immer deutlicher werdende Übermacht unserer Gegner, und eine absolut unzureichende Verpflegung machten uns von Tag zu Tag mürber. Peter schaute auf:

„Na, hast du einen schönen Urlaub gehabt, Helmut?"

„Großartig. Ich hab' mit einem Haufen Araber in ihrem Zelt gesessen und mir an ihrem Tee die Zunge verbrannt."

„Verrückt", Peter schüttelte den Kopf, „und nebenbei auch noch verboten, wie du weißt. Immerhin, du hast dich gut erholt und kannst uns bei unserer Lieblingsbeschäftigung zur Hand gehen.“

Die Lage spitzte sich zu. Wenn ich es auch nicht wahrhaben wollte. Alles deutete darauf hin, dass der Afrika-Feldzug verloren war, wenn nicht noch in letzter Minute ein Wunder geschah.

Vor zehn Tagen waren uns 21 italienische Soldaten von den Bersaglieri, einer Jägertruppe, zugeteilt worden. Sie sollten uns bei der Haltung der Stellung unterstützen. Es waren prächtige Kameraden, diese Leute von der Elite-Einheit. Sie hatten den Krieg in Afrika von der ersten Stunde an mitgemacht. Ich hatte schnell Kontakt zu ihnen gefunden und bemühte mich, einige Brocken Italienisch zu lernen.

Am frühen Morgen des 18. April, einem Sonntag, ließ Hauptmann Bäumer die gesamte Batterie antreten. Kaum hatten wir uns aufgestellt, da brausten drei Kübelwagen in unser Gelände. Im ersten Wagen erblickten wir, aufrechtstehend, die Mütze mit Schutzbrille im Nacken. Generalfeldmarschall Rommel. Vor Überraschung standen wir fast regungslos da. Unser Hauptmann wollte gerade ein Kommando geben, da brachen wir los. Es gab kein Halten mehr. Jeder wollte an Rommels Wagen, um ihm die Hand zu reichen. Der lächelte nur, schüttelte immer wieder Hände und verteilte zwischendurch Päckchen mit Zigaretten.

Das markante Gesicht, in dem die Bürde der letzten Jahre Falten hinterlassen hatte, der klare Blick, Haltung und Gesten. All' das verriet mit besonderer Ausstrahlung einen Soldaten ganz außergewöhnlicher Prägung. Mit diesem Mann an der Spitze, dachte ich, müsste jede Truppe siegen, wenn sie ausreichend ausgerüstet wäre. Aber wir hatten uns verzettelt. Ganze Armeen kämpften im riesigen Russland und wir hier in Afrika Mittlerweile standen deutsche Soldaten bald in allen Teilen Europas.

Nach einer knappen Stunde hatte Rommel unsere Stellung verlassen, nachdem Hauptmann Bäumer mit dem Ritterkreuz ausgezeichnet worden war.

Drei Tage später bezogen wir eine neue Stellung am Stadtrand von Tunis. Die Geschütze blieben auf der Lafette, dem Untergestell. An das Ausheben von Schutzgräben konnte bei den dauernden Angriffen keinesfalls mehr gedacht werden. In diesen Tagen musste eine Entscheidung fallen. Schließlich trennten

uns nur noch wenige Kilometer vom Mittelmeer. Einem weiteren Ausweichen war damit eine natürliche Grenze gesetzt.
Am Nachmittag des 29. April wurde ich in das Zelt von Hauptmann Bäumer gerufen. Er hielt ein Schreiben in der Hand und blickte mich eine Zeitlang durchdringend an, bevor er zu Sprechen begann:
„Obergefreiter Tödter, ich habe heute einen schriftlichen Marschbefehl für Sie erhalten. Hier, nehmen Sie ihn an sich. Sie haben sich unverzüglich auf den Weg zu machen, um sich in München zum K.O.A.-Lehrgang (Kriegs-Offiziersanwärter-Lehrgang) zu melden. Er beginnt am 1. Mai 1943.
Wie Sie dorthin kommen, muss ich Ihnen überlassen. Das Schreiben berechtigt Sie zum Flug mit einer Maschine. Ich hoffe, dass Sie noch eine erwischen, die von Tunis aus nach Europa fliegt."
Wie versteinert stand ich da. In den schlimmsten Tagen sollte ich meine Kameraden verlassen, mit denen mich so vieles verband. Einige waren mir gute Freunde geworden und Derk stand mir nahe wie ein Bruder. Leise gestand ich dem Hauptmann:
„Mir wäre lieber gewesen, der Marschbefehl hätte mich nicht mehr erreicht."
„Warum?", fragte Bäumer, „was erwarten Sie denn hier noch? Für uns gibt es nur noch drei Möglichkeiten: Verwundung, Heldentod oder Gefangenschaft. Nein, nein, sehen Sie nur zu, dass Sie irgendwie heil nach Deutschland zum Lehrgang kommen. Lange kann der ganze Schlamassel ja wohl nicht mehr dauern."
Er drückte mir die Handund sah mich ernst an:
„Viel Glück, mein Junge, ich hab‘ Sie gerne bei mir gehabt und werde Sie vermissen. Vielleicht sehen wir uns einmal in der Heimat wieder".
Still packte ich im Zelt meine Sachen zusammen, wobei mir Derk und Peter halfen. Zum Sprechen stand uns nicht der Sinn. Draußen verabschiedete ich mich von einigen Kameraden mit ein paar Worten. Unsere Blicke besagten mehr. Mit Derk ging ich hinüber zum Kübelwagen des Chefs. Damit sollte ich vom Gefreiten Steffens zum Flugplatz von Tunis gebracht werden.
Ich reichte Derk die Hand, wollte etwas sagen, aber meine Stimme gehorchte mir nicht. Derk versuchte zu lächeln, doch das Lächeln wurde zur Grimasse. Mit heiserer Stimme sagte er:
„Hals- und Beinbruch, alter Junge, und grüß' die Heimat. Sei nicht traurig,

denk' daran: Für uns hier ist der Krieg schon zu Ende. Auf Wiedersehen zu Hause, Helmut, bis bald!"

Er drehte sich um und lief so schnell zurück, als würde er verfolgt. Ich setzte mich zu Steffens in den Wagen und wir fuhren los. Ich schaute nicht zurück. Welches nächste Kapitel mochte das Schicksal nur für mich bereithalten?

Lehrgang in München

Der Flughafen von Tunis glich einem riesigen Ameisenhaufen. Rundum lagerten an die 500 Soldaten aller Waffengattungen. Wenn die alle nach Europa wollen, dachte ich, wären etwa 25 Flugzeuge notwendig. Nur sah ich momentan keine einzige Maschine. Das konnte ja heiter werden. Den feindlichen Jagdflugzeugen bot sich hier ein geradezu brillantes Schützenfest an.
Unschlüssig stand ich mit meiner ganzen Habe da und wusste nicht, wohin ich mich wenden sollte. Doch nicht lange, da gesellten sich vier Flaksoldaten zu mir. Einer davon, ein Unteroffizier, sprach mich an:
„Na, mir scheint, du wartest auch auf eine günstige Fahrgelegenheit nach drüben. Hast wohl den letzten Bus verpasst?"
Trotz der ganzen Misere, in der ich mich befand, musste ich lachen:
„Kann mir einer verraten, wie ich am 1. Mai in München erscheinen soll, wenn weit und breit keine Maschine zu sehen ist?"
Mit verwundertem Blick wendete sich jetzt ein Wachtmeister mir zu.:
„Sag' bloß, du willst auch zum K.O.A.-Lehrgang? Dann haben wir die gleiche Marschrichtung. Pass auf, hier musst du viel Geduld und Glück haben. Die Maschinen fliegen nur nachts wegen des Feindbeschusses. Komm mit, wir haben da vorne einen Graben ausgehoben, um uns einigermaßen gegen die verdammten Tiefflieger zu schützen."
Ich ging mit, war ich doch froh, diese Leidensgenossen gefunden zu haben. Aber es war mir völlig unvorstellbar, wie die vielen Menschen noch herausgeflogen werden sollten, wenn die feindlichen Kräfte bereits vor den Toren von Tunis standen. Seelisch stellte ich mich deshalb darauf ein, in Gefangenschaft zu kommen. Doch diesen Weg hätte ich lieber mit meinen alten Kameraden angetreten.
In der Abenddämmerung schreckte mich das donnernde Geräusch vieler Motoren auf. Etwa zehn Flugzeuge vom Typ Ju 52 kreisten über dem Flugplatz und die ersten setzten zur Landung an. Jetzt kam Bewegung in die Soldaten, die im Umkreis lagerten. Ohne Rücksicht auf Gefahren rannten viele los und störten dadurch das Landemanöver der Maschinen. Laut schallend kam über Megaphone immer wieder die Aufforderung:
„Zurückbleiben! Nur Verwundete und Sanitätspersonal werden herausgeflogen.

Wer das Flugfeld unerlaubt betritt, wird von Feldjägern festgenommen."
Das wirkte. Im Handumdrehen war der Flugplatz frei und nach einer Viertelstunde waren alle Maschinen gelandet. Ich nahm mein Gepäck auf und wollte mich, zwar noch zögernd, in Bewegung setzen, als mich der Wachtmeister von vorhin zurückhielt.
„Bleib' hier. Es sind zu viele Verwundete, die abtransportiert werden müssen. Heute haben wir noch keine Chance. Mach es dir für die Nacht im Graben bequem."
Die ersten Maschinen starteten nach einer knappen Stunde wieder. Sie flogen sehr tief, um den gegnerischen Jagdflugzeugen die Möglichkeit eines Angriffes zu erschweren. Diese waren inzwischen denn auch aktiv geworden und fegten über den Flugplatz, dass uns Hören und Sehen verging. Aber sie griffen zum Glück nicht an. Sie respektierten die Rotkreuz-Fahnen, die wegen der Verwundeten an verschiedenen Stellen gehisst worden waren.
Die Nacht breitete sich schnell aus. Eingepfercht in dem engen Graben hockte ich auf meinem Rucksack. Ich fröstelte. Später machte ich es den anderen gleich und rollte meine Decke vom Rucksack, um mich darin einzuwickeln. Wie soll das nur alles werden, dachte ich voller Sorge. Allmählich übermannte mich die Müdigkeit und trotz der anomalen Haltung schlief ich ein.
Drei Tage warteten wir nun schon auf den Abtransport. Die Verpflegung am Flughafen schmolz mehr und mehr zusammen. Etwas Brot, Margarine und ein Stückchen Dauerwurst mussten für 24 Stunden reichen. Unsere Hoffnung, noch herauszukommen, wurde stündlich geringer.
Gegen Abend des 3. Mai landeten vier Ju 52 auf dem Rollfeld. Meine vier Kameraden und ich waren fest entschlossen, in eine dieser Maschinen hineinzukommen. Koste es, was es wolle. Wir rannten mit unserem schweren Gepäck auf eine Ju los, die schon bald von etlichen Soldaten umringt wurde. Die Ersten kletterten Hals über Kopf hinein, geschoben und gestoßen von den Nachfolgenden. Der Pilot stand draußen und rauchte eine Zigarette. Jetzt zwängten wir uns an ihm vorbei, da rief er entsetzt:
„Das hat keinen Zweck, was ihr da macht! Mehr als zwanzig Mann äußerst trägt die Maschine nicht. Schluss jetzt!"
Er warf die Kabinentür zu. Genau hinter mir. Ich hatte mich als Letzter hineindrängen können. Drinnen sah es verheerend aus. Die Männer lagen mitsamt

ihrer Habe kreuz und quer durcheinander. Jetzt rafften sie sich auf, um einigermaßen Ordnung in das Chaos zu bringen. Auf den ersten Blick war zu erkennen, dass mehr als zwanzig Leute eingedrungen waren. Doch der Pilot, ein junger Feldwebel der Luftwaffe, setzte sich wortlos ans Steuer, ohne jemanden hinauszuschicken.

Die Maschine hatte abgehoben und befand sich auf etwa 100 Meter Höhe. Auf einmal vernahmen wir die peitschenden Schüsse eines Maschinengewehres. Ein feindliches Jagdflugzeug fegte an uns vorüber. Ich saß an einem kleinen Bordfenster und sah voller Entsetzen, dass aus dem rechten Motor unserer Maschine Flammen schlugen. Die Maschine schwankte leicht und verlor langsam an Höhe.

Plötzlich schossen Blitze aus dem Himmel und ein ohrenbetäubendes Donnern kündigte ein Gewitter an. Eines jener Gewitter, die wir in diesem Erdteil so fürchteten. Ein Beben ging durch die Maschine. Da ein Blitz die Umgebung für eine Sekunde taghell erleuchtete, erblickte ich nun das Meer, von dem uns höchstens noch zehn Meter trennten.

Mit verzerrten Mienen saßen die Soldaten da. Viele hatten die Hände gefaltet und beteten still.

So sollten wir also umkommen?

Sollten unsere jahrelange Sehnsucht nach Frieden, all' unsere Hoffnung auf ein wenig Jugend mit den Freuden, die junge Menschen sich wünschen, im Meer ertrinken?

Ich spürte, wie mein Magen sich verkrampfte. Mein Herz pochte wild und mein ganzer Körper war schweißbedeckt.

Eiskalte Todesangst beschlich mich!

Mein bisheriges Leben lief wie ein Film vor meinen geschlossenen Augen ab. Zuletzt die Zeit in Afrika mit der fürchterlichen Angst, die mich bei jedem Feindbeschuss erfasste. Dort hatte ich aber immer noch das Gefühl, mich wehren zu können. Hier war ich dem Schicksal hilflos ausgeliefert.

Lieber Gott, lass es nicht geschehen. Hilf uns, betete ich immer wieder.

Wie lange wir schon flogen, wusste ich nicht. Ich hatte kein Zeitgefühl mehr.

Das Gewitter hatte aufgehört. Nun goss der Regen in Strömen und löschte wenigstens den brennenden Motor. Indes schaukelte das Flugzeug immer weiter und hielt sich unentwegt auf der geringen Distanz zum Meeresspiegel.

Ganz allmählich, Meter für Meter, glomm ein Fünkchen Hoffnung in uns auf. Jeder glaubte inbrünstig an ein Wunder; an eine Rettung aus dieser Todeskabine.
Nach ungefähr zweieinhalb Stunden ging ein Stoß durch die Maschine, dem ein Schleifen und Schütteln folgte. Wir wurden alle mit einem heftigen Ruck nach vorne geschleudert. Mit Gewalt versuchte sich jeder aus dieser unerträglichen Lage zu befreien. Niemand wusste, was geschehen war.
Mit einem Ruck wurde die Kabinentür aufgestoßen. Auf allen Vieren krochen wir dorthin, um erleichtert festzustellen: Wir befanden uns auf der Erde! Das Wunder war geschehen!
Draußen umringten wir den Piloten, der aschfahl und mit zitternden Händen versuchte, sich eine Zigarette anzuzünden. Wir wollten ihm danken. Danken für seine hervorragende fliegerische Leistung und dafür, dass er unser Leben gerettet hatte. Doch einem festen Händedruck folgten nur gestammelte Worte. Das Grauen der letzten Stunden hatte unsere Kräfte verbraucht.
Es dauerte geraume Zeit, ehe der Pilot mit leiser, immer noch bebender Stimme sagte:
„Gott sei Dank, die Kiste hat durchgehalten. Wenn auch mit letzter Kraft. Sie ist jetzt nicht mehr flugtüchtig. Ich konnte den Kurs auf Sizilien nicht halten und bin mit der Windströmung hier auf Sardinien notgelandet."
Der Wachtmeister, den ich in Tunis kennengelernt hatte, ging zu dem Piloten, legte einen Arm um seine Schulter und wandte sich uns zu:
„Kameraden, in dieser Nacht haben wir einen wirklichen Helden erlebt, dem wir unser Leben verdanken. Ich wollte", und damit drehte er sich zu dem Piloten, „ich könnte so viel für dich tun, wie du für uns getan hast."
Der Feldwebel lächelte:
„Bedankt euch in erster Linie bei der alten Tante Ju. Schwer angeschlagen hat sie durchgehalten. Dazu noch überladen und bei diesem fürchterlichen Wetter. Ich habe aus ihr das Letzte herausgeholt."
Nach einer Weile fügte er hinzu: „Der Regen hat zum Glück aufgehört und in etwa einer Stunde wird es hell. Nach meiner Karte und den Instrumenten müssen wir uns in unmittelbarer Nähe des Flugplatzes von Cagliari befinden. Den konnte ich nicht mehr erreichen. Dahin müssen wir nachher zu Fuß. Hoffentlich erwischen wir eine Maschine, die uns zum Festland bringt."

Auf dem Flugplatz von Cagliari standen tatsächlich drei Ju 52, bereit zum Abflug nach Neapel. Wir wurden auf zwei Maschinen aufgeteilt. Beim Einsteigen kämpfte ich mit einem widerwärtigen Gefühl. Das Erlebnis der vergangenen Nacht hatte meine Nerven stark strapaziert. Wenn wir nur schon in Neapel wären …

Doch der Flug verlief reibungslos. Die Sonne strahlte vom blauen Himmel herunter und weit und breit war kein feindlicher Jäger zu sehen. Nach der Landung und dem Weitertransport durch Lastwagen fanden wir uns gegen Mittag am Bahnhof von Neapel wieder.

Ich konnte es gar nicht fassen: Nach Hangen und Bangen stand ich wieder auf europäischem Festland. In der Bahnhofsmission wurden wir verpflegt. Ich fiel über das Essen her wie ein ausgehungerter Landstreicher. Als ich nachher im Waschraum in einen Spiegel blickte, musste ich zweimal hinschauen, um mich selbst zu erkennen. Die Sonne hatte mich zwar tiefbraun werden lassen, doch die bärtigen Wangen waren eingefallen und die Augen lagen tief in den Höhlen. Dazu die verschmierte und teils zerrissene Uniform. Nein, mit mir war kein Staat mehr zu machen. Viel besser sahen die vier anderen Lehrgangsanwärter allerdings auch nicht aus. Man durfte auf die Begrüßung in München gespannt sein.

Ein Fronturlauberzug fuhr um 18 Uhr von Neapel in Richtung München. Ich fand ein leeres Abteil und war glücklich mit mir und meinen Gedanken erst einmal allein sein zu können. Seit etwa zwei Monaten hatte ich keine Post aus der Heimat bekommen. Die Ungewissheit, wie es meiner Mutter, Irene, Verwandten und Bekannten gehen würde, belastete mich erheblich. In München würde ich bald mehr erfahren. Fragte sich nur, welche Nachrichten die Heimat für mich bereithielt. Erschöpft streckte ich mich auf der Bank im Abteil aus. Die Ereignisse der letzten Zeit mit all ihren Gefahren, die völlig unzureichende Verpflegung und der wenige Schlaf hatten die Grenzen der Belastbarkeit fast überschritten. Es dauerte nicht lange, bis ich auf der harten Holzbank tief eingeschlafen war.

Wie lange ich so gelegen hatte, wusste ich nicht. Eine leichte Berührung weckte mich auf. Es war schon stockfinster. Ich rieb mir die Augen. Erst nach und nach

gewahrte ich vor mir ein Mädchen in einer mir unbekannten Uniform, ähnlich unserer Rotkreuz-Tracht. Da der Zug wegen der Feindflieger ohne Beleuchtung fuhr, mussten sich meine Augen erst an die Dunkelheit gewöhnen.
Das Mädchen hatte schwarze Zöpfe, schwarze Augen und war offensichtlich Italienerin. Sie reichte mir Brot und Wurst. Aus einer Blechkanne schenkte sie Tee in einen Becher. Schnell richtete ich mich auf und griff hungrig nach den guten Gaben. Ich aß und trank, während das Mädchen mir gegenüber auf der Bank saß und mir mit einem Lächeln zusah. Mit meinen wenigen Brocken Italienisch war zwar keine richtige Unterhaltung möglich, aber immerhin verstand ich so viel, dass meine Betreuerin Adriana hieß und aus Bologna stammte. Sie hatte die Aufgabe, in Urlauberzügen zwischen Neapel und Bologna deutsche und italienische Soldaten mit dem nötigsten Proviant zu versorgen.
Adriana blieb noch eine ganze Weile bei mir. Plötzlich sprang sie auf, strich mir über die Haare, gab einen zarten Kuss auf die Wange und verließ blitzschnell das Abteil.
Leicht verdattert saß ich da. Ich dachte darüber nach, dass mir schon lange keine derartige Liebesbezeugung mehr zuteilgeworden war. Ja, in dieser Hinsicht kamen wir armen Teufel doch etwas zu kurz. Beinahe eifersüchtig wünschte ich, das Mädchen würde nicht alle Soldaten hier im Zug so liebevoll bewirten.
Gegen sechs Uhr morgens erreichte unser Zug Bologna. Über Lautsprecher wurde ausgerufen, dass der Anschlusszug zur Weiterfahrt nach München erst um 16 Uhr von hier abfahren würde. Es gab also reichlich Zeit, sich zu reinigen und auf Nahrungssuche zu gehen. Wie herbeigezaubert stand Adriana vor mir und winkte mit dem Kopf, mehr noch mit den Augen. Ich trabte mit meinen ganzen Klamotten hinter ihr her.
Eine halbe Stunde später, mir tropfte der Schweiß bereits von der Stirn, betraten wir eines jener typischen Straßenwärterhäuser, die im ganzen Land gleich aussehen.
Eine Frau mittleren Alters mit einem gütigen Gesicht begrüßte uns. Ich erkannte auf den ersten Blick die Mutter von Adriana. Die beiden unterhielten sich lebhaft, nur verstand ich leider kein Wort. Innerhalb kurzer Zeit war der Tisch gedeckt. Heißer Kaffee, Milch, Brot, Butter, Eier und Marmelade. Alles stand vor mir. Ich wusste nicht, wie ich mich für diese Köstlichkeiten bedanken

sollte, die mir von den fremden Leuten so gastfreundlich angeboten wurden. Adriana setzte sich zu mir und wir frühstückten gemeinsam.
Danach gab man mir auch noch Gelegenheit, mich gründlich zu waschen. Bald fühlte ich mich so gut wie lange nicht mehr. Wir saßen auf einer Bank vor dem Haus in der Sonne und betrachteten die friedliche Natur. Mir war einen Augenblick lang zumute, als würde ich die Leute hier schon seit Wochen kennen. Ohne Bedenken legte ich meinen Arm um Adrianas Schulter, die sich nun an mich kuschelte und ihren Kopf an meinen lehnte. Ab und zu ging die Mutter vorbei und lächelte angesichts dieses trauten Bildes.
Abends saß ich schweigsam im Zug. Zusammen mit den vier anderen Kameraden aus Tunis in einem Abteil. Einmal wendete sich ein Unteroffizier mir zu und blickte mich eine Weile an:
„Sag' mal, bist du eigentlich traurig, weil wir nach Deutschland fahren? Oder hängt deine Schweigsamkeit mit der hübschen Italienerin zusammen, die sich in Bologna so innig von dir verabschiedet hat?“
„Ein wenig schon“, gab ich zu, „es war wirklich ein liebes Mädchen.“
„Na, du hast aber ein Tempo drauf“, hörte ich jetzt eine Stimme aus der anderen Ecke, „ihr kanntet euch doch erst ein paar Stunden.“
„Nein, nein, es ist nicht das, was ihr denkt, es ist nur ...“. Ich vollendete den Satz nicht.
Es war die Sehnsucht nach Geborgenheit, Wärme und ein wenig Zärtlichkeit. Ich mochte aber nicht darüber sprechen. Sicherlich ging es vielen Soldaten nicht besser, doch derartige Gefühle wurden meistens schüchtern oder trotzig unterdrückt.
Am Morgen des 6. Mai 1943, einem Donnerstag, lief unser Zug im Hauptbahnhof von München ein. Trotz der Übermüdung bemächtigte sich ein Gefühl höchster Erregung in mir: Wir waren wieder in Deutschland! Nach den Gefahren in der sengenden Sonne Afrikas, nach allen Strapazen und einem schier aussichtslosen Flug standen wir tatsächlich wieder auf dem Heimatboden.
Auf dem Bahnsteig schaute mich ein älterer Herr erstaunt an:
„Sind Sie noch aus Afrika herausgekommen? Wie war das denn überhaupt möglich?“
„Ja, mit einer der letzten Maschinen haben wir es noch geschafft, Gott sei Dank!“

„Nun, da kann ich nur sagen: Herzlich willkommen in München!“, rief er mit Nachdruck und drückte mir ein Päckchen Zigaretten und einen Zehnmarkschein in die Hand. Ich war ganz verdutzt über diese freundliche Begrüßung. Als ich mich bedanken wollte, war der Herr schon in der Menschenmenge untergetaucht.
Mit den vier Lehrgangsteilnehmern marschierte ich zum Postamt. Es drängte uns alle, unsere Angehörigen so schnell wie möglich von der glücklichen Ankunft in München zu informieren. Ich gab ein Blitztelegramm an meine Mutter auf. Es war sündhaft teuer, doch der Inhalt erschien mir wertvoller als Geld:
„Bin heil in München angekommen stop Lehrgang beginnt stop Gruß und Kuss dein Helmut“
Nachmittags meldeten wir uns in der Kaserne in München-Freimann bei Hauptwachtmeister Maurer. Er musterte uns einige Minuten von Kopf bis Fuß:
„Dass sie euch überhaupt herausgelassen haben, so dreckig und zerlumpt, wie ihr seid. Aber alle Achtung, ihr müsst 'ne Menge geleistet haben, um noch in letzter Minute von Afrika hierher zu kommen.“
„Wenn auch mit Verspätung“, fügte er hinzu.
Ein Offizier betrat die Stube:
„Ich bin Oberleutnant Schöttle und leite den Ausbildungszug, dem Sie zugeteilt sind. Sie sind bis Montag vom Dienst befreit, um sich auszuruhen, zu waschen und neue Bekleidung zu empfangen. Wir sind stolz auf unsere Afrikakämpfer.“
Auf der Stube, die uns zugewiesen worden war, fanden wir „Afrikaner“ uns natürlich wieder zusammen. Zum ersten Mal seit Tunis lernten wir uns näher kennen. Wachtmeister Kannegießer aus Köln war Architekt. Unteroffizier von Lichtenberg war ein echter Freiherr und Sohn eines Generals. Unteroffizier Braun war Lehrer und der junge Unteroffizier Baumann schließlich war Abiturient und wollte Musik studieren.
Du lieber Himmel, was sollte ich armes Würstchen mit meiner Herkunft und der Volksschulbildung denn in dieser noblen Gesellschaft? Ich versuchte mich mit dem Gedanken zu trösten, dass ich immerhin meine Kaufmannsgehilfenprüfung mit Auszeichnung und den Reichsberufswettkampf als Kreissieger bestanden hatte. Das war ja auch etwas. Nun, bislang hatten die anderen mich wie ihresgleichen behandelt. Na, wenn das nur anhielt.

Zu meinem Erstaunen hielt das nicht nur an, sondern es entwickelte sich in den nächsten Tagen eine richtige gute Kameradschaft. Meine anfänglichen Komplexe ließen bald schwinden. Zudem halfen uns Kannegießer und von Lichtenberg mit ihrem herrlichen Humor über den ungewohnten Drill in der Kaserne weitgehend hinweg.
„Ich werd noch verrückt auf diesem Dampfer", seufzte Kannegießer, als wir schweißgebadet vom wahnsinnigen Geschützexerzieren auf die Stube zurückkehrten.
„Mach es doch so wie ich", gab von Lichtenberg lakonisch zurück, „kündige doch einfach. Ich suche mir eine andere Stelle in einem gemäßigteren Klima."
„Das könnte dir so passen. Nee, mein Junge, dein Vertrag in diesem Zirkus läuft erst Ende Juni ab. Bis dahin wirst du brav weiter mit uns Blindekuh spielen."
Damit spielte Kannegießer auf unseren Geschützausbilder an, der noch vor einer Stunde gebrüllt hatte:
„Ihr könnt eine Kanone nicht von einem Klavier unterscheiden, und ihr Rindviecher wollt Offiziere werden! Schaut's mal alle in die Sonne und macht's Muh."
Am liebsten hätten wir diesen vierschrötigen, bayrischen Schinder kopfüber in die Kanone gesteckt., Doch da er momentan mächtiger war als wir, schauten wir eben in die Sonne und muhten, was ihm sichtlich gefiel.
Am Abend des 9. Mai betrat Oberleutnant Schöttle unsere Stube und reichte jedem von uns die Hand. Eine Weile schwieg er, dann räusperte er sich:
„Sie werden es noch nicht wissen: Tunis ist heute gefallen."
Wenn es auch nicht anders zu erwarten war, erschreckte mich die Nachricht doch. Meine Gedanken kreisten sofort wieder um meine Kameraden in der Batterie. Derk, Peter und alle anderen. Wie mochte es ihnen wohl ergehen? Hoffentlich waren sie unversehrt in Gefangenschaft geraten. In Amerika waren sie ja weit vom Schuss, aber auch sehr weit von der Heimat entfernt.
Der Mai wurde unnatürlich heiß. Jede Art von Geländeübung wurde zur Qual. Unsere Dienstzeit begann morgens um 5.30 Uhr und endete um 20 Uhr. Wir hatten das Gefühl, durch eine riesige Mangel gedreht und ausgequetscht zu werden.
„Da soll noch jemand was von Afrika sagen", brummte Kannegießer, „das war ja die reinste Erholung. Na ja, von dem vielen Sand und der Schießerei einmal

abgesehen."

Lehrgang für Offiziers-Anwärter

Als kleine Unterbrechung des harten Dienstbetriebes mit der zusätzlichen Büffelei aller möglichen Vorschriften, wurde für den 22. Mai ein Stubenwettbewerb ausgeschrieben. Die Stube, die für Sauberkeit, Ausstattung und Gestaltung den ersten Preis erhielt, sollte mit einem Wochenendurlaub belohnt werden. Kannegießer, der als Wachtmeister zu unserem Stubenältesten ernannt wurde, verkündete uns am 20. Mai mit feierlicher Miene:

„Meine Herren, dies ist die Stunde der Wahrheit. Die beste Stube herzurichten ist Ehrensache für meines Vaters wohlgeratenen Sohn. Wir werden die Fenster dekorieren, die Wände mit Bildern schmücken und einen behaglichen Teppich auslegen. Darauf die Tische und Stühle, die ganz unkonventionell schräg aufgestellt werden. Endlich soll es hier einmal gemütlich, um nicht zu sagen vornehm und damit Unserer würdig aussehen."

Er schwieg und wir zunächst auch, allerdings kopfschüttelnd. Dann meldete sich Braun zu Wort und fragte mit leicht ironischem Unterton:

„Und welche Tapeten wünschen der Herr Stubenälteste? Vielleicht japanische Seide oder dürfen es zur Not auch Wandteppiche sein?"

„Ach, ich stelle fest, Ihr versteht nichts von gehobenem Geschmack. Ihr könnt meinem geistigen Höhenflug nicht folgen."

„Aber Heinz“, sagte ich nun, „wo um alles in der Welt sollen wir denn die Gegenstände hernehmen?“
„Wenn das alles ist“, er zeigte mit dem Finger nach draußen, „dann schaut doch bitte mal vom Fenster aus dort hinüber. Was seht ihr da?“
„Na, die Schule der Nachrichtenhelferinnen“, meldete sich von Lichtenberg. „Willst du solange da einziehen? Das könnte dir so gefallen.“
„Nein, mein armer Sohn“, und mit gedämpfter Stimme fügte unser Stubenältester hinzu:
„Morgen Abend um 21 Uhr findet dort drüben leihweise die Übergabe aller gewünschten Kostbarkeiten statt. Damit verwandeln wir unsere Stube in ein Herrenzimmer. Die Rückgabe erfolgt am Sonntag. Und das alles geschieht dank meiner hervorragenden Beziehungen zum edleren Teil der deutschen Wehrmacht. Noch Fragen?“
Wir standen sprachlos da. Schlagartig brachen wir in ein lautes Gelächter aus und hatten natürlich auch noch Fragen. Unter anderem wollten wir wissen, wie Kannegießer es fertiggebracht hatte, innerhalb der kurzen Zeit schon Verbindung mit den Mädchen dort drüben aufzunehmen.
„Wundert euch das etwa?“, gab er entrüstet zurück. „Welches Mädchen könnte denn schon meinem Charme widerstehen? Während ihr die Freizeit mit Lernen vertrödelt habt, knüpfte ich drüben zarte Bande an. So, jetzt keine weiteren Fragen mehr. Morgen Abend muss alles klammheimlich und in wenigen Minuten über die Bühne gehen.“
Es funktionierte alles vorzüglich. Samstagmorgen hatte unsere Stube eine verblüffende Ähnlichkeit mit dem eleganten Heim eines höheren Offiziers. Kannegießer hatte eine Meisterleistung vollbracht. Die Fenster waren mit hübschen Gardinen und Schals verziert, geschmackvolle Bilder hingen an den Wänden. Auf jedem Tisch stand ein Blumentopf und auf dem Boden lag ein wunderschöner Teppich, den wir kaum zu betreten wagten. Tische und Stühle standen jeweils schräg zum Fenster und selbst die eintönige Deckenlampe war mit einem Lampenschirm geschmückt.
Um 10.30 Uhr flog unsere Stubentür auf. Kannegießer machte außergewöhnlich zackig der ersten Kontrollkommission Meldung. Oberleutnant Schöttle, der Spieß und zwei Wachtmeister schauten in unsere Stube. Nein, sie stierten. Der Spieß, der eine Notiz in sein Buch machen wollte, ließ den Bleistift fallen.

Oberleutnant Schöttle reckte den Kopf mit kugelrunden Augen weit nach vorn, trat dann einen Schritt zurück und blickte über unsere Tür auf die Zimmernummer 48. Er glaubte anscheinend, in der falschen Etage zu sein und einen der Offiziersräume geöffnet zu haben.
Dann stob er wie der Blitz davon, gefolgt von seinen Wachtmeistern. Wir standen etwas ratlos herum und konnten uns keinen Reim auf diese schweigsame Veranstaltung machen. Doch es dauerte nur wenige Minuten, da stand Schöttle wieder an der Tür. Diesmal in Begleitung des Kommandeurs, Major Matern, sowie zweier Hauptleute. Er machte nur eine weitausholende Handbewegung in Richtung unserer Stube.
„Donnerwetter!“, rief der Major. „Das ist ja ganz enorm. Wie haben Sie das nur fertiggekriegt?“
„Mit etwas Fantasie und einiger Mühe, Herr Major“, verkündete Kannegießer in vorbildlicher Haltung.
„Na, die Mühe ist ihres Lohnes wert, finde ich. Oder sind Sie anderer Meinung, Herr Schöttle?“
„Nein, Herr Major“, antwortete er noch immer erstaunt, „Stube 48 hat sich den Wochenendurlaub verdient.“
Nachdem die Offiziere gegangen waren, brauchten wir erst einige Minuten, um zu begreifen, dass wir den Wettbewerb gewonnen hatten. Wir durften tatsächlich am nächsten Wochenende nach Hause. Kannegießer stand in der Mitte der Stube mit einer Miene, die gut und gern zu einem Feldherrn gepasst hätte, der soeben siegreich aus einer entscheidenden Schlacht hervorgegangen ist.
„Nun, meine Herren“, sprach er in markantem Offizierston, „nehmen Sie sich ein Beispiel an dieser taktischen Meisterleistung. Und merken Sie sich eines: Nur der Tüchtige hat den Marschallstab im Tornister.“
Das dicke Ende erlebten wir am Montagabend. Unsere Stube hatte es Oberleutnant Schöttle derart angetan, dass er sie sich noch einmal in Ruhe anschauen wollte. Mit froher Miene öffnete er nach Dienstschluss unsere Tür, und wieder stand er da wie angewurzelt.
Wir hatten inzwischen alle Leihgaben wieder an die Mädchen abgeliefert, sodass unsere Stube das gleiche Bild bot wie vor dem Wettbewerb. Schöttle machte auch diesmal einen Schritt zurück, um die Stubennummer zu kontrollieren. Dann holte er tief Luft, blickte unserem Stubenältesten fest in die Augen

und fragte kurz und scharf:
„Wo ist die preisgekrönte Einrichtung geblieben, Kannegießer?"
„Herr Oberleutnant, die haben wir pflichtgemäß den Nachrichtenhelferinnen zurückgegeben. Wir durften sie ja nicht für uns behalten", antwortete er mit unschuldigem Augenaufschlag.
Es trat eine stille Pause ein. Schöttle schien zu überlegen, was wohl zweckmäßig mit uns zu machen sei. Unerwartet verzogen sich dann seine Mundwinkel zu einem Grinsen:
„Ihr habt mich aufs Kreuz gelegt und den Major dazu. Aber ich muss zugeben, es ist euch prima gelungen. Die Idee allein war schon den Preis wert. Aber wehe, ihr sprecht nur ein Wort zu den anderen darüber."
Während er zur Tür schritt, drehte er sich noch einmal um und zischte uns zu:
„Rasselbande, raffinierte!"
Am nächsten Morgen war ich gerade fertig mit Rasieren und Waschen, als ich zum Telefon gerufen wurde. Mit nacktem Oberkörper lief ich zum Wachraum. Ich war voller Ungewissheit, wer mich, aus welchem Grunde auch immer, hier in der Kaserne sprechen wollte.
Es war meine Mutter.
„Mutti", rief ich, „was um Gottes Willen ist geschehen?"
„Helmut, mein Junge, bei uns war der Teufel los. Freitagnacht haben sie unser ganzes Viertel mit Bomben zugedeckt und ich habe", sie schluchzte laut, „im Keller alles miterlebt. Unser Haus ist fast zerstört."
„Ach, du lieber Gott! Und wie, wie geht es jetzt weiter? Du bist ja völlig am Ende."
„Ich habe unsere paar Habseligkeiten zu Onkel Karl gebracht. Er wohnt vorübergehend in einem Haus in Grafenberg. Unsere Behelfswohnung soll notdürftig hergerichtet werden."
Ohne weiter nachzudenken, rannte ich zu Oberleutnant Schöttle und teilte ihm mit, was ich soeben gehört hatte. Der Oberleutnant war bei meinen Worten ernst geworden. Er schwieg eine Weile nachdenklich und sagte dann:
„Der Lehrgang ist in 14 Tagen zu Ende. Da Sie ihn sowieso bestanden haben, befreie ich Sie für die restliche Zeit bis zum nächsten Marschbefehl vom Dienst. Dann können Sie sich um Ihre Mutter kümmern. Helfen Sie ihr so gut Sie können."

Die Fahrt nach Düsseldorf erschien mir endlos. Ich fieberte förmlich der Heimat entgegen, die ich seit mehr als einem Jahr nicht mehr gesehen hatte. Gegen sieben Uhr erreichte ich am Sonntagmorgen das Haus, in dem ich die Kinder- und Jugendjahre froh verlebt hatte. Es glich einer Ruine; die Nachbarhäuser waren größtenteils völlig zerstört. Alles Leben schien ausgelöscht. Ich fühlte, wie meine Augen sich mit Tränen füllten.

Langsam betrat ich das Haus, dessen Eingangstür herausgerissen war. Ich stieg hinauf bis zur ersten Etage, wo meine Mutter notdürftig untergebracht war. Die darüber liegenden Stockwerke waren zerstört. So auch unsere einfache, doch sehr geliebte kleine Wohnung.

Dann ging eine Tür auf. Meine Mutter stürzte heraus und fiel mir weinend in die Arme.

„Junge, es wäre mir lieber gewesen, du wärst in Afrika in amerikanische Gefangenschaft gekommen. Dann wüsste ich dich wenigstens außer Gefahr.“ Den gesamten Vormittag saßen wir beisammen. Es gab so viel zu erzählen. Später verließen wir die Wohnung und gingen durch die Straße, in der ich aufgewachsen war. Mich durchlief ein Schauer beim Anblick der Ruinen, der Schuttberge und der gähnenden Leere ringsum. War ich hier vor gar nicht langer Zeit mit meinen Freunden herumgetollt? Waren diese Mauerreste noch Zeugen kindlichen Lachens oder der Begegnung froher, junger Menschen?

Blick aus dem zerbomten Heimathaus, Jülicher Str. in Düsseldorf

Ich vermisste schmerzlich meine kleine Jugendfreundin Irene. Ihre strahlenden Augen und ihr helles fröhliches Lachen. Vergebens hielt ich Ausschau nach Bekannten und Nachbarn. Weit und breit war alles verwahrlost, öd, zerstört; ein Bild voller Traurigkeit.

An einem Sonntagmorgen verließ ich in einem Fronturlauberzug meine Heimatstadt. Still und schweren Herzens. Ich war zurück nach München kommandiert worden.
Meine Mutter hatte ich gebeten, nicht mit zum Bahnhof zu kommen. Denn ich wusste, wie sehr sie das Abschiednehmen auf dem Bahnsteig seelisch belastete. So musste ich sie weinend in der Ruine zurücklassen, die einmal unser Zuhause gewesen war.
Freitagnacht hatten wir noch einen Fliegerangriff von besonders vernichtendem Ausmaß erlebt. Nach dem Fliegeralarm war ich anfangs noch in der Wohnung geblieben. Ich unterschätzte in Unkenntnis die Lebensbedrohung, die eine Bombardierung zwangsläufig mit sich brachte. Meine Mutter hatte längst den Keller aufgesucht, während ich glaubte, so schlimm wie an der Front könne es hier nicht sein.
Mit Entsetzen beobachtete ich vom Fenster aus ein infernalisches Schauspiel, was mich zutiefst erschütterte. Entlang der Dreifaltigkeitskirche, unmittelbar an unserem Haus vorbei, trudelte ein schweres Bombenflugzeug. Zum Greifen nah, brennend, die Bordfenster hell erleuchtet. Deutlich konnte ich die verzerrten Gesichter der amerikanischen Crew sehen. Sekunden später gab es eine ohrenbetäubende Detonation. Die Erde bebte. In allernächster Nähe musste die Maschine aufgeschlagen sein.
Ich jagte, wie vom Teufel verfolgt, die Treppe hinunter und in den Keller, wo meine Mutter mit vor Angst weit geöffneten Augen und zitternd in einer Ecke saß.
Die Bilder jener Freitagnacht hatte ich noch vor Augen, als ich im Zug saß. Ich dachte darüber nach, dass ich nicht nur in Kürze wieder an der Front sein würde, sondern dass daheim meine Mutter und alle Frauen, Mütter, Bräute, Kinder und Alte einem wütenden Frontgeschehen hilflos ausgeliefert waren. Welch grandiose Sinnlosigkeit! Warum nur zerstörten Menschen vorsätzlich und ohne jede Vernunft diese von Gott geschenkte wunderschöne Welt und damit schließlich sich selbst?

Neuen Zielen entgegen

In München meldete ich mich bei der Frontleitstelle. Sie hatte ihren Sitz in Bahnhofsnähe. Meine Einheit, mit den mir lieb gewordenen Kameraden, war in Afrika geblieben. Sicherlich waren sie jetzt schon auf dem Transport in die Gefangenschaft nach Amerika. Dorthin wurden, wie ich gehört hatte, die deutschen Soldaten aus Afrika verfrachtet.

Ich erhielt einen Marschbefehl zu einer Flak-Ergänzungsabteilung, die in Vicenza in Oberitalien lag. Versprengte wie ich wurden von dort zu einer Fronteinheit weitergeleitet. So bestieg ich am nächsten Morgen mit anderen Soldaten, die den gleichen Befehl hatten, einen Zug, der nach Verona fuhr.

Von Verona aus erreichten wir ohne Schwierigkeiten die Ergänzungsabteilung in Vicenza. Sie war in einer ehemaligen Schule untergebracht, in der etwa 200 Mann auf ihren Einsatzbefehl warteten. Es waren lauter Afrika-Kämpfer, wie ich bald erfuhr. Unterbringung und Verpflegung waren miserabel. In den überfüllten Räumen herrschte ein derartiger Mief. Ich beschloss, die warme Nacht draußen auf dem Hof zu verbringen. Ausgestreckt auf einer Decke. Auf der Erde lag ich zwar unverschämt hart, aber dafür genoss ich die reine Luft, die von den grünen Hügeln herüberwehte.

Nach vier Tagen erhielt ich auf der Schreibstube von einem Wachtmeister den Marschbefehl zu der schweren Flak-Batterie 1./376. Sie war in Nettuno stationiert und wurde von einem Oberleutnant Naust geführt. Der Wachtmeister grinste, als er mir das Papier zuschob:

„Na dann, Hals- und Beinbruch! Da unten ist der Teufel los. Wird keine Vergnügungsreise werden.“

„In Afrika war es auch nicht gerade gemütlich", entgegnete ich. Ich packte erneut meine Sachen, die mit Gewehr und Stahlhelm ein tüchtiges Gewicht hergaben, und machte mich auf den Weg zum Bahnhof.

Zwei Tage brauchte der Zug für die Fahrt über Florenz bis Perugia, die häufig durch Fliegerangriffe unterbrochen wurde. Während dieser Zeit ernährte ich mich von Kommissbrot, einem Stück Wurst und Wasser. In Perugia war es mit der Eisenbahnfahrerei vorbei; die Strecke weiter südlich war größtenteils durch Bomben zerstört.

Ich stand auf der Straße und wartete auf ein Wehrmachtsfahrzeug, das hoffentlich die gleiche Route hatte wie ich.
Es dauerte keine halbe Stunde, da brauste ein Kübelwagen heran und stoppte. Ein junger Unteroffizier der Luftwaffe schaute heraus:
„Na, wo musst du denn hin, Kumpel?"
„Ich habe einen Marschbefehl nach Nettuno. Fährst du in diese Richtung?"
„In die Richtung schon, allerdings nur bis Viterbo. Dort liegt meine Einheit und wartet auf einen neuen Einsatzbefehl. Komm, verstau dein Marschgepäck hinten im Wagen und fahr mit."
„Prima, ich danke dir. Zwei Tage mit der Eisenbahn von Vicenza bis hier haben mir gereicht."
„Mensch, da wird es aber Zeit, dass du was zwischen die Rippen kriegst. Du siehst schon ganz käsig aus. Jetzt wollen wir doch erst mal sehen, ob wir hier nicht irgendwo eine Trattoria oder Osteria auftreiben, wo es was zu futtern gibt. Hab selbst auch genug Kohldampf. Bin schon fünf Stunden mit der Kutsche unterwegs. Kurierfahrt, weißt du."
Eine Viertelstunde später saßen wir in einer kleinen Trattoria. Jeder hatte einen Berg Spaghetti mit Spiegeleiern vor sich und wir hauten rein wie die Scheunendrescher. Während wir aßen und uns an einem kühlen Rotwein labten, schaute uns aus der anderen Ecke die Wirtin schmunzelnd zu. Mein Kamerad bestand darauf, die Zeche zu bezahlen. Tatsächlich hatte er ein ganzes Bündel Geldscheine bei sich.
„Mein Chef ist mit dem Geld immer ziemlich großzügig", erklärte er, „besonders, wenn ich Ge-Ka-Dos-Unterlagen in Bologna holen muss (Ge-Ka-Dos = Geheime Kommando-Sache). Wird wohl ein neuer Einsatzbefehl dabei sein. Wir sind Fallschirmjäger."
Fritz, so hieß der Unteroffizier mit Vornamen, war ein ausgezeichneter Fahrer., Er hatte das Straßennetz anscheinend auswendig im Kopf. Zwei Stunden waren wir unterwegs, als wir plötzlich verdächtig nahes Motorengeräusch hörten: Tiefflieger. Wir fuhren auf einer Landstraße, die gut einzusehen war. Da erblickten wir auch schon ein Jagdflugzeug, das uns im Tiefflug entgegenkam. Es eröffnete das Feuer.
Fritz bremste. Wir sprangen aus dem Wagen. Rannten auf eine an die Straße grenzende Wiese und warfen uns ins Gras.

Der Pilot hatte gedreht, flog uns erneut an und schoss, dass uns die Kugeln an den Ohren vorbeizischten.
Wir sprangen wieder auf und jagten auf ein Haus zu, das etwa 100 Meter vor uns auf der Wiese stand. Als wir auf halber Entfernung dorthin waren, hörten wir rücklings die Maschine auf uns zu donnern. Aufs Neue feuerte der Flieger los, als spiele er Katz und Maus mit uns. Wir schmissen uns hin. In Todesnot hielten wir uns an den Händen fest und beteten still um unser Leben.
Beim nächsten rasenden Lauf erreichten wir endlich das Haus. Der Jäger hatte seine Maschine nochmals in unsere Richtung gedreht, aber wir fanden jetzt Schutz hinter einer Mauer. In Schweiß gebadet beobachteten wir, wie er nun, da er uns aus den Augen verloren hatte, unseren Kübelwagen unter Beschuss nahm. In der nächsten Minute fing der Wagen Feuer.
„Verdammter Himmelhund", schrie Fritz und rannte wie wahnsinnig hinüber. Ich stürmte hinter ihm her. Wir hatten ja unser ganzes Gepäck darin.
Mit einem Satz sprang Fritz in das brennende Auto. Er schmiss die Mappe mit den geheimen Unterlagen, meinen Rucksack und seine Jacke mit Papieren und Geld heraus. Sekundenschnell war er wieder draußen. Wir liefen einige Meter weiter und warfen uns in den Straßengraben.
Mit einem gewaltigen Knall zerbarst der Wagen in diesem Moment. Das Flugzeug war nicht mehr zu sehen. Der Pilot hatte sein Ziel, wenigstens zum Teil, erreicht.
Wir brauchten lange, bis wir uns aufrichteten, hinsetzten und anschauten, als sähen wir uns zum ersten Mal. Fritz holte Zigaretten aus seiner Jacke und reichte mir eine. Wir rauchten in langen Zügen und fanden nur langsam wieder zu uns selbst.
„Das war verflucht knapp, Helmut", sagte Fritz. „Der Mistkerl hatte es darauf abgesehen, uns regelrecht abzuschlachten. Wir haben ein unverschämtes Glück gehabt, wenn auch der Wagen im Eimer ist."
„Du hast recht, Fritz. Ich will dir offen sagen, dass ich eine ganz gemeine Angst gehabt habe. Am meisten eben, als du in den brennenden Wagen gesprungen bist."
„Das war der Mut der Verzweiflung. Zum Helden ist niemand von uns geboren. Glaub' mir, bei den Fallschirmabsprüngen haben wir alle das Herz in der Hose."
Allmählich erholten wir uns von dem panischen Schrecken, in den uns der

Tiefflieger versetzt hatte. Doch nun wurden wir uns auch der fatalen Lage bewusst, in der wir uns befanden. Zweimal hatten wir schon Lastwagen angehalten, aber die waren in der näheren Umgebung stationiert und konnten uns nicht helfen.

Endlich, es war schon fast 17 Uhr, hielt ein Kübelwagen. Neben dem Unteroffizier am Steuer saß ein Offizier der Waffen-SS. Dessen Dienstrang kannte ich nicht, weil mir die Rangordnung bei der Waffen-SS nicht geläufig war.

„Nanu, ihr seht ja reichlich abgebrannt aus“, begrüßte er uns. „Habt ihr hier etwa Feindberührung gehabt?“

Wir gaben ihm kurz Auskunft über das, was geschehen war und wohin wir müssten. Bei unseren Worten grinste er:

„Das war ja eine hübsche Abwechslung, aber ihr habt sie wenigstens überlebt. Auch jetzt habt ihr Glück, denn wir können euch bis Viterbo mitnehmen. Wir liegen in der Gegend von Tarquinia.“

Er wendete sich Fritz zu:

„War ganz schön schneidig, dass sie die Ge-Ka-Dos-Unterlagen aus dem brennenden Wagen gerettet haben. Gratuliere!“

In der Nacht kamen wir in Viterbo an. Der Offizier gab die Anweisung, dass wir noch zu der Fallschirmjäger-Einheit gefahren wurden, zu der Fritz gehörte. Das war anständig und wir bedankten uns entsprechend.

Im Lager angekommen, stieß Fritz mich an:

„Komm' erst mal mit zu dem Zelt, in dem ich mit meinen Kameraden untergebracht bin, Helmut. Da wird sich noch ein Platz für dich finden lassen. Du kannst ja in dieser Nacht nicht mehr weiter. Wird auch Zeit, dass wir unsere geschundenen Knochen ausstrecken.“

Damit wurde es aber zunächst noch nichts. Die Kameraden waren alle noch recht munter. Acht Mann zählte ich. Feldwebel und Unteroffiziere und in ihrer Mitte ein Hauptmann. Allesamt umgeben von diversen geleerten Rotweinflaschen.

„Mensch, Schneider“, rief der Hauptmann überrascht, „wo kommen Sie denn her? Haben Sie unterwegs an einer Signorina nicht vorbeifahren können? Und Besuch von der Flak haben Sie uns auch noch mitgebracht.“

Fritz machte Meldung und berichtete von unserem Abenteuer am Nachmittag. Als er erwähnte, dass er aus dem brennenden Auto noch die wichtigen Unterlagen herausgeholt hatte, sprang der Hauptmann auf und schlug ihm auf die Schulter:

„Dieser Teufelskerl hat mir das schönste Geburtstagsgeschenk gemacht. Ja, guck' nicht so, Schneider. Gratulier' deinem Chef lieber zum 35. Geburtstag, oder bin ich dir jetzt zu alt?"

Sich im Kreis umblickend, sprach er beinahe feierlich, wenn auch mit etwas schwerer Zunge:

„Männer, wir trinken auf das Wohl unseres tapferen Unteroffiziers Schneider und des Kameraden von der Flak!"

Eine Stunde danach waren wir nicht nur hundemüde, sondern auch ganz schön angetrunken. Wir hatten jetzt nur noch das Bedürfnis, uns hinzuhauen und zu schlafen. Einer der Unteroffiziere stellte mir wie selbstverständlich sein Schlaflager zur Verfügung. Er legte sich kurzerhand vor dem Zelt auf die Erde.

Am nächsten Morgen wurde ich wie ein lieber Gast versorgt. Brot, Butter, Wurst, Marmelade, Kaffee, alles holten die Kameraden heran. Es wurde so viel, dass ich noch Proviant für unterwegs mitnehmen konnte. Ich spürte es deutlich. In dieser Fallschirmjägertruppe, deren Aufgabe zu den gefährlichsten im Krieg gehörte, wurde Kameradschaft besonders großgeschrieben.

Ich war im Begriff, meinen Rucksack zu schultern, da kam der Hauptmann zu mir:

„Unteroffizier Schneider wird Sie mit meinem Wagen noch ein Stück in Richtung Nettuno fahren. Aber passt mir bloß auf, dass der nicht auch noch den Tieffliegern zum Opfer fällt."

Fritz war wirklich ein Teufelskerl. Er brachte mich nicht nur ein Stück in Richtung Nettuno, sondern er brauste mit Vollgas durch und lieferte mich mittags bei der Batterie ab, der ich zugewiesen war. Dort wurde sein Wagen wieder aufgetankt, nachdem ich mich bei meinem neuen Chef, Oberleutnant Naust, mit dem Marschbefehl gemeldet hatte.

Gewaltiger Geschützdonner ließ darauf schließen, dass nicht weit von hier schwere Geschütze stationiert waren. Die Granaten schlugen in beängstigender Nähe der Stellung ein. Der Oberleutnant war schon verschwunden. Er hatte sich in seinen Unterschlupf zurückgezogen. Dieser bestand aus einem Loch, das in die Rückwand eines kleinen Hügels seitlich eingegraben war. Dort musste man seinen Körper hineinschieben, um sich liegend zu schützen. Ich entdeckte viele solcher Löcher und hatte dabei die unheimliche Vision eines riesigen Massengrabes.

Schnell bedankte ich mich bei Fritz und verabschiedete mich von ihm, damit er aus diesem Hexenkessel herauskam. Kurz danach lag auch ich in einem dieser Löcher. Es orgelte wieder ein schweres Geschoss heran. Sekunden später explodierte es mit fürchterlicher Detonation, vielleicht 50 Meter von uns entfernt. Mein Gott, wo war ich hier gelandet? Dieses zusammengekauerte Warten auf Beschuss war entsetzlich.

Es trat Ruhe ein. Mit einem Mal wurde es so still, wie es in dieser Landschaft wohl im Frieden sein musste. Nun kamen von allen Seiten Soldaten ans Tageslicht. Sie hatten ihre Schlupflöcher verlassen und begaben sich an die Geschütze und Geräte. Als sei nichts gewesen.

Mit gemischten Gefühlen stand ich vor Oberleutnant Naust. Er drückte mir die Hand:

„Wenn der Empfang auch nicht gerade imponierend war, heiße ich Sie trotzdem willkommen in unserer Batterie, Unteroffizier Tödter. Ein solcher Beschuss erfolgt jeden Tag einmal. Leider unregelmäßig, man kann sich also nicht darauf einstellen. Es handelt sich hier um sehr schwere Schiffsgeschütze der alliierten Flotte im Hafen von Nettuno. Wir haben die Aufgabe, die Schiffe direkt oder indirekt zu beschießen sowie Fliegerangriffe abzuwehren. Ich bin froh, dass Sie jetzt die Messstaffel übernehmen können. Dort fehlt mir seit Wochen der verantwortliche Mann. Wo waren Sie bisher eingesetzt?"

Ich berichtete ihm von Afrika, von dem makabren Rückflug in letzter Minute nach Europa, von dem Lehrgang in München und von meiner Weiterleitung von Vicenza nach hier. Ab und zu stellte er Fragen, um sich ein möglichst genaues Bild von dem neuen Mann zu machen.

Er ging mit mir hinüber zur Messstaffel. Überrascht stellte ich fest, dass man von dort eine gute Sicht hinunter zum Hafen hatte Dort lagen mindestens ein Dutzend feindlicher Kriegsschiffe.

„Die bereiten allem Anschein nach eine Invasion vor", nahm Naust an. „Wir werden uns auf einiges gefasst machen müssen."

Die Messstaffel bestand aus 13 jungen Soldaten. Gefreite und Obergefreite,

mit denen ich mich bekanntmachte. Sie waren mir durchweg sympathisch. Auch die Geräte schienen in gutem Zustand zu sein, also konnte ich mit meiner Arbeit beginnen.
Drei Tage blieb es erstaunlich ruhig. Inzwischen hatte ich die meisten Leute der Batterie kennengelernt und fühlte mich wieder unter den richtigen Kameraden. Die Unteroffiziere waren meistens "alte Hasen" und trugen fast alle das EK I (Eiserne Kreuz I. Klasse). Ein Beweis dafür, dass sie schon im dicksten Schlamassel gesteckt hatten.

Mehr als eine Woche lang wurden wir drei- bis viermal am Tag von Tieffliegern angegriffen. Jeweils sechs Maschinen, die aber keinen nennenswerten Schaden anrichten konnten, weil wir sie frühzeitig unter Beschuss nahmen.
Doch am 24. August, einem Dienstag, holte der Gegner zu einem gezielten Schlag aus. Schon am frühen Morgen überfielen uns mehrere Maschinen des gefürchteten Typs „Buffalo“. Sie schossen wie wild in unser Gelände. Verbissen feuerten wir zurück. Endlich gelang es uns unter größtem Einsatz, sie zum Abflug zu zwingen.
Kaum eine halbe Stunde später – wir hatten noch nicht einmal die gröbsten Schäden in der Batterie, vor allem aber bei den Leuten ermitteln können – vernahmen wir die Abschüsse von den Schiffskanonen. Dieses dumpfe Dröhnen, als ob jemand in der Ferne auf eine übergroße Pauke schlagen würde, ging unter die Haut. 16 Sekunden verblieben nach dem Abschuss, um sich in Deckung zu werfen. Dann erreichten die unheilvollen Granaten, die wir der Größe wegen „Koffer“ nannten, ihr Ziel.
Ich war auf halbem Wege von der Messstaffel zum Geschütz „Anton“, als ich von dort Hilferufe hörte. Das Heranorgeln der Granaten war deutlich zu vernehmen. Sollte ich umkehren zu meinen Leuten an den Messgeräten oder weiterlaufen zum Unterstand von Geschütz „Anton“? Weiterlaufen, befahl ich mir selbst. Mir blieben nur noch wenige Sekunden.
In dem Augenblick, als ich in die Geschützgrube sprang, zerbarst mit donnerndem Getöse eine Granate in allernächster Nähe. Wir pressten uns an den Boden. Fontänen von Splittern und Dreck ergossen sich über das Batteriegelände. Lange Zeit trauten wir uns nicht, aufzustehen und einen Blick nach draußen zu werfen.

Und dann standen wir da wie erstarrt. Das Bild, das sich uns darbot, verursachte in uns lähmendes Entsetzen.
An der Stelle, an der ich noch vor wenigen Minuten bei den Leuten der Messtaffel und ihren Geräten gestanden hatte, gähnte ein riesiger Trichter. Das schwere Geschoß hatte die Erde aufgerissen und die Messstaffel komplett ausgelöscht.
Meine Beine wollten mich nicht tragen, als ich langsam auf die Stätte des Grauens zuging. Oberleutnant Naust stand schon dort und hatte den Stahlhelm abgenommen. Fassungslos blickte er auf das unheimliche Erdloch. Ich schaute ihn an. Tränen spiegelten in seinen Augen. Mit heiserer Stimme flüsterte er:
„Nur noch ein paar Fetzen sind übriggeblieben von den Männern. Von 13 jungen Soldaten. Nicht ein Einziger ist zu erkennen. Nur noch Fetzen, mein Gott!"
Der Feind hatte die Angriffe eingestellt. Wie fast immer am späten Nachmittag. Erst nach und nach erkannten wir in ganzem Ausmaß die Katastrophe, die über uns hereingebrochen war. 16 Leute waren ingesamt gefallen. Die Soldaten der Messstaffel eingerechnet. Weitere acht waren verwundet, ein schweres und ein leichtes Geschütz sowie die Messgeräte waren zerstört.
Ich konnte es immer noch nicht begreifen, dass ich buchstäblich in letzter Sekunde wie durch eine Fügung dem Tod entgangen war. Der Chef rannte durch unser Gelände, als sei er von Sinnen. Dann befahl er Leutnant Roßbach und die Unteroffiziere zu sich:
„Unsere toten Kameraden sollen, soweit wir deren Überreste noch finden, heute Abend ein gemeinsames Grab erhalten", beinahe überschlug sich seine Stimme. „Die Verwundeten werden sofort zum Hauptverbandsplatz gefahren. Da wir nicht mehr gefechtsbereit sind, werden wir morgen früh Stellungswechsel machen. Wohin, werde ich vom Abteilungsstab erfahren, der auf unserem Weg liegt. Das Telefonnetz ist nicht mehr intakt."
„Eines noch, meine Herren. Morgen früh, bevor wir abhauen, werden wir mit drei Kanonen und der restlichen Munition denen da drüben ein Abschiedsfeuerwerk bereiten. Die sollen noch an uns denken."
Dazu kam es aber nicht mehr und das war gut so. Mit Sicherheit wäre die Antwort verheerend gewesen. Der Chef hatte eingesehen, dass wir durch unsere Schießerei nur den eigenen Abzug gefährden würden.
Ungestört, ohne den geringsten Feindangriff rollten wir mit Wagen, Kanonen

und allem Zubehör aus der Stellung heraus. 16 Kameraden ließen wir zurück, für immer. Ihr junges Leben war verblüht, noch ehe es eine Blüte haben durfte. Der Gedanke machte uns stumm und ernst.
Wir blieben ein paar Wochen in Perugia. Am 10. Oktober erhielten wir den Befehl zum Stellungswechsel nach Bologna. Dort sollte die Batterie durch zusätzliche Soldaten, zum Teil neuen Geschützen, Messgeräten und sonstigem Material aufgefrischt werden. Nach dem, was wir unlängst überstanden hatten, war der Gedanke, in Bologna in Ruhestellung zu ziehen, mehr als versöhnlich. Die Fahrt selbst gestaltete sich allerdings zu einem gefährlichen Abenteuer. Immer wieder mussten wir die verrücktesten Schleichwege suchen, um uns vor den Tieffliegern zu schützen.
Ende Oktober bezogen wir unsere neue Stellung in einem ehemaligen, jetzt trockengelegten Flussbett des Reno am Stadtrand von Bologna. Der Name des Flusses „Reno“ erinnerte mich unwillkürlich an unseren Rhein, der auf Italienisch ebenso „Reno“ genannt wird. Schon bald meldete sich wieder schmerzhaft das Heimweh. Jene Traurigkeit, die uns draußen eigentlich nie verließ.

Mit Kameraden vor der Baracke

Die Stellung war durch eine Einheit, die vor uns hier gewesen war, komplett ausgebaut worden. Unsere Unterkünfte bestanden aus Baracken in tadellosem Zustand. Verglichen mit unserem bisherigen Kampieren, war das schon beinahe komfortabel. Zusammen mit zwei Unteroffizieren und fünf Obergefreiten bezog ich eine dieser Baracken. Darin waren sogar richtige Betten, je drei übereinander, mit Strohsäcken vorhanden.
Wir richteten uns so häuslich wie möglich ein. Ich fühlte ich mich auf eine Weise geborgen. Frohgemut sagte ich zu meinem Bettnachbarn, Unteroffizier

Lohmann: „Hans, was sagst du nun? In Nettuno hätte ich es mir nicht träumen lassen, dass man uns jemals in Kur schicken würde."
Lohmann nickte: „Ick bin einfach platt. Wenn wa hier überwintern, schick' ick dem Oberkommando eigenhändig een Dankesschreiben."
Lohmann war Berliner. Mit seiner Schlagfertigkeit hatte er schon manchen trüben Gedanken verscheucht.
„Det will ick dir sagen, nochmal möcht' ick nüscht mit die Schiffsjaschütze zu tun haben. Det is mir reneweg zu jefährlich."
„Na, dann kannst du ja jetzt beruhigt schlafen", mutmaßte ich. „Bis Bologna reichen die Schiffskanonen nicht. Dafür werden wir in der Nähe einer Großstadt mehr Freude mit Bombenangriffen kriegen."
„Det is' mir ooch ejal, Helmut.Vorläufig ham wa nich' jenug Leute, zu wenich Kanonen und keene Munition. Da werd' ick mir ma'n pflegen und den Feuerzauber, wenn et eenen jibt, aus der Ferne zukieken."
Das Pflegen hielt nicht lange an. Mitte November wurden neue Geschütze und Messgeräte in die Batterie gefahren. Am 20. November, einem Samstag, meldeten sich zwölf Soldaten beim Chef, deren Einheit in Sizilien aufgetrieben worden war.

Damit waren wir wieder intakt zur Fliegerabwehr. Momentan bedeutete das nicht viel, denn noch wurde Bologna relativ selten angegriffen. Immerhin, der normale Dienstbetrieb lief wieder an und niemand wusste, was vielleicht morgen geschah.

PLATZ-KOMMANDANTUR
VENEDIG

VENEDIG, ... 1943

AUSWEIS

Name: Töfer H.

Dienstgrad: Ogef.! Soldbuch/Nr. 1337

Dienststelle oder Feldpostnummer: L. 53 142

hat die Erlaubnis, sich am 28.I.43.

in Venedig aufzuhalten.

Dieser Ausweis gilt nur in Verbindung mit dem Soldbuch.

DER PLATZKOMMANDANT
Gehring
OBERSTLEUTNANT

Passierschein Venedig

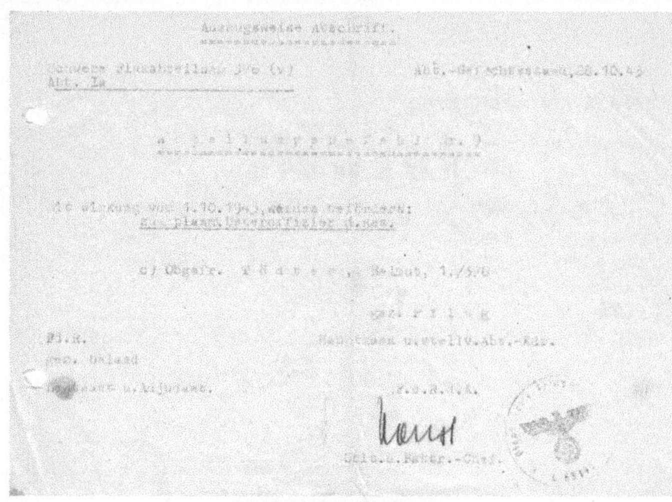

Auszugsweise Abschrift.

[illegible] Abt. Ia — [illegible], 28.10.43

Abteilungsbefehl Nr. 9

Mit Wirkung vom 1.10.1943 werden befördert:
zum Pionier-Unteroffizier d. Res.

c) Obgefr. [illegible], Helmut, 1./[illegible]

gez. [illegible]
Hauptmann u. stellv. Abt.-Kdr.

[illegible]

Leutnant u. Adjutant

F.d.R.d.A.

Oblt. u. Nachr.-Chef.

28.10.1943 Beförderung

Jetty

Im Januar 1944 wurde ich von meiner Stellung in Bologna abberufen – mit einem neuen Marschbefehl zur Kriegsschule in Göppingen. Dort lagen drei Monate büffeln vor mir, um mein Offizierspatent zu machen.
Nachdem ich in Göppingen mit Erfolg als Fähnrich entlassen worden war, trat ich zunächst einmal Heimaturlaub an und besuchte meine Mutter. Sie lebte inzwischen mit ihrem zweiten Mann in dem Dorf Oedt nahe Krefeld. „Onkel Willi", wie ich ihn nannte, hatte dort eine Anstellung als Malermeister gefunden. Gemeinsam bewohnten sie zwei möblierte Zimmerchen in der Adolf-Hitler-Straße.
Da die beiden Zimmer zu eng für uns drei waren, wurde ich zum Schlafen ausquartiert. Ich zog mit Frau Tophoven, die meine Mutter beherbergte, los zu einem der größeren Häuser auf der anderen Straßenseite. Dort klingelte sie an einer Haustür.
Es öffnete ein Mädchen, das etwa in meinem Alter sein musste.
„Hier bringe ich Ihnen den jungen Mann, der bei Ihnen schlafen soll, Fräulein Ebus", sagte Frau Tophoven.
Diese doppelsinnige Formulierung registrierte ich nur am Rande. Ich selbst sagte überhaupt nichts. Ich grüßte nicht und stellte mich nicht vor. Wie ein Tölpel stand ich da und schaute unverwandt das Mädchen an. Es war groß und schlank. Blondes, welliges Haar umrahmte ein feines Gesicht mit frischen Wangen und hellblauen Augen, mit denen es mich fragend ansah.
„Um wieviel Uhr kommen Sie zu uns?"
„Ich, hm, ich glaube", erwiderte ich unbeholfen wie ein Schuljunge, „ich denke, so gegen zehn."
„Oh, so spät erst? Vielleicht können Sie etwas früher kommen. Um zehn gehen wir nämlich zu Bett."
Als wir wieder in der guten Stube bei Tophoven saßen, war es 20.15 Uhr. Eine halbe Stunde später stand ich auf, holte mein Waschzeug und verabschiedete mich.
Verblüfft sah mich meine Mutter an:
„Willst du denn jetzt schon schlafen gehen? Es ist noch nicht einmal neun."
„Ich bin müde von der Reise", antwortete ich. "Und dann muss ich mich ja mit

den Leuten drüben etwas bekanntmachen, wenn sie mich schon aufnehmen."
Nachdem ich an der Tür geklingelt hatte, öffnete wieder das Mädchen. Bei meinem Eintreten glaubte ich einen freudigen Schimmer über ihr Gesicht huschen zu sehen. Es war von solchem Liebreiz, dass ich mich zusammenreißen musste, um nicht wieder so dämlich wie vorhin dazustehen. Ich nannte meinen Namen und bedankte mich für das Entgegenkommen, im Hause übernachten zu dürfen.
Das Mädchen führte mich durch einen langen Hausflur. Wir betraten einen Raum, der dem Anschein nach als Wohnküche diente. An einem Tisch saßen zwei Frauen. Eine der beiden stand auf und reichte mir die Hand:
„Sie sind also unsere neue Einquartierung. Ich bin Frau Ebus. Hoffentlich gefällt es Ihnen bei uns."
Frau Ebus war eine große stattliche Frau und wirkte für Kriegsverhältnisse wohlernährt. Sie mochte vielleicht Mitte Fünfzig sein. Ihr rötlich-blondes Haar trug sie nach innen eingeschlagen. Mit ihren gutmütigen Augen schaute sie mich freundlich an. Die andere Frau stellte sich als eine Nachbarin vor.
„Ich freue mich, dass ich bei Ihnen wohnen darf. Dafür möchte ich Ihnen sehr danken. Hoffentlich mache ich Ihnen keine Ungelegenheiten?"
„Ach was", winkte Frau Ebus ab, „das Zimmer unseres Sohnes Matthias steht doch leer. Er ist Soldat in Russland."
„Jetty", wendete sie sich jetzt an das Mädchen, „zeig' dem jungen Mann doch mal das Zimmer, in dem er schlafen kann."
Jetty. Seltsam, den Vornamen hatte ich noch nie gehört, aber er gefiel mir. Jetty führte mich in das obere Stockwerk. Sie zeigte mir ein gemütliches Zimmer, in dem ein großes, nein, ein überdimensionales Bett zum Schlafen geradezu aufforderte.
„Herrlich", rief ich. „Hier werde ich schlafen wie ein Murmeltier und einmal vergessen, dass ich Soldat bin."
„Das ist gut", und mit schelmischem Blick fügte Jetty hinzu: „Aber verwechseln Sie nicht die Türen. Gleich nebenan ist nämlich mein Zimmer."
Unten in der Küche wurde anschließend noch erzählt. Die Frauen wollten natürlich einiges über ihren neuen Untermieter in Erfahrung bringen. Ich redete so viel wie seit langem nicht mehr. Von der Kriegsschule, Afrika, Düsseldorf. Und immer öfter schaute ich dabei in die Augen des Mädchens, das mir aufmerksam zuhörte.

Jetty Ebus, spätere Frau von Helmut Tödter

Später konnte ich lange Zeit nicht einschlafen. Selbst in dem wunderbaren weichen Bett nicht. Ständig hatte ich Jettys Antlitz vor Augen. Sogar buchstäblich, denn auf dem Nachttisch stand in einem Rahmen ein Foto von ihr. Es war wohl für ihren Bruder gedacht. Ich konnte nicht anders. Ich nahm das Bild und drückte einen Kuss auf die fein geschwungenen Lippen, mit denen das Mädchen mich anlächelte. Wenn auch nur unter dem Glas.

Als ich am nächsten Morgen aufwachte, eilte ich die Treppe hinunter, um mich zu waschen und zu rasieren. Allerdings war es mir wichtiger, Jetty zu sehen. Doch daraus wurde nichts. Frau Ebus erklärte mir auf meine gleichgültig gestellte Frage, dass sie bereits zur Arbeit in ein Büro gegangen sei.

Zum Frühstück ging ich hinüber zu meiner Mutter, die meine gute Laune gleich konstatierte

„Du scheinst ja gut geschlafen zu haben bei Ebus. Gefällt es dir drüben?"

„Sogar ausgezeichnet, Mutti. Das Zimmer ist richtig gemütlich und das Bett einfach wunderbar. Frau Ebus mochte ich gleich auf Anhieb. Sie ist sehr freundlich. Den Hausherrn habe ich noch nicht kennengelernt. Er hatte Luftschutzdienst."

„Aber die Tochter Jetty hat dir ganz besonders gefallen", ergänzte meine Mutter und fügte hinzu:

„Das kann ich gut verstehen. Sie ist ein prächtiges Mädel. Aber halte dich bitte zurück, sie ist schon vergeben. Sie ist verlobt."

Wenn ich mir auch die größte Mühe gab, einen uninteressierten Eindruck zu machen, meine Mutter durchschaute mich doch. Sie lächelte mitfühlend:

„Na, nun sei nicht gleich zu Tode betrübt, mein Sohn. Du kennst das Mädchen kaum. Du findest schon noch eine, die zu dir passt."

„Ach was, ich bin doch nicht auf Brautschau hierhin gekommen", knurrte ich vor mich hin.

Den ganzen Tag über versuchte ich krampfhaft, meine Gedanken in eine andere Richtung zu zwingen. Ich spazierte durch den Ort. Schaute mir dies und jenes an und war überrascht von dem ungewöhnlich ausgedehnten Webereiunternehmen, in dem wohl der größte Teil der Bevölkerung hier arbeitete. So auch der mir noch unbekannte Herr Ebus und, ja natürlich, ebenso Jetty.

Es war nichts zu machen. Am Abend hatte ich es wieder eilig, um hinüber zu Ebus zu kommen. Nun, Jetty öffnete mir. Als ich sie so reizend vor mir sah, hätte ich sie am liebsten auf der Stelle in meine Arme genommen. Trotz aller Warnungen meiner Mutter. Indes tat ich nichts dergleichen. Nur ihre Hand hielt ich etwas länger fest als üblich.

Ich lernte Herrn Ebus kennen. Er war ein großer und kräftiger Mann. Gutaussehend, aber mit stahlharten blauen Augen und einer Steilfalte auf der Stirn, die Respekt einflößte. Zuerst blickte er mich forschend an. Dann sagte er mit lauter Stimme, doch nicht unfreundlich:

„Fühlen Sie sich bei uns wie zu Haus. Hier waren schon viele Soldaten einquartiert. Wenn Sie 'nen Wunsch haben, melden Sie sich."

Er reichte mir eine Zigarette und forderte mich auf, von meinem Soldatenleben zu erzählen, insbesondere von der Kriegsschule. Während ich sprach, rauchte er eine Pfeife. Er schaute vor sich auf den Fußboden und nickte ab und zu, als wolle er mir zustimmen.

Er machte einen strengen Eindruck auf mich. Ich fühlte mich lange nicht so ungezwungen wie am Abend zuvor. Mit Jetty kam ich überhaupt nicht ins Gespräch und auch ihre Mutter war heute nur stille Zuhörerin.

„Morgen sind wir unter uns. Dann hat Vater wieder Luftschutzdienst", flüsterte Jetty mir zu, nachdem wir uns gute Nacht gewünscht hatten und auf dem Wege zu den Schlafzimmern waren. Aha, dachte ich, das Mädchen fühlt sich in der Gegenwart des Herrn Papa auch eingeengt. Genau wie ich.

Tags darauf war Karfreitag. Ich musste mir zu meiner Schande eingestehen, dass ich an das Osterfest gar nicht mehr gedacht hatte. Ostern, mein Gott, wann hatte ich dieses Kirchenfest im Frühling zuletzt in der Heimat verbracht? 1939 war es gewesen. Noch vor dem Krieg.

Karfreitag war Feiertag, es wurde nicht gearbeitet. Natürlich war auch Jetty

zu Hause. Ich hatte mich gerade gewaschen und angezogen, da überraschte sie mich in der Küche mit den Worten:
„Hätten Sie Lust, mit mir heute Mittag nach Kempen zu fahren? Vater leiht Ihnen ein Fahrrad, das er für meinen Bruder besorgt hat. Ich habe ihn schon gefragt."
Ich musste mich bezähmen, um nicht zu deutlich zu zeigen, dass ich sogar sehr große Lust hatte, mit diesem Mädchen eine Radtour zu unternehmen. Ich erwiderte froh:
„Ich fahre sehr gerne mit Ihnen, Fräulein Ebus. Kempen kenne ich sowieso noch nicht. Ist es weit dorthin?"
„Nein, man braucht keine halbe Stunde für den Weg. Ich muss bei einer Putzmacherin in der Stadt eine Kappe für mich abholen. Vielleicht können wir anschließend noch ins Kino gehen, wenn Sie mögen?"
„Oh ja, das würde mich besonders freuen". Ich lächelte und wünschte im Stillen, es wäre schon so weit.
Mittags war ich mal wieder in Eile. Mutter registrierte es mit leicht vorwurfsvollem Blick, allerdings ohne Kommentar.
Wir radelten los. Es war schon ein paar Jahre her, dass ich auf einem Fahrrad gesessen hatte. Doch heute, an der Seite dieses Mädchens, glaubte ich dahinzuschweben. Das Schweben hielt aber nicht lange an, denn nach etwa zehn Minuten Fahrt zischte es. Jetty bremste und sprang vom Fahrrad ab.
Der Vorderreifen ihres Fahrrades hatte Plattfuß. Im Geiste malte ich mir schon aus, dass mit dem Reifen auch der Nachmittag geplatzt sei, und wir den Rückweg nach Oedt zu Fuß antreten müssten. Rasch schaute ich in der Satteltasche meines Fahrrades nach. Siehe da, sie war gefüllt mit komplettem Flickzeug.
Gemeinsam machten wir uns an die Arbeit. Bald fanden wir die Schadstelle und behandelten sie mit vereinten Kräften. Dabei war es nicht zu vermeiden, dass wir uns körperlich näherkamen und ab und zu kurz berührten. Diese Berührungen erweckten in mir ein noch nie so stark empfundenes Gefühl von Zärtlichkeit. Mir war so, als hätte uns ein Stromkreis miteinander verbunden.
In Kempen hatte Jetty ihre Besorgung schnell erledigt. Dadurch bot sich uns tatsächlich die Gelegenheit, ein Kino am Marktplatz zu besuchen. Ein Film mit dem Titel „Der kleine Grenzverkehr" wurde gezeigt. Der unterhaltsame Inhalt entrückte uns für eine Zeitlang von den Belastungen der Gegenwart.

Von der Unsicherheit, mit der wir leben mussten. Fast unbewusst suchte meine Hand die Hand des Mädchens neben mir. Der Druck unserer Hände war voller Innigkeit. Er versank in der Anonymität des verdunkelten Theaters.
Am Abend war ich mit Frau Ebus und Jetty allein, weil heute der Hausherr in der Fabrik Luftschutzdienst versah. Mutter und Tochter berichteten mir von dieser Fabrik. Sie hatte in der ganzen Welt als Plüsch- und Wollweberei Bedeutung und beschäftigte in Friedenszeiten nahezu 1000 Menschen.
Draußen war es mittlerweile dunkel geworden; längst hatten wir die Fenster durch Holzblenden verschlossen. Plötzlich erschollen die Sirenen mit ihrem unheimlichen Heulton. Seit langer Zeit erlebte ich wieder einen Fliegeralarm. Jetty und ich gingen hinaus auf den Hof. Wir vermieden jeden verräterischen Lichtausfall umsichtig. Von Ferne hörten wir das Brummen der Feindmaschinen, die mit ihrer vernichtenden Fracht unterwegs waren. Für den kleinen Ort Oedt konnte ich keine Gefahr entdecken. Aber wer wusste schon, wohin sich einzelne Maschinen verirrten.
Wir schauten suchend zum Himmel. Dort gewahrten wir aber nur den leuchtenden Vollmond und die funkelnden Sterne.
„Nein, hier passiert nichts“, sagte ich leise und blickte das Mädchen an, das dicht vor mir stand.
Und dann versanken unsere Augen ineinander und wir vergaßen alles um uns herum. Es gab nur noch uns auf der Welt. Wir umarmten uns und schmiegten unsere Körper fest aneinander. Wir küssten uns lange und mit einer Inbrunst, als hätten wir schon eine Ewigkeit auf diesen Augenblick gewartet.
Langsam löste Jetty sich aus meinen Armen. Sie blickte zum Himmel, und unter Weinen stieß sie hervor:
„Oh, mein Gott, was habe ich getan!“
Minutenlang standen wir stumm da und hatten Angst, uns anzuschauen. Erst jetzt wurde mir klar, dass ich diesem Mädchen soeben meine Liebe offenbart hatte. Obwohl ich wusste, dass sie bereits verlobt war. Verlobt mit einem Soldaten, einem Kameraden, der vielleicht in diesem Moment sehnsüchtig an seine Braut dachte. Diese Erkenntnis bedrückte, nein, sie beschämte mich. Ich musste mich zwingen, meine Handlungsweise unter Kontrolle zu bringen, um kein Unglück heraufzubeschwören.

„Verzeih' mir, Jetty. Ich durfte das eben nicht tun. Ich weiß doch, dass du verlobt bist. In Zukunft werde ich mich beherrschen.".
Sie sah mich mit großen Augen an und sagte, etwas stockend:
„Aber ich, ich wollte es ja auch. Ich hab' dich doch genauso lieb. Ich weiß nur nicht, was nun werden soll."
Es wurde Zeit, ins Haus zurückzugehen. Frau Ebus wartete bereits. Wir mussten es schon sehr geschickt anstellen, um uns nicht zu verraten. Daher war es gut, dass wir bald darauf die Schlafzimmer aufsuchten. Jetzt konnte man zu Bett gehen. Der Fliegeralarm war durch den Entwarnungsheulton der Sirenen beendet worden.
Ostersonntag! Familie Ebus hatte mich nach dem Kirchgang zum Frühstück eingeladen. Sie überraschte mich mit einem für Kriegsverhältnisse reichhaltig gedeckten Tisch. Als wir es uns gut schmecken ließen, klingelte es an der Haustür.
Ob es nun pure Höflichkeit oder eine innere Eingebung war, wusste ich nicht. Jedenfalls sprang ich spontan auf, um zu öffnen. Ich stand da und traute meinen eigenen Augen nicht. Was ich da sah, war ja gar nicht möglich. Völlig verdattert rief ich:
„Ilona, wo kommst du denn her?"
Mit feinem Lächeln sah sie mich an:
„Ja, da staunst du, Helmut, was? Mit so einem schnellen Wiedersehen hast du wohl nicht gerechnet?"
Weiß Gott, das hatte ich wirklich nicht. Und doch war es nur wenige Tage her, seit ich Ilona das letzte Mal am Bahnhof von Göppingen in die Arme genommen hatte. Wir hatten uns in der Zeit meiner Offiziersausbildung kennengelernt. Erst beim Abschied auf dem Gleis war uns beiden bewusst geworden, dass aus der liebevollen Freundschaft, die wir geschlossen hatten, wohl mehr werden könnte …
Was sollte ich jetzt tun? Bestimmt hätte ich freudiger reagiert, hätte Jetty nicht mein ganzes Denken und Empfinden in wenigen Tagen auf den Kopf gestellt. Nervös sagte ich zu dem Mädchen, dem ich doch um alles in der Welt auch nicht wehtun wollte:
„Ilona, pass' auf. Hier im Hause bin ich nur Gast bei fremden Leuten. Ich kann dich deshalb nicht gut hereinholen. Sei so lieb und geh' schon einmal hinüber

zu meiner Mutter. Ich habe ihr von dir erzählt. Es ist das Haus dort drüben. Ich komme gleich nach."

Ilona nickte nur, sah mich mit einem merkwürdigen Blick an und ging. Ich fühlte mich ganz und gar nicht wohl in meiner Haut. In erster Linie wegen Jetty, die von Ilona nichts erfahren sollte. Und wegen Ilona, die wohl sehr wenig Verständnis für meine so überaus schnelle, neue Beziehung zu Jetty aufbringen würde.

Meinen Gastgebern mogelte ich etwas von dem unerwarteten Besuch einer Verwandten vor. Damit entschuldigte ich mein abruptes Beenden des nun leider zu kurz geratenen Frühstücks.

Meine Mutter stand schon an der Haustür und wartete auf mich.

Sie empfing mich mit den Worten:

„Oben wartet ein Mädchen auf dich. Sie heißt Ilona und kommt aus Göppingen. Sag' mal, wie hängt denn das zusammen?"

„Ich hatte dir doch von Ilona erzählt", gab ich kleinlaut zurück.

„Ja, schon, so nebenbei. Aber dass sie dir gleich nachreisen würde, davon hast du nichts erzählt. Heute wollten wir doch nach Krefeld zu den Verwandten von Onkel Willi fahren."

„Von Ilonas Besuch habe ich auch nichts gewusst. Ich hatte ihr lediglich die Oedter Adresse gegeben, weil sie mir schreiben wollte. Lass' mich erst einmal mit ihr sprechen. Bleibe du bitte solange bei Tophoven."

Als ich ins Zimmer kam, sprang Ilona auf und lief auf mich zu. Da lagen wir uns schon in den Armen und küssten uns. Mich quälte dabei mein schlechtes Gewissen. Mir war das alles nicht recht. Ich war mit meinen Gedanken viel zu sehr mit Jetty beschäftigt. Schauspielern konnte ich auch nicht glaubwürdig. Der sensiblen Ilona konnte meine Veränderung gar nicht verborgen bleiben. Sie trat einen Schritt zurück und blickte mich ernst und nachdenklich an.

„Mir scheint, du freust dich nicht übermäßig, dass ich zu dir gekommen bin".

„Doch, natürlich. Du hast mich nur sehr damit überrascht. Ich begreife nicht einmal, wie du das überhaupt geschafft hast."

„Nun, ich bin zusammen mit Sigrid gereist. Sie besucht ihren Onkel in Grefrath. Das ist ja nicht weit von hier."

„Ja, ja, richtig. Aber was machen wir nun? Ich weiß nicht, wo ich dich hier unterbringen könnte, Ilona. Und ausgerechnet heute Nachmittag soll ich mit

meiner Mutter nach Krefeld fahren, um Verwandte zu besuchen."
Ilona hatte sich wieder gesetzt und schaute schweigend auf den Boden. Es war leicht zu erkennen, was in ihr vorging. Unser Wiedersehen hatte sie sich, ohne Zweifel, anders vorgestellt. Bei ihrem Anblick wurde mir elend zumute. Ich verwünschte mich angesichts meiner Herzlosigkeit diesem Mädchen gegenüber, dem ausgerechnet ich noch vor wenigen Tagen Mut zugesprochen hatte.
Nur, da kannte ich Jetty noch nicht.
„Du brauchst dir um mich keine Sorgen zu machen", sagte Ilona ruhig. „Ich wollte sowieso heute zurückfahren nach Eislingen. Vielleicht nehmt ihr mich mit nach Krefeld zum Bahnhof?"
„Das ist doch selbstverständlich", ich nickte. „Schade, dass wir uns nur so kurz sehen konnten."
Für mich stand fest, dass wir soeben beide gelogen hatten. Nur aus verschiedenen Motiven. Ilona hatte die teure und zudem weite Reise nicht für ein paar Stunden Wiedersehen unternommen. Nein, mit ihrem feinen Gespür durchschaute sie mich. Auch wenn sie mein Verhalten nicht genau deuten konnte.
Und ich? Wenn ich es mir auch nicht eingestehen wollte, ich war erleichtert, dass sie abreiste. Froh war ich nicht. Im Gegenteil. Ich schämte mich, wenn ich an den Abschied auf dem Bahnsteig von Göppingen vor so kurzer Zeit dachte.
In den nächsten Tagen suchten Jetty und ich jede Gelegenheit, miteinander allein zu sein. Ohne Eltern oder Bekannte in der Nähe zu wissen. Das war ein schwieriges Unterfangen. In einem kleinen Ort wie Oedt verfügen die Menschen bekanntlich über eine sehr ausgeprägte Beobachtungsgabe. Oft hatten wir nur eine halbe Stunde Zeit für uns. Doch die kürzeste Zeitspanne genügte, um unsere Gefühle füreinander immer deutlicher zu empfinden.
Als mich mein Gewissen wieder plagte und ich auf die Verlobung Jettys zu sprechen kam, antwortete sie mit Nachdruck:
„Helmut, es ist eine Fügung des Himmels, dass ich dich kennengelernt habe. Jetzt weiß ich, wie glücklich es macht zu lieben. Aufrichtig und von Herzen. Ich weiß auch, dass das mit Jakob nur eine kindliche Schwärmerei war. Die konnte nur entstehen, weil wir in der Nachbarschaft zusammen aufgewachsen sind."
„Aber, liebe Jetty, wie willst du deinem Verlobten das erklären? Und wie wird er darauf reagieren?"

„Früher oder später werde ich ihm offen und ehrlich mitteilen, wie es um mich steht."
„Mein Gott, ich darf gar nicht darüber nachdenken, was da auf dich zukommt. Und wenn erst mal deine Eltern dahinterkommen?"
„Ich habe so ein Gefühl, als ob die schon etwas gemerkt haben."
Bei diesen Worten schaute sie mich so lieb an, dass ich sie schnell in die Arme nehmen und fest an mich drücken musste. Nichts auf der Welt sollte uns je trennen, wünschte ich mir. Nur wurde dieses Denken von der Sorge um die Zukunft überschattet.

Ich verfluchte diesen wahnwitzigen Krieg. Er breitete sich immer weiter aus und vernichtete immer noch mehr Menschenleben. Annähernd fünf Jahre dauerte er nun an, ohne dass menschliche Vernunft ihm Einhalt gebieten wollte.
Am Abend vor meiner Abreise saß ich mit Jetty auf der Bank im Garten. Ich versuchte möglichst unbelastet zu wirken:
„Jetty, geliebtes Mädchen, mach' dir bitte keine Sorgen. Wer bis jetzt so glimpflich davongekommen ist wie ich, der wird auch den Rest noch überstehen. Lange kann es nicht mehr dauern."
„Ach, Helmut, ich habe Angst. Dieser Hitler und seine ganze Bande geben nicht eher auf, bis alles zerstört ist. Oder glaubst du etwa, wir würden den Krieg noch gewinnen?"
„Nein, nach Afrika und Stalingrad habe ich den Glauben daran verloren. Meine Mutter hat schon 1939 vorhergesagt, dass alles ein schlimmes Ende nehmen würde. Nur damals, mein Gott, damals haben wir jungen Menschen doch noch alles geglaubt, was uns von unserer Führung verkündet wurde. Aber Jetty, ich bitte dich, solche Gedanken dürfen wir um Gottes Willen nicht verlauten lassen."
„Das weiß ich, Helmut, aber ich muss mich schon gewaltig zurückhalten. Was haben wir nur verbrochen, dass wir ausgerechnet in einer solchen Zeit leben?"
„Ich kann es dir nicht sagen, Jetty. Aber für eines bin ich den wirren Verhältnissen dankbar. Nämlich dafür, dich kennengelernt zu haben. Ich gehe auch mit dem festen Vertrauen fort, heil wieder zu dir zurückzukehren. Daran musst du auch glauben, ja?"

„Ich bete dafür, und in Gedanken bin ich überall bei dir!"

Ich stand auf, zog Jetty an mich und küsste sie zärtlich. Leise sagte ich zu ihr: „Bis bald, mein Liebling! Ich werde jeden Abend, wo immer es sein mag, um neun Uhr zum Himmel hinaufschauen und dabei fest an dich denken. Wenn du es ebenso tust, sind unsere Herzen miteinander verbunden. Gott möge uns beschützen!"

Beförderungen

Es war der 10. Juni 1944. Der Zug rollte durch unser zerbombtes, verwundetes Vaterland in Richtung München. Ich saß still in der Ecke eines Abteils und rauchte eine Zigarette. Mit den anderen Soldaten mochte ich nicht sprechen. Meine Gedanken waren bei meiner Mutter, die mich wieder einmal in die unvorhersehbare Zukunft ziehen lassen musste. Weinend, verzweifelt, voller Bitterkeit gegenüber den für diesen Krieg Verantwortlichen.

Die letzten Tage meines Heimtaturlaubes waren zerronnen. Es gelang mir nicht, die schwermütigen Gedanken an den Abschied zu verscheuchen. Was auf mich zukam, wusste ich. Es war wieder einmal eine Reise in das Ungewisse. In die Welt der Zerstörung. Der Tod stand mir als treuer Wegbegleiter zur Seite.

Aber dieses Mal ließ ich nicht nur meine Mutter zurück, sondern auch ein Mädchen, für das ich leben wollte.

In München angekommen, erfuhr ich von der Frontleitstelle, dass meine Batterie in der Nähe von Lucca in Stellung gegangen sei. Die Zugverbindungen nach Italien reichten einstweilen nur bis Verona, erklärte man mir am Bahnhof. Mit anderen Worten, ich durfte mich von Verona bis Lucca auf eigene Faust durchschlagen. So wie damals nach Nettuno. Der nächste Zug fuhr erst morgen Vormittag.

An einer Rotkreuz-Verpflegungsstelle erhielt ich warme Suppe und Brot Die Nacht konnte ich mir auf einer Bank im Wartesaal um die Ohren schlagen.

Nach der verhältnismäßig ruhigen Zeit auf der Kriegsschule und den unvergleichlichen Wochen in Oedt, geriet ich plötzlich wieder in das Räderwerk der Kriegsmaschinerie.

Entsprechend war auch der Empfang in Verona. Ich war noch nicht ganz aus dem Bahnhof heraus, da wurde dieser von Tieffliegern angegriffen. Mit meinem schweren Gepäck rannte ich in das nächstbeste Haus. Ich stolperte an der Türschwelle und landete mit einem Satz im Hausgang.

„Hoppla, du hast es aber eilig", sprach jemand über mir. „Wohin willst du denn?“

„Ich, ich will nach Lucca.“

Mühsam richtete ich mich auf und stand einem Unteroffizier von der Flak gegenüber.

„Du bist, glaube ich, in das verkehrte Haus gelaufen. Hier bist du bei der Ortskommandantur von Verona gelandet. Von hier aus ist es noch ziemlich weit bis Lucca."

Vielleicht war das gar nicht so verkehrt, dachte ich.

„Moment, werden denn von hier aus nicht auch Transporte weitergeleitet? Beispielsweise in Richtung Lucca?"

Er sah mich eine Weile nachdenklich an, dann schien ihm eine Idee zu kommen.

„Pass' mal auf. Unsere Batterie macht morgen Stellungswechsel nach Piacenza. Wenn wir den Chef fragen, kannst du bestimmt bis dahin mit uns fahren. Willst du mitkommen?"

Natürlich wollte ich. Obendrein noch in einem Kübelwagen, mit dem der Unteroffizier die Batterie schnell erreichte. Der Chef war ohne Zögern einverstanden. Somit kam ich meinem Ziel ein gutes Stück näher.

Die Fahrt nach Piacenza dauerte einen Tag und eine Nacht. Die längste Zeit davon verbrachte ich auf dem Kotflügel eines Lastwagens, um den Luftraum zu beobachten. Bei Tieffliegerangriffen hatte ich rechtzeitig durch Handzeichen zu signalisieren, dass das Fahrzeug im Eiltempo verlassen werden musste. Mit diesem Dienst verdiente ich mir die Mitnahme und die Verpflegung.

Ohne nennenswerte Zwischenfälle kamen wir in Piacenza an. Es war Vormittag. Ich rutschte von meinem Beobachtungsstand herunter und sortierte meine Knochen, die auf dem unbequemen Sitz tüchtig durchgeschüttelt worden waren. Als die zwei Unteroffiziere aus dem Fahrerhaus mich sahen, brachen sie in schallendes Gelächter aus.

„Was ist denn mit euch los?" Ich runzelte die Stirn.

„Mann, warte", rief einer, „ich hab hier irgendwo einen Taschenspiegel. Vielleicht erkennst du dich darin wieder. Sonst machen wir dich mit deinem Spiegelbild bekannt."

Ich schaute in den Spiegel und schüttelte den Kopf. Dieser Schornsteinfeger, das sollte ich sein? Aber natürlich, wir waren ja fast nur über trockene, staubige Feldwege gerumpelt. Auf meinem luftigen Sitz hatte ich den ganzen Dreck aus erster Hand abbekommen.

Der Chef, ein älterer Hauptmann äußerte lakonisch:

„An Ihrer Stelle würde ich mich erst einmal gründlich waschen. So, wie Sie

jetzt aussehen, traut sich kaum jemand, Sie mitzunehmen."
Zu einer gründlichen Reinigung fand sich keine Gelegenheit. Wenigstens konnte ich mein Gesicht waschen und mich rasieren. Eine Stunde später saß ich auf meiner ganzen Habe an der Straße, die aus Piacenza hinausführte. Bis dahin hatte mich ein Soldat von der Flakbatterie fahren dürfen.
Einige Zeit sah es so aus, als rollten heute alle Fahrzeuge nur in Richtung Norden. Endlich hielt ein Krad mit leerem Beiwagen.
Der Motorradfahrer stieg ab und grüßte zackig:
„Wohin müssen Sie, Herr Fähnrich? Kann ich Sie mitnehmen?"
Donnerwetter, der hat tatsächlich meinen seltenen Dienstgrad auf Anhieb erkannt.
„Ich muss nach Lucca. Fahren Sie in diese Richtung?"
„Nicht direkt. Ich muss über den Apennin nach La Spezia zur Kommandantur. Aber von dort ist es ja nicht mehr sehr weit bis Lucca."
„Kann ich mich denn mit all' meinen Klamotten in dem Beiwagen unterbringen?"
„Ohne weiteres. Der Wagen ist leer, Herr Fähnrich."
„Gut, dann wollen wir es riskieren. Übrigens, ich wundere mich, dass Sie meinen Dienstgrad gleich erkannt haben. Die meisten müssen immer erst überlegen."
„Das war nicht so schwer", lächelte der junge Soldat, „ich bin auch Offiziersanwärter. Fahnenjunker-Unteroffizier. Wegen meines Mantels konnten Sie das nicht sehen. Als Kradmelder fungiere ich nur aushilfsweise."
„Mein lieber Mann, jetzt hör' aber mal ganz schnell mit dem Siezen auf", erwiderte ich. „Du hast mich ja schön angeschmiert."
Gemeinsam verstauten wir meine Sachen im Beiwagen. Ich bugsierte mich mit hinein, so gut es eben ging. Dann durfte ich die Fahrweise eines Aushilfskradmelders erleben. Er ratterte los, als sei der Teufel hinter ihm her.
Anfangs war die Straße noch eben. Doch danach ging es hinauf ins Gebirge, vorbei an steilen Abhängen. In jeder Kurve, von denen es leider zahlreiche gab, glaubte ich, in hohem Bogen aus dem Fahrzeug zu fliegen. So tief wie möglich rutschte ich in den engen Wagen und klammerte mich mit beiden Händen fest. Es wurde nur noch schlimmer. Durch meine verschobene Perspektive sah ich Berge und Täler direkt auf mich zurasen. In jeder Kurve schloss ich die Augen.

Wenn mein Rennfahrer nicht gerade einen Berg steil hinaufjagte, musste er an einem Abhang zum Sturzflug ansetzen.
Immer, wenn ich ihm zuschrie, er solle die Geschwindigkeit drosseln, sah er mich lächelnd an und nickte. Er verstand natürlich kein Wort. Wie denn auch, unsere Köpfe wurden ja fast weggerissen.
Nach einer Ewigkeit von gut zwei Stunden, erreichten wir endlich ein kleines Bergdorf. Er ließ die Maschine auslaufen und hielt vor einem Gasthof.
„So“, sagte er, nachdem er abgestiegen war, „mein Sprit ist so gut wie verbraucht und es wird auch bald dunkel. Wollen wir mal sehen, dass wir etwas zu essen bekommen und vielleicht hier übernachten können. Im Dunkeln fahre ich nicht gerne im Gebirge.“
„Und ich fahr' noch nicht einmal gerne im Hellen mit dir“, gab ich missmutig zurück. Währenddessen versuchte ich mich aus dem Beiwagen zu befreien.
„Wieso, hat es dir denn nicht gefallen?“, er sah mich mit einer unschuldigen Miene an.
„Gefallen? Ich wundere mich nur, dass wir lebend angekommen sind.“
„So fahre ich immer“, er zuckte gleichgültig die Schultern. „Hoffentlich kann ich in diesem Kaff Sprit auftreiben, dann können wir morgen in knapp drei Stunden in La Spezia sein.“
„Wenn du so weiterfährst wie heute, werden wir noch früher ankommen. Aber im Himmel und nie in La Spezia“, gab ich gereizt von mir.
„Na und wenn schon. Ob wir an der Front abkratzen oder mit dieser Maschine, das bleibt sich doch gleich.“
Das sagte dieser junge Mensch mit einer Selbstverständlichkeit, dass mir für einen Moment die Sprache wegblieb. Dann aber erwiderte ich mit aller Schärfe:
„Du hast eine Einstellung zum Leben, die ist geradezu pervers. In diesem Krieg sterben täglich tausende Menschen, die mit jedem Atemzug, mit jeder Faser ihres Herzens, am Leben hängen. Und du, du setzt deins leichtfertig aufs Spiel. Und es macht dir auch gar nichts aus, wenn jemand mit dir draufgeht.“
Er sah mich an, als begreife er meine Worte nicht. Zuckte nur die Achseln und wandte sich seiner Maschine zu. Ich raffte meine Sachen zusammen und ging in den Gasthof. Ein wohlbeleibter Wirt empfing mich mit erstauntem Gesicht, als sähe er zum ersten Mal einen deutschen Soldaten.
Mit meinem lückenhaften Italienisch fragte ich ihn, ob wir bei ihm essen und

übernachten könnten. Er nickte zwar, doch als er sich ängstlich umblickte, flüsterte er etwas von „tutti partigiani“. Dabei zeichnete er mit dem rechten Zeigefinger einen Kreis in die Luft. Allmählich dämmerte mir, was er damit andeuten wollte: In diesem friedlich wirkenden Bergdorf wimmelte es anscheinend von Partisanen.

Das hatte mir gerade noch gefehlt nach der soeben überstandenen Wahnsinnsfahrt. Ich nahm mir vor, meinem Rennfahrer nichts davon zu sagen; der war mir mit seinem Leichtsinn zu jeder Unüberlegtheit fähig. Im Gegenteil, am Abend ermunterte ich ihn dazu, mit mir ins Dorf zu gehen und in einer Trattoria noch ein Glas Wein zu trinken. Ich dachte mir, je ahnungsloser wir hier auftraten, umso sorgfältiger konnte ich beobachten, ob uns Gefahr drohte. Bald hatten wir ein kleines Lokal gefunden, in dem mehrere junge Leute an den Tischen saßen. Sie tranken Wein und unterhielten sich landesüblich laut und gestikulierend. Dann trat etwas ein, was ich hier am wenigsten erwartet hatte.

Binnen einer halben Stunde hatten uns die Italiener, junge Männer mit ihren Mädchen, in ihren Kreis einbezogen. Sie spendierten Wein, sprachen und lachten mit uns, als würden wir zu ihnen gehören. Begleitet von den wunderschönen italienischen Melodien, die aus einem Lautsprecher erklangen, wurde getanzt.

Es war verrückt. An diesem Abend glaubte ich mehr von der italienischen Sprache und der ungezwungenen gastfreundlichen Mentalität dieser Menschen hier im Lande kennenzulernen als in all' der Zeit zuvor.

Nach ein Uhr nachts brachen wir endlich auf. Mit einem tüchtigen Schwips musste ich erst nach meinem Koppel mit der Pistole suchen. Leichtsinnigerweise hatte ich das irgendwo an einen Garderobenständer gehängt. Singend begleiteten uns die „Partisanen“ bis zu unserem Gasthof. Sie wünschten uns eine gute Nacht und verließen uns nicht eher, bis wir für den morgigen Vormittag einer weiteren Zusammenkunft in der Trattoria zugesagt hatten.

Schon früh am nächsten Morgen erwachte ich, während mein Kamerad noch in tiefem Schlaf lag. In meinen Gedanken beschäftigte ich mich mit dem Erlebnis des vorausgegangenen Abends. In froher Runde hatten wir mit den gefährlichsten Gegnern zusammengesessen, deren Aufgabe es war, deutsche Soldaten, wo immer möglich, aus dem Hinterhalt abzuschießen.

Jäh richtete ich mich auf. Auf einen Schlag wurde mir bewusst, dass wir in größter Gefahr geschwebt hatten. Nach Betreten der Trattoria hätten mir doch die lauernden, auch hasserfüllten Blicke auffallen und Warnung sein müssen, die uns begegneten. Wenn man uns verschont hatte, uns beide allein in einem abgeschiedenen Dorf voller Untergrundkämpfer, dann war das nur einer gegenseitigen Sympathie zuzuschreiben. Ja, es war gewiss Sympathie gewesen. Zuneigung. Aber ein Schutzengel hatte uns auch begleitet.

Später waren wir kaum auf der Straße, da kam wie durch ein Wunder ein Lastwagen der Wehrmacht auf uns zu. Durch Handzeichen angehalten, sprang aufgeregt ein Unteroffizier heraus.

„Was ist denn los? Hier können wir nicht bleiben. Wisst ihr nicht, dass das Dorf und die Umgebung voller Partisanen steckt?"

„Das weiß ich", erwiderte ich. Bei diesen Worten zuckte mein heldenhafter Rennfahrer von gestern förmlich zusammen.

„Wir brauchen Benzin für diese Mühle hier", ich zeigte auf das Motorrad, „und ich möchte gerne wissen, wohin du fährst."

„Einen Kanister Benzin kann ich euch abgeben. Ich habe 8,8-cm-Munition geladen, die ich nach Lucca transportieren muss."

„Menschenskind", rief ich, „das ist ja genau richtig. Ich muss zu meiner Einheit nach Lucca. Hast du noch Platz für mich und meine Klamotten?"

„Das hab' ich. Ich fahre ja allein. Natürlich brauche ich länger. Mit dem LKW voller Granaten darf ich kein Risiko eingehen."

„Das ist mir sogar sehr lieb. Seit gestern ist mein Bedarf an Rekordfahrten gedeckt." Ich schielte erleichtert zu meinem Kameraden.

Naher Kanonendonner dröhnte uns entgegen, als wir am Morgen des 17. Juni in Lucca eintrafen. Wir waren die ganze Nacht durchgefahren, um mit unserer explosiven Fracht vor Fliegerangriffen möglichst gesichert zu sein. Wilhelm, so hieß der LKW-Fahrer, hatte trotz der nur spärlichen Mondbeleuchtung den Wagen zielsicher und behutsam über die oft stark ramponierten Bergstraßen gesteuert. Ich musste ihm ehrlichen Respekt zollen. Er war zum Umfallen müde, ließ sich aber nichts anmerken. Im Gegenteil meinte er:

„Jetzt müssen wir besonders auf der Hut sein, denn ich muss die Granaten in Frontnähe bringen. Da ist mehr als bisher nur mit den Tieffliegern zu rechnen. Ich sage dir, beim leisesten Geräusch, beim geringsten Verdacht, nichts wie raus aus der Kiste. Nur ein Treffer und wir landen in Petrus' Armen."

Zur besseren Übersicht setzte ich mich, wie früher schon, vorne auf den Kotflügel und konzentrierte meine Sinne auf jede Wahrnehmung ringsum. Inzwischen waren wir etwa eine halbe Stunde aus der Stadt Lucca heraus. Plötzlich entdeckte ich an einer Weggabelung eines der Hinweisschilder, die auf Einheiten hindeuteten, die in der näheren Umgebung Stellung bezogen hatten.
„Wilhelm, ich werd' verrückt", rief ich laut und gab ein Handzeichen zum Anhalten.
Wilhelm sprang aus dem Wagen heraus und wollte losrennen, um eine Deckung zu suchen. Ich konnte ihn noch rechtzeitig zurückhalten und zeigte auf das Schild:
„Schau' dir das einmal an, Wilhelm. Auf dem Schild steht klar und deutlich 1./376. Genau das ist meine Batterie. Die liegt hier in der Nähe. Ich glaubte schon, ich müsste sie noch tagelang suchen."
Wilhelms Reaktion war eigenartig. Er schaute mich ungläubig an, betrachtete das Schild, dann wieder mich. Daraufhin brach er in rätselhaftes Lachen aus.
„Da fahren wir einen Tag und eine Nacht zusammen", brachte er noch immer lachend und kopfschüttelnd hervor. „Und dabei haben wir das gleiche Ziel. Gehören zu ein und derselben Batterie und sprechen nicht darüber."
Jetzt war es an mir, ihn entgeistert anzublicken. Wir beeilten uns, wieder in den Wagen zu kommen, um das nunmehr gemeinsame Ziel bald zu erreichen. Während der Fahrt erfuhr ich von Wilhelm, dass er erst vor zwei Monaten zu unserer Batterie versetzt worden war. Somit konnten wir uns gar nicht kennen.
„Fähnrich Tödter meldet sich von der Kriegsschule zurück!" In strammer Haltung stand ich vor Oberleutnant Naust. Ich war erschrocken über sein Aussehen. Er wirkte krank und stark gealtert.
„Gut, dass Sie wieder da sind, Tödter", sagte er mit müder Stimme. „Ich brauche Sie hier nötig. Gratuliere übrigens zum Fähnrich."
Nach einer Pause fuhr er fort. Beim Tonfall seiner Worte war mir, als spräche er mehr zu sich selbst:
„Vor einer Woche ist Leutnant Roßbach gefallen. Tiefflieger. Sie übernehmen für ihn die Leitung der Messstaffel. Sie werden auch sonst noch einige Leute vermissen. Die liegen hier irgendwo in der Erde, für immer."
„Herr Oberleutnant, geht es Ihnen nicht gut? Ich meine, Sie sehen krank aus, wenn ich das bemerken darf".

„Ach, mich quält so eine leidige Magen- und Darmgeschichte“. Er blickte auf den Boden. „Ich glaube, allmählich schlägt mir der Krieg auf die Innereien.“
„Wäre da nicht die ärztliche Behandlung in einem Lazarett erforderlich?“
„Mein lieber Fähnrich, momentan bin ich der einzige Offizier in dieser Batterie. Fragen Sie mal den Kommandeur, was der davon hält, wenn ich ausgerechnet diesen Hexenkessel hier verlasse, um mich auskurieren zu lassen. Nee, lassen Sie mal. Unkraut vergeht nicht.“
In den folgenden Tagen ereignete sich so viel, dass zum Nachdenken keine Zeit blieb. Schon drei Tage nach meiner Rückkehr wechselten wir unsere Stellung. In die Nähe von Florenz, der Stadt in der unvergleichlich schönen Toskana. Unsere Geschütze hatten wir auf einer Anhöhe aufgebaut. Im Tal floss der Arno. Der Blick ging hinüber auf die Stadt mit ihren erhabenen Bauwerken und den prachtvollen Kirchen.
In einer stillen Stunde schrieb ich einen Brief an Jetty. Ich schilderte ihr die Toskana als ein zweites Paradies. Es war geeignet für eine spätere Hochzeitsreise. Zur Untermalung des Geschriebenen fügte ich dem Brief eine Rose bei, die ich hier oben gepflückt hatte. Allerdings verschwieg ich, dass uns genau gegenüber, ebenfalls auf einer Anhöhe, Engländer in Stellung gegangen waren. Sie waren so gefährlich nahe, dass man auf beiden Seiten jede Bewegung beobachten konnte.
Am nächsten Morgen stand ich mit Wachtmeister Lohmann, dem lustigen Berliner, der damals in Bologna noch Unteroffizier gewesen war, am Rande der Geschützstellung. Ich beriet mit ihm die Aufstellung der Messgeräte. Es war heute Sonntag und friedlich still.
Es geschah in diesem Moment. Wie Blitze aus heiterem Himmel schlugen Granaten ein. Gut einen Meter von uns beiden entfernt explodierte ein Geschoss.
Wir wurden zu Boden geschleudert. Lohmann schrie fürchterlich. Ich merkte, am

Kameraden

ganzen Körper zitternd, wie mir Blut vom Gesicht heruntersickerte. Unwillkürlich tastete ich mit einer Hand Nase, Augen und Ohren ab. Ich konnte nichts feststellen. Nur so viel, dass das Blut an mir herunterquoll und bereits die Uniform verschmierte.

Lohmanns durchdringendes Schreien, das schier unerträglich wurde, hatte unser Sanitäter gehört. In einer Ruine nahe der Batterie war er provisorisch untergebracht. Im Laufschritt kamen er und ein zweiter Mann auf uns zugeeilt. Sie schleiften eine Bahre hinter sich her. Ich sprang auf. Lohmann, der jetzt nur noch leise stöhnte, wurde auf die Bahre gelegt.Im Eiltempo rannten wir zu dem zerfallenen Haus.

In einem halbwegs sicheren Raum kümmerte sich der Sanitäter zuerst um unseren schwerverwundeten Kameraden. Er brauchte nur wenige Minuten. Lohmann konnte nicht mehr geholfen werden. Unser lebensfroher Berliner, den wir alle so mochten, hatte sein junges Leben verloren.

„Verdammt noch mal“, knirschte der Sanitäter. Er wandte sich mir zu, wobei er mein Gesicht kritisch betrachtete.

„Haben sie Schmerzen? Sie bluten ja wie ein Stier.“

„Schmerzen nicht direkt, nur mein Kopf brummt. Und der Schock sitzt mir in den Knochen.“

„Verständlich. Ich wasche jetzt vorsichtig ihr Gesicht ab und suche die Wunde.“

Er untersuchte eine Weile meine Kopfpartie, bis er die Wunde fand.:

„Aha, da haben wir die Stelle. Ein Splitter ist in den linken Oberkiefer eingedrungen. Er ist gut zu erkennen. Ich lege Ihnen eine blutstillende Kompresse an. Sie müssen auf dem schnellsten Wege zum Hauptverbandsplatz. Der Splitter muss von einem Arzt entfernt werden.“

„Und, und was ist mit Lohmann geschehen?“, fragte ich leise.

„Ein faustgroßer Granatsplitter hat den Brustkorb zerfetzt.“

Der Hauptverbandsplatz befand sich zwanzig Kilometer von unserer Stellung entfernt in einer ehemaligen Schule. Mit dem Kübelwagen vom Chef wurde ich hingefahren. Ein Unterarzt nahm sich meiner an. Er gab mir eine Tetanusspritze und zog dann den kleinen Splitter mit einer Pinzette von außen aus dem Kieferknochen heraus. Das ging so schnell und geschickt, dass ich kaum etwas spürte. Anschließend klammerte er die Wunde und legte einen Verband an. Er sah mich lächelnd an:

„Gratuliere, Sie haben ein riesen Schwein gehabt. Nur einen Zentimeter höher und Sie hätten das linke Auge verloren. So aber ist die Geschichte ziemlich harmlos. Nur eine kleine Narbe wird Sie in Zukunft an den heutigen Tag erinnern. Sie trinken jetzt einen Liter Rotwein, von mir aus auch zwei, als Ausgleich für den Blutverlust. Dann pennen Sie auf einer Pritsche bis morgen früh. Ich schaue Sie mir dann noch einmal an."

Nach den ersten drei Gläsern Wein fühlte ich mich in jenen heiter-gelösten Zustand versetzt, der mit der beginnenden Trunkenheit alles Bedrückende mit Nebelschleiern verdeckt. Mir fiel ein, dass heute, am 2. Juli, meine Mutter Geburtstag hatte Ich trank ein weiteres Glas auf ihre Gesundheit. Gut, dass sie mich jetzt nicht sehen konnte.

Als ich am nächsten Tag zur Batterie zurückkehrte, war dort alles in hastigem Aufbruch begriffen. Ich erfuhr, dass wir dem gegnerischen Druck weichen und eine neue Stellung am Porretta-Pass, etwa 60 Kilometer nördlich von Florenz, beziehen mussten.

In der Dämmerung eines brütend heißen Sommertages trafen wir irgendwo in der Gegend von Taviano ein. Vor Einbruch der Dunkelheit war es hier in den Bergen unmöglich, mit den Geschützen noch in Stellung zu gehen. Wir fuhren die Wagen, Geschütze und Geräte auf einen der Bauernhöfe, die hier vereinzelt lagen. Der Bauer war darüber alles andere als erfreut. Zum Schlafen musste jeder selbst zusehen, wo er bis morgen blieb.

Etwas oberhalb des Bauernhofes hatte ich ein kleines Haus entdeckt. Ich stieg hinauf, in der Hoffnung, dort mal eine Nacht ruhig schlafen zu können. Auf mein Klopfen öffnete eine junge Italienerin wie aus dem Bilderbuch. Sie hatte lange schwarze Haare, große dunkle Augen und ein ebenmäßiges feines Antlitz. Für sie reichte die bloße Bezeichnung hübsch nicht aus. Das Mädchen war eine wirkliche Schönheit. Sie wich nun jedoch einen Schritt zurück, als sie mich gewahrte.

Im besten Italienisch, das ich aufzusagen imstande war, fragte ich:

„Scusi, avete una camera o un letto per questa notte per me?" Entschuldigung, haben Sie ein Zimmer oder ein Bett für diese Nacht für mich?

Das Mädchen lief ins Haus. Nach einer Weile kam ein Mann an die Tür, der ihr Vater zu sein schien. Auch er musterte mich mit erschrockenem Blick. Du liebe Güte. Mir fiel ein, dass ich noch immer den Verband trug, der meinen Kopf schwer verwundet erscheinen ließ. Dazu die mit Blut verschmierte Uniform. Die Leute mussten ja einen Schrecken kriegen. Mit einigen Worten erklärte ich, was vor Tagen geschehen war. Da nahm mich der Mann freundlich am Arm und führte mich ins Haus.

Bei dieser Familie Razzioni erlebte ich die vielgepriesene italienische Gastfreundlichkeit in ihrer wohltuend selbstverständlichen Art. Das Mädchen, das eben noch verschüchtert an der Haustür gestanden hatte, entfernte mit wenigen Handgriffen meinen schmutzigen Kopfverband. Strahlend holte sie einen Spiegel und hielt ihn mir vor, damit ich mich vergewissern konnte, dass die Wunde gut verheilt war. Der Vater kam mit einem Mantel:

„Ziehen Sie Ihre Uniform aus. Elia wird Sie Ihnen waschen. Für heute Abend reicht wohl der Mantel."

Ganz wohl fühlte ich mich in dieser Bekleidung nicht. Andererseits kam mir die Reinigung der Uniformjacke sehr gelegen. Kaum hatte ich mich umgezogen, brachte mir die Mutter eine Schüssel mit Nudeln und ein Stück Brot. Eine Flasche Wein stellte sie noch dazu. Während des Essens beobachtete ich Elia. Mit heller Stimme singend, bearbeitete sie meine Jacke mit Bürste, Seife und Wasser, dass mir angst und bange wurde.

Als es Zeit wurde zum Schlafen, führte mich Elia zu einer kleinen Kammer, in der man mir ein Lager hergerichtet hatte. Sehr einfach zwar, jedoch viel besser, als ich es von draußen gewohnt war.

Unerwartet, doch sehr zu meiner Freude, verlängerte sich der Aufenthalt bei den lieben Razzionis um weitere drei Tage. Obwohl die Front deutlich hörbar näher rückte, erhielt Oberleutnant Naust vom Stab keine Order, wo wir eingesetzt werden sollten. Er fluchte nicht schlecht und bemerkte maulend:

„Es ist zum verrückt werden. Da sitzt uns der Feind im Nacken und wir kriegen keinen Einsatzbefehl. Noch ein paar Tage und wir können uns kampflos vereinnahmen lassen."

Vom Standpunkt eines Soldaten aus betrachtet, hatte er recht. Indes konnte ich die Zwangspause im Hause Razzioni ausgesprochen gut verkraften. Meine Freude darüber wurde dort liebenswürdig geteilt. So oft ich erschien, tischte man mir Essen und Wein auf, als sei ich ein Familienmitglied. Dies alles zählte umso mehr, da meine Gastgeber selbst kaum genug für das tägliche Leben aufzubringen vermochten. Hinzu kam die Angst vor der sich nähernden Front. Die

bange Sorge, ob sie in ihrem Häuschen bleiben konnten, oder ob ihr Hab und Gut den Kämpfen zum Opfer fallen würde.
Elia hingegen blickte der Zukunft unbekümmert entgegen. Sie war jung und voll natürlicher Lebensfreude. Lachen, Scherzen und Singen beflügelten ihre Sinne von früh bis spät. Da ich für sie nun kein Fremder mehr war, brauchte man sich nicht zu wundern, wenn sie nach dem Essen mit ihrer hellen Stimme aus der Küche rief:
„Elmuto, avanti! Sinfonia della cucina!“ Helmut, vorwärts! Küchen-Symphonie!
Damit forderte sie mich scherzhaft auf, das Geschirr nach dem Abwaschen abzutrocknen. Das tat ich mit Vergnügen.
Bald war es mit der Herrlichkeit vorbei. Wir bekamen den Befehl, im Frontabschnitt nahe Pistoia Stellung zu beziehen. Ich bedankte mich bei den guten Razzionis. Mir gelang es, unbemerkt ein paar Geldscheine in eine Schublade des Küchenschrankes zu legen, die die Leute sonst nie angenommen hätten.
In Pistoia war der Teufel los. Wir waren noch keine Stunde in der Stellung, da wurden wir schon von Tieffliegern angegriffen. Kaum hatten wir die abgewehrt, eröffnete die feindliche Artillerie das Feuer Wir hatten noch nicht einmal Löcher in die Erde gegraben, um uns zu schützen. Entsprechend verheerend waren die Folgen: Acht Mann verwundet, davon zwei schwer. Ein 2-cm-Geschütz zerstört und eine 8,8-cm-Kanone beschädigt.
In den nächsten Tagen wurde es nicht besser. Wir wehrten uns verzweifelt. Rannten an die Geräte und Geschütze und feuerten. Sprangen in die Erdlöcher. Zwischendurch schmissen wir uns im Zelt auf die Erde, um in einen kurzen Tiefschlaf zu fallen. Immer alles so, wie es die Umstände gerade befahlen oder zuließen.
Gegen Nachmittag des 14. Juli wurde es mit einem Mal still. Den ganzen Morgen hatten wir uns gegen Flieger- und Artillerieangriffe heftig und buchstäblich mit letzter Kraft verteidigt. Jetzt war unsere Munition verbraucht und kein Nachschub in erreichbarer Nähe. Mit der Verpflegung waren wir auch am Ende. Morgen hieß es also, Hals über Kopf Stellungswechsel zu machen. Hier konnten wir uns nicht mehr halten.
Ich saß mit meinem Kameraden Max Baum vor dem Zelt. Er war inzwischen Unteroffizier geworden.

„Du bringst es doch noch zu was, Max. Wenn du dich auch dagegen sträubst."
„Quatsch, Helmut. Den Unteroffizier z.b.V. (zur besonderen Verwendung) hat man mir aufgezwungen. Mehr ist nicht drin. Das ganze Affentheater nähert sich sowieso dem traurigen Ende."
„Wenn man nur wüsste, wie dieses Ende aussieht."
„Schlecht, sehr schlecht. Glaube mir, nach der Hitlerzeit werden uns die Alliierten so klein halten, dass wir froh sein dürfen, wenn man uns überhaupt weiterleben lässt. Falls wir nicht vorher draufgehen in diesem verfluchten Krieg."
„Noch leben wir, Max. Vielleicht wird wirklich eine Geheimwaffe eingesetzt, von der man reden hört. Die kann uns am Ende noch retten, hoffentlich."
„An Wunder zu glauben, habe ich verlernt. Die Tatsachen, die ich erlebt habe und jetzt hier erlebe, genügen mir."
Im ersten Morgenlicht des nächsten Tages verluden wir die Geschütze und Geräte. Wir verließen auf unseren Lastwagen die Stellung, ohne durch Feindeinwirkung gestört zu werden. Ein Glück, dass Hauptwachtmeister Konrads genügend Benzin in Kanistern bevorratet hatte. Zumal die Fahrzeuge auf den Bergstraßen mehr als sonst strapaziert wurden. In einem Depot in der Nähe von Mercatale konnten wir endlich wieder Verpflegung, Munition und Benzin übernehmen.
Am Nachmittag erreichten wir den Futa-Pass. Unser neuer Standort, der uns auf einer Karte markiert worden war, befand sich in 800 Metern Höhe und nahe eines kleinen Dorfes. Auf einem Hügel mit guter Rundumsicht sollten wir in Stellung gehen.
Als wir die Geschütze vom Vorderwagen abprotzen wollten, wurde aus einem angrenzenden Waldstück Maschinengewehrfeuer auf uns eröffnet. Eine böse Überraschung, die uns an diesem Platz nur Partisanen bescheren konnten. Noch war nicht zu erkennen, ob jemand getroffen wurde. Schlagartig erlebten wir Oberleutnant Naust in einer für ihn ungewöhnlichen Erregung. Er, der sonst auch in heiklen Situationen ruhige und besonnene Befehle gab, schrie:
„An die Geschütze und Aufschlagzünder laden. Von der Lafette herunter auf den Wald feuern. Los, Beeilung! Die Schweine sollen ihren Lohn bekommen."
Eine Minute später erscholl das Kommando „Feuern" und drei Salven unserer 8,8-cm-Granaten krepierten im Wald. Sicher war, die Partisanen würden unsere Batterie nicht noch einmal angreifen. Bei unserer Überlegenheit war das auch

heller Wahnsinn. Der Chef rief die Unteroffiziere zu sich.
„Ich habe eben eine fürchterliche Wut bekommen auf diese Menschen, die aus dem Hinterhalt morden. Es war notwendig, ihnen gleich zu Beginn einen Denkzettel zu verpassen. Achten sie unbedingt darauf, dass niemand das Batteriegelände verlässt. Die Banditen warten nur auf die Gelegenheit, Leute von uns abzuknallen."
Die Tage verliefen ruhig. Wir benutzten diese Pause, um auszuspannen und zu reparieren, wo immer es nötig war. Sogar zum Briefeschreiben fand sich Zeit. Meine Zeilen an Jetty im fernen Oedt waren geprägt von einer unendlichen Sehnsucht. Ich konnte auch nicht verschweigen, wie sehr ich alle verwünschte, die für diesen Krieg verantwortlich waren und uns unserer Jugend beraubten. Weiß Gott, meine Briefe durften nicht zensiert werden. Man würde mit mir sonst kurzen Prozess machen.
Dann geschah etwas, das uns aufhorchen ließ. Es vermochte uns unvermittelt einen Hoffnungsschimmer zu geben, dass der Krieg sein Ende finden könnte. Am Nachmittag des 20. Juli 1944 ließ der Chef die Batterie zusammentreten.
„Ich will Sie von einer Meldung unterrichten, die gerade im Radio durchgegeben worden ist. Heute ist ein Attentat auf unseren Führer verübt worden. Was im Einzelnen geschehen ist, konnte noch nicht gesagt werden. Es wird angenommen, dass Adolf Hitler getötet wurde. Was das für Deutschland und für die Wehrmacht bedeutet, bleibt abzuwarten."
Schon am nächsten Tag erfuhren wir, dass der „Führer" das Attentat ohne Schaden überlebt hatte. Der oder die Täter, wer immer es auch gewesen sein mochte, würden ihre Strafe erhalten. Unser Hoffnungsschimmer auf ein baldiges Ende des Krieges erlosch. Umso mehr, als der Feind noch massiver von allen Seiten angriff, am schlimmsten aus der Luft.
Am 1. August 1944 erhielt ich meine Ernennungsurkunde zum Oberfähnrich. Der Spieß überreichte mir die Offiziers-Uniformteile. Nach der Umkleidung sah ich wirklich aus wie ein richtiger Leutnant, nur ohne entsprechende Schulterstücke.
Das war aber auch alles. Nach wie vor lag ich im Zelt auf der blanken Erde, nur auf einer Decke. Stroh oder eine sonstige Unterlage hatten wir nicht. Ich aß wie alle anderen das immer mieser werdende Essen aus dem Kochgeschirr Auch das kameradschaftlichen Verhältnis zu den Soldaten, das mit jedem Kriegstag

an Wert gewann, konnte eine bloße Uniform nicht ändern. Viel zu oft hatte ich in der Vergangenheit erlebt, wie Soldaten nach ihrer Beförderung einen anderen Menschen, eben den Vorgesetzten hervorkehrten. Dabei vergaßen sie, dass wir doch alle in einem Boot saßen.

In der Dämmerung des 8. August, eine Woche nach meiner Beförderung, ließ Oberleutnant Naust die Batterie zusammentreten. Sein Gesicht war aschfahl und es war unschwer zu erkennen, dass er sich mit letzter Kraft auf den Beinen hielt. Mit matter Stimme verkündete er:

„Soldaten, ich muss für eine gewisse Zeit ins Lazarett, um meine Gedärme auskurieren zu lassen. Ich hab mich lange dagegen gewehrt, aber es geht nicht mehr anders. In der Zeit meiner Abwesenheit wird Oberfähnrich Tödter kommissarisch die Batterie führen. Meine Bitte an alle: Unterstützen Sie ihn nach besten Kräften, damit er seine verantwortungsvolle Aufgabe erfüllen kann. Ich wünsche Ihnen viel Soldatenglück. Schlagen Sie sich so wacker wie bisher. Bis bald!"

Bei seinen Worten lief es mir kalt über den Rücken. Der Chef hatte mich, womöglich absichtlich, voher nicht von dieser Entscheidung unterrichtet. Was kam da auf mich zu?

Ich sollte mehr als hundert Mann in diesem Hexenkessel führen, richtige Entscheidungen treffen und blitzschnell Befehle erteilen, die sinnvoll und für alle nutzbringend waren. Hoffentlich gelang mir das. Von Natur aus war ich lange nicht so robust, wie man es sich für eine solche Aufgabe hätte wünschen können.

Schon eine Woche danach kam alles ganz anders. Erst wurde die schadhafte Kanone gegen eine gefechtsbereite ausgetauscht und neue Munition angefahren. Dann meldeten sich vom Stab acht deutsche Soldaten älterer Jahrgänge und 30 italienische „Jung-Faschisten" zur personellen Auffrischung. Am Tag darauf erschien unser Abteilungskommandeur, Major Erbentraut, in Begleitung eines Oberleutnants in unserer Stellung. Kurz und mit schneidender Stimme sagte der Major:

„Ab sofort wird Oberleutnant Schmald an Stelle von Oberleutnant Naust die Batterie führen. Ich erwarte unbedingten Gehorsam gegenüber Ihrem neuen Chef. Oberfähnrich Tödter wird als sein Stellvertreter wieder die Funktion des Messoffiziers übernehmen."

Donnerwetter, das war aber nur eine kurze Gastrolle als Batterieführer, dachte ich. Da wurde ich schon von dem neuen Chef gerufen.
„Sagen's, Oberfähnrich, haben's a guades Verhältnis zu de Leit?", fragte er mich in unverfälschtem Wiener Tonfall.
„Jawohl, Herr Oberleutnant. Wir sind alle miteinander gute Kameraden. Einer ist für den anderen da."
„Und de Disziplin, wie steht's domit? Kommt die derweil ned zu kuaz?"
„Die Befehle werden selbstverständlich ausgeführt, deren Notwendigkeit kennt jeder. Militärischer Drill oder gar Exerzieren, so etwas fällt in Feindnähe natürlich flach."
„No, wissen's, do bin i ned ganz Ihrer Meinung. Spuren muass halt a jeder, und wann ned, do muass ma nachhelfen. Grod an da Front, sonst werden's lasch de Briada."
Na, was hatten wir uns da eingehandelt? Der Offizier mochte Anfang Dreißig sein, trug keinen Orden und hatte mit Sicherheit nicht die geringste Fronterfahrung. Du wirst dich noch sehr wundern, dachte ich.
In diesem Moment donnerten sechs Tiefflieger in die Richtung unserer Stellung und eröffneten das Feuer. Ich ließ den neuen Chef stehen, rannte zur nächsten 2-cm-Kanone und gab Feuerbefehl. Beim erneuten Anflug trafen wir eine Maschine. Sofort geriet sie in Brand und trudelte hinter dem Wald ab. Danach drehten die anderen ab.
Ich ging zurück zu der Stelle, wo ich eben den Oberleutnant verlassen hatte. Ich fand ihn aber nicht. Erst nach einer Weile sah ich seine Mütze aus einem unserer Erdlöcher hervorlugen. Jetzt krabbelte er heraus und sah mich vorwurfsvoll an:
„Des mog i goa ned gern, dass Sie auf eigne Faust kommandieren. Des is mei Sach', ab heut' bin i hier da Chef."
Wortlos drehte ich mich um und ging hinüber zur Messstaffel. Dort wurde ich schon von Wachtmeister Kröger erwartet. Kröger war von Beruf Lehrer. Er unterrichtete in Latein und war deshalb geeignet, als Dolmetscher für unsere Jung-Faschisten zu fungieren. Er blickte mich fragend an:
„Na, welchen Eindruck haben Sie von dem Neuen, Herr Oberfähnrich? Der war ja eben wie der Blitz im Loch verschwunden."
„Kröger, ich fürchte, mit dem kriegen wir noch unsere Freude. Der legt schein-

bar den größten Wert auf Kasernenhof-Drill, hat aber, glaube ich, vom Einsatz an der Front keine Ahnung."

„Dann wird er bald umdenken müssen. Übrigens, wir müssen unsere jungen italienischen Helden wieder einsammeln. Die sind bei der Schießerei eben aus der Stellung gerast, als sei der Leibhaftige hinter ihnen her."

Die Jungs, alle zwischen 15 und 17 Jahre alt, taten mir leid. Voller Tatendrang waren sie zu uns gekommen. Traten betont forsch und wie unerschrockene Krieger auf. Nun, nach dem ersten Feuerwechsel, mussten wir sie aus allen Verstecken hervorholen. Verschüchtert und mit angstvollen Blicken. Kröger und ich taten unser Bestes, um beruhigend auf sie einzureden. Mein Gott, es waren ja noch halbe Kinder.

Immer häufiger wurden wir in den letzten Augusttagen von Tieffliegern angegriffen. Oberleutnant Schmald rannte durch die Stellung, als sei er von der Tarantel gestochen. Er schrie Kommandos, die entweder niemand verstand oder die alle überhörten, weil anfliegende Maschinen beschossen werden mussten.

Eines Abends, als es draußen dämmerte und still geworden war, kroch der Chef in mein Zelt. Ich hielt meinen Schreibblock auf den Knien und schrieb an Jetty. Er schaute mir ein paar Minuten zu, dann raunzte er:

„Meinen's ned, Oberfähnrich, dass Sie strammstehen und Meldung machen müssten, wann eana Chef kommt?"

Ich blieb ruhig sitzen.

„Nein, das glaube ich nicht, Herr Oberleutnant. Wir befinden uns hier weder in der Kaserne noch auf dem Exerzierplatz."

Betroffen schaute er mich an. Offensichtlich verschlug es ihm die Sprache. Als er sich wieder gefangen hatte, zischte er:

„Glauben's ja ned, dass Sie schon Offizier sand, dafür sind's noch a bissl z' grün. Statt Liebesbriefe zum schreim, sollten's liaber de Vorschriften studier'n."

Jetzt hatte ich aber genug von diesem Ekel. Ich sprang auf, und ohne Rücksicht auf seinen Dienstgrad schrie ich ihn an:

„Diesen Ton verbitte ich mir. Sie nennen mich zu grün, ausgerechnet Sie? Was haben Sie denn schon erlebt in diesem Krieg? Wahrscheinlich haben Sie nur Vorschriften studiert in einer Kaserne."

Er grinste zynisch und herablassend.

„Do schau her, der junge Mann wird aufmüpfig gegen seinen Vorgsetztn. Wann i wojd', kannt' i Sie dafür verpfeifen beim Stab. Aber i gib eane noch a Bewährungsfrist. I werd' beob¬achten, ob Sie mit de Männer a so schrei'n kena wia mit mia. Und wann ned, werd' i dem Kommandeur a bissel was von eana erzähl'n."

Nach diesem Auftritt war das Verhältnis zwischen uns gespannt und eisig. Ich trug mich schon mit dem Gedanken, beim Stab um meine Versetzung zu bitten. Aber erstens würde das sowieso erfolglos sein und zweitens wollte ich meine Kameraden wegen dieser Attrappe von einem Offizier nicht verlassen. Im Gegenteil, nur hier konnte ich sie wenigstens etwas schützen vor seiner Disziplin-Spinnerei.

Anfang September, an einem von der Sonne vergoldeten Morgen, war ich bei meinen Leuten an den Messgeräten. Das Feldtelefon läutete. Ich hob ab, da Schmald mal wieder die Kameraden in der Geschützstaffel verärgerte. Es meldete sich der Abteilungschef, Major Erbentraut. Er gab den Befehl zum sofortigen Stellungswechsel und Einsatz in der sogenannten „Grünstellung" bei Lucca. Dort hatten die Feinde in großer Überzahl eine Offensive gestartet.

Am Schluss des Gespräches räusperte sich der Major.

„Wo ist Oberleutnant Schmald?"

„Bei den Leuten der Geschützstaffel, Herr Major."

„Kommen Sie mit ihm zurecht oder gibt es Schwierigkeiten?"

„Ich habe mit Oberleutnant Naust besser zusammengearbeitet."

„Aha, verstehe, ich kenne ihn. Halten Sie noch ein paar Wochen durch, Tödter, dann kommt eine Änderung. Aber dies ist ein Dienstgeheimnis, verstanden?"

„Jawohl, Herr Major!" schmetterte ich, dann knackte es in der Leitung. Ich strahlte. Ab jetzt musste ich mich jedoch schwer zusammenreißen, um mich nicht zu verraten.

Unser neuer Einsatzort befand sich in einem Teil der Grünstellung, der einige Kilometer nördlich von Lucca verlief. Die Fahrt vom Futa-Pass hierher war grauenhaft. Wir brauchten zwei Nächte und einen Tag, um uns mit den Fahrzeugen und Geschützen in der Dunkelheit zurechtzufinden. Nur mit viel Glück konnten wir Fliegerangriffen ausweichen. Ein Kradmelder vom Stab wies uns in eine provisorisch ausgebaute Stellung ein.

Zwei Tage lang tat sich überhaupt nichts, obwohl feindliche Artillerie in allernächster Nähe lag, wie wir vom Stab erfahren hatten.

Aber, am Morgen des nächsten Tages, ging der Tanz los. Er wurde wie üblich von Tieffliegern eröffnet und dann durch Artilleriefeuer fortgesetzt. Die feindlichen Kanonen mussten verdammt nahe stationiert sein. Ihre Abschüsse dröhnten derart, als kämen sie aus unseren eigenen Reihen. Zuerst schlugen die Granaten noch reichlich entfernt von uns ein, doch nach einer knappen Stunde hatten die Gegner unsere Stellung ausgemacht. Wir mussten vereinzelte Einschläge in unserem Batteriegelände verzeichnen.
Unsere Abwehr war mehr als kläglich. Ausgerechnet in diesem Abschnitt, wo der Feind mit großer Übermacht einen Vorstoß startete, war unsere Geschützmunition rationalisiert worden. Wir durften drei, höchstens vier Salven im Verlaufe einer Stunde abfeuern. Wir taten es gezielt und mit höchster Konzentration. Es mutete an wie der Kampf Davids gegen Goliath.
In den nächsten drei Wochen wurde unsere Abwehrfront durch den Einsatz weiterer Batterien, Waffen-SS und Fallschirmjägereinheiten verstärkt. Das bedeutete, dass wir vom feind¬lichen Beschuss ein wenig verschont blieben. Eines Morgens krachte es jedoch unversehens erneut in unserem Gelände.
Ein gellender Schrei in meiner unmittelbaren Nähe riss mich herum. Mit wenigen Schritten war ich bei einem Soldaten, der auf dem Rücken lag und mich mit glasigen Augen ansah. Ich schob meinen Arm vorsichtig unter seinen Kopf, um ihn anzuheben. Der Anblick war fürchterlich.
Sein ganzer Brustkorb war aufgerissen. Der Oberkörper war eine einzige blutige Masse. Er schrie nicht mehr, nein. Lächelnd blickte er mich an und bewegte die Lippen, als wolle er mir etwas sagen. Eine Sekunde später kippte sein Kopf zur Seite. Der Krieg hatte ein weiteres von unzähligen Opfern gefordert.
Dieser Tod setzte mir besonders hart zu. Ich wusste, dass der Mann 43 Jahre alt war und eine Frau mit drei Kindern hinterließ. Er gehörte zu den älteren Jahrgängen, die uns im Futa-Pass zur Verstärkung zugeteilt worden waren.
Ganz schlimm wurde es am Tag darauf. Nach langer Zeit wurde uns von einem Kradmelder Post zugestellt. Ich selbst erhielt acht Briefe, davon fünf allein von Jetty. Als ich mich voller Begierde darauf stürzen wollte, wurde ich zum Chef gerufen.
„Sagen's, Oberfähnrich“, begann er in seiner mir so unsympathischen Art, „wie hieß no glei der Mann, der gestern in Ihrer Messstaffel oane verpasst griegt

hat?“
„Der Gefallene ist Obergefreiter Leitner, Gerhard Leitner.“
„Fatal“, knurrte er, „dös is fatal. I hob nämlich hier a Mitteilung von der Kommandantur in München. De Leitners san ausgebombt, und de Frau liegt verletzt im Spital. Saane Kinder san alloan, und jiatz soll er Heimaturlaub griang.“
„Mein Gott, das ist ja furchtbar“.
„Jo, da kann ma nix mochn. Am besten, Sie mochan dene glei' a kurze Mitteilung über des, wos g'schehn is.“
„Kurze Mitteilung?“, fragte ich entrüstet. „Ich glaube, seine Frau hat ein Anrecht auf etwas mehr Mitgefühl. Sie muss wohl auch von uns unterrichtet werden. Oder wollen Sie das alles der Kommandantur überlassen?“
„Geh', mochen's koane Faxen. Wo sollen mer bleiben, wann's mer lauter Beileidsbriefe verfassen wollten. Meinetwegen, schreiben's, wann's die Zeit dazu haben. I halt' mi da raus.“
Natürlich hielt er sich raus, wie er mir nach Möglichkeit alles überließ, was unangenehm war. Sicher, wir hatten normalerweise keine Gelegenheit, den Angehörigen unserer gefallenen Kameraden zu schreiben. Doch der Fall Leitner war so schwerwiegend, dass eine moralische Verpflichtung dazu bestand. Das Abfassen des Briefes bereitete mir seelische Qualen. Mir schien, als hätten mich die Kriegsjahre mit all ihren schrecklichen Ereignissen nicht abgehärtet, sondern empfindsamer gemacht.
Am 9. Oktober 1944, einem Montag, erhielten Oberleutnant Schmald und ich telefonisch Befehl uns beim Abteilungschef einzufinden. In einer Feuerpause fuhren wir gegen Mittag in einem Kübelwagen, gesteuert von Unteroffizier Schulze, zum Stab. Schmald war ziemlich aufgeräumt und sagte unterwegs:
„Moi schaun, wos der Oide will. Am End' gibt's goar a Auszeichnung. Haben uns ja wacker g'schlogn de ganze Zeit.“
Der Mann hat Nerven, dachte ich. Der ist gerade mal zwei Monate bei der Batterie und denkt schon an sowas.
Beim Stab angekommen, musste ich, zum Verdruss von Schmald, zuerst allein in das Zimmer von Major Erbentraut eintreten. Er blickte mir finster entgegen, ließ mich strammstehen und fuhr mich an:
„Was muss ich von Ihnen hören, Tödter? Ich habe hier eine Meldung vom Oberkommando in Verona. Was haben Sie denn da bloß angestellt?“

Ich war vollkommen perplex.
„Herr Major, ich weiß nicht, ich war doch nur kurz, ich meine, ich weiß wirklich nicht, was ich getan haben soll."
„So, Sie wissen es nicht? Na, dann soll ich Ihnen wohl erst vorlesen, was man hier über Sie geschrieben hat?"
„Jawohl, Herr Major!"
„Gut, also hier steht im Wortlaut: Mit Wirkung vom 9. Oktober 1944 wird Oberfähnrich Tödter zum Leutnant befördert. So, und nun kommen Sie her, damit ich ihnen gratulieren kann."
In diesem Moment musste ich wohl ein äußerst intelligentes Gesicht gemacht haben, denn der sonst so ernste Major fing laut an zu lachen. Er packte mich bei den Schultern und boxte leicht gegen meine Brust:
„Mensch, Leutnant Tödter, gucken Sie mal in den Spiegel. Glauben Sie, mit einem solchen Gesicht kann ich Ihnen die Batterieführung anvertrauen?"
„Herr Major, ich, ich werde Batterieführer?"
„Ja, vorläufig kommissarisch, weil Sie ein noch sehr junger Offizier sind. Ich gebe Ihnen Oberfähnrich Kluge zur Seite. Der steht im Nebenraum und ist neugierig auf seinen neuen Chef."
„Und Oberleutnant Schmald, Herr Major?"
„Der übernimmt eine Einheit im Osten. Das werde ich ihm aber jetzt selbst erzählen."
Auf dem Gang wurde ich von vier Offizieren des Stabes mit lautem „Hallo" empfangen. Sie nahmen mir die Schulterstücke von der Jacke und hefteten Leutnants-Schulterstücke an. Dann hakten sie sich bei mir ein und schleppten mich in den Keller, der zu einer provisorischen Bar hergerichtet worden war. Binnen kurzem hatte ich zwei Gläser Wein geleert, da erschien ein zerknittert wirkender Oberleutnant Schmald. Etwas müde murmelte er:
„I hab' a andere Aufgabe übernommen. Glei' fahr' i no mit eana, um meine Sachen aus der Batterie zu holen. Gratuliere übrigens, Herr Tödter" – er sagte tatsächlich Herr Tödter – „und schauen's, dass Sie mit de Leit ebenso akkurat zrechtkumma wia i."
Diese Worte belustigten mich zwar, doch andererseits tat er mir schon fast leid, wie er so niedergeschlagen neben mir saß. Warum nur war er von seiner Offiziersherrlichkeit so dumm eingenommen? Ich mochte die Bayern und auch die

Österreicher wegen ihrer Sprache und Mentalität besonders gern. Nur dieser Schmald war mir und den anderen auf die Nerven gegangen.
Zum Abschied wollte ich ihm aber etwas Nettes sagen:
„Die Leute werden Sie sicher sehr vermissen, Herr Oberleutnant."
Auf der Rückfahrt hatten wir einen Mann mehr im Wagen. Den Oberfähnrich Kluge, von dem der Major gesprochen hatte. Kluge war etwa in meinem Alter und machte einen unkomplizierten, angenehmen Eindruck auf mich. Ich hatte ihm schon beim Stab das „Du" angeboten. Dabei hatte ich erfahren, dass er Karlheinz hieß und aus Duisburg stammte, praktisch aus der Nachbarschaft von Düsseldorf.
Es dämmerte schon, als wir im Batteriegelände ankamen. Kaum hatten wir den Wagen verlassen, da erschollen Kommandos Ich glaubte zu träumen beim Anblick dessen, was sich da vor meinen Augen abspielte. Mitten im Kampfgebiet stand unsere Mannschaft in Reih und Glied mit präsentierten Gewehren Zu allem Überfluss hatten die Unteroffiziere Weinflaschen geschultert. Hauptwachtmeister Konrads kam auf mich zu und machte Meldung:
„Die 1./376 ist vollständig angetreten, um Herrn Leutnant zur Beförderung zu gratulieren."
Oberleutnant Schmald lächelte süß-sauer, während ich den Soldaten zurief:
„Kameraden, euer Empfang ist großartig. Ich danke euch dafür. Jeder erhält eine Flasche Wein auf meine Kosten. Aber nun ab in die Unterstände, bevor uns hier auf offener Pläne der Teufel holt."
Kurze Zeit später saß der Oberleutnant wieder im Wagen, um die Batterie zu verlassen. Wir hatten uns nicht mehr viel zu sagen gehabt. Ich musste mir ehrlich eingestehen, dass ich froh war, von seiner Anwesenheit befreit zu sein. Auch wenn ich mir der großen Verantwortung bewusst war, die nun auf meinen Schultern ruhte.
Konrads trat augenzwinkernd zu mir:
„Unsere Begrüßung hatte der Stab vorbereitet. Wir sind von dort telefonisch von Ihrer Beförderung und Schmalds Versetzung unterrichtet worden."
„Aha, so war das", gab ich zurück, „ich konnte mir den überraschenden Empfang, über den ich mich sehr gefreut habe, gar nicht recht erklären. Sind denn nicht alle sehr traurig über den Führungswechsel?"
„Na, und ob", grinste Konrads, „wo wir den Schmald doch so ins Herz

geschlossen hatten.“
Schon in den nächsten Wochen wurde die mir übertragene Führungsposition einer harten Bewährungsprobe unterzogen. Die feindlichen Angriffe nahmen zu und forderten mir immer öfter rasche Entscheidungen ab. Allein hätte ich das alles nie geschafft. Nur die kameradschaftliche Verbundenheit, das Mitdenken jedes Einzelnen, das Verständnis durch kurze Worte und Blicke. Nur das machte es möglich, durchzuhalten und den Gefahren gemeinsam zu begegnen.
Doch während bei uns der Nachschub an Munition und Verpflegung immer dürftiger wurde, schienen unsere Gegner immer stärker zu werden.

... bis zum letzten Mann

Das Jahr 1945 begann mit einer Überraschung. Am 3. Januar mussten wir innerhalb weniger Stunden unsere Stellung räumen mit dem Befehl, einen neuen Stützpunkt bei Bologna zu beziehen. Doch als wir dort ankamen, verschlug es mir die Sprache.
Wir bezogen die gleiche Stellung, die ich vor zwei Jahren verlassen hatte, um zur Kriegsschule nach Göppingen zu fahren. Ich rief Max Baum zu mir und schaute ihn nachdenklich an:
„Max, hast du auch so ein merkwürdiges Gefühl, als ob wir hier schon einmal gewesen wären?“
„Ich hab' nicht nur so ein Gefühl, Helmut. Ich weiß es sogar bestimmt. Aber dieses Wissen stimmt mich traurig."
„Du meinst, wir haben uns in zwei Jahren nur mehr im Kreis gedreht, ohne jeden Erfolg!“
Max sah mich sehr ernst an, dann zischte er verbissen:
„Ich meine, wir haben zwei weitere Jahre des unbegreiflichen Ausblutens erlebt. Wir und alle anderen haben zwei unwiederbringliche Jahre des Lebens dazu benutzt, gewissenhaft alles zu vernichten, was erhaltenswert war. Und alle machen mit, ob Freund, ob Feind. Mein Gott, wie soll man das mit seinem Verstand erfassen?“
„Max, es hat doch keinen Sinn, dass wir uns mit solchen Gedanken quälen. Wir können nichts daran ändern. Wenn wir nicht mit Zuversicht an eine bessere Zukunft glauben, sind wir bald seelisch und körperlich am Ende.“
„Ach, geh' Helmut, bessere Zukunft. Du warst vor zwei Jahren genauso zuversichtlich wie heute und was ist jetzt? Wir wissen nicht einmal, wie es in der Heimat aussieht.“
Bei seinen Worten überfiel mich mit Wucht das Heimweh. Dazu die nagende Ungewissheit, wie es unseren Lieben zu Hause in der sich immer mehr zuspitzenden Lage ergehen würde. Die Meldungen, die wir ab und zu aus dem Radio erfuhren, konnten uns nicht viel Mut machen. Im Gegenteil, militärisch bestand so gut wie keine Hoffnung mehr, die Alliierten an den deutschen Grenzen aufzuhalten.

Und was kam danach?
Ja, Max hatte wohl recht. Er war von Natur aus alles andere als ein Schwarzseher, aber er verfügte über einen überaus scharfen Verstand. Ich wollte aber einfach nicht wahrhaben, dass alles vergebens gewesen sein sollte. Ich klammerte mich mit Gottvertrauen an den Gedanken, bald wieder nach Hause zu können und einen neuen Anfang machen zu dürfen. Dabei hatten wir schon seit mehr als zwei Monaten keine Post mehr erhalten.
Seit einigen Tagen peinigten mich heftige Schmerzen im Oberkiefer. Ein Zahn schien nicht mehr intakt zu sein. Viel konnte ich mich nicht damit befassen. Dafür sorgten die Tiefflieger, die uns täglich angriffen. Nach Ablauf einer Woche sah mich Oberfähnrich Karlheinz Kluge eines Morgens groß an:
„Helmut, hast du dich schon im Spiegel gesehen? Deine linke Gesichtshälfte ist grün und blau und aufgeblasen wie ein Ballon."
Das stimmte leider genau. Ich konnte vor lauter Schmerzen nicht einmal meine Mütze auf dem Kopf ertragen. Das ausgerechnet jetzt, wo wir wieder einmal Stellungswechsel machen mussten. Weiter in Richtung Norden zu einem Ort am Po mit Namen Bagnolo San Vito. Ich teilte Kluge mit:
„Es hilft alles nichts, Karlheinz. Der Sani muss mir noch einmal Pillen geben gegen die verrückten Schmerzen. Wir müssen heute noch hier raus. Unterwegs werden wir schon einen Hauptverbandsplatz finden, wo ich verarztet werden kann."
„Menschenskind", murmelte Karlheinz, „wenn das nur gut geht. Sieht ja gefährlich aus."
Am späten Nachmittag erreichten wir mit unseren Fahrzeugen und Geschützen das Städtchen San Giovanni zum Glück ungestört. Die tiefe Bewölkung machte Fliegerangriffe unmöglich. Auf der Hauptstraße des Ortes hielten wir und stiegen aus.
Es half alles nichts, ich musste dringend einen Zahnarzt finden. Ich lief durch die Straßen San Giovannis und versuchte verzweifelt, Schilder an Hauseingängen zu übersetzen. Bei jedem Schritt pochte der Zahn energischer. Mein ganzer Schädel brummte.
Endlich entdeckte ich in einer kleinen Nebenstraße über der Tür eines stockalten Hauses ein Schild: „Dentista". Na also, das war eindeutig. Ein Dentista oder Dentist hatte mit den Zähnen zu tun.

Nach meinem Läuten wurde geöffnet. Ich wurde durch einen dunklen Gang in ein kleines Zimmer geführt. Unverkennbar war es hier nicht nur schmuddelig, sondern ausgesprochen schmutzig. Es roch entsprechend muffig. Ich sollte auf einem abgeschabten Sessel hinter einer absolut undefinierbaren Maschinerie Platz nehmen.

Ein großer Mann mit schwarzen Locken und einem riesigen Schnurrbart betrat den Raum. Er trug eine Hausjacke, die er noch vor meiner Geburt angeschafft haben musste und rauchte eine kleine Zigarre. Durch ein Zeichen gab er mir zu verstehen, dass ich meinen Mund öffnen solle. Ich musste mich also in der Praxis des Zahnarztes befinden. Am liebsten hätte ich gleich Reißaus genommen, was der Bartträger seinem stechenden Blick nach zu urteilen aber bestimmt verhindert hätte.

Ich öffnete den Mund und zeigte auf den Zahn, der mir die Qualen bereitete. Der Dentist grinste. Er behielt sein Zigarillo zwischen den Lippen und arbeitete mit beiden Händen, die offenbar nur selten mit Seife und Wasser in Berührung kamen, in meinem Mund herum. Von einem kleinen Tisch holte er sich eine Zange. Die sah aus, als sei mit der wahrscheinlich schon die alten Römer behandelt worden und jeden Altertumsforscher entzückt hätte.

Im Augenblick war mir, als seien alle Schmerzen verflogen. Ich wollte mich schon verabschieden, als der Dentista die antike Zange ansetzte. Er brauchte dafür weder eine schmerzstillende Spritze noch eine Vereisung. Er arbeitete an meinem Zahn, als gelte es, den gesamten Unterkiefer abzumontieren. Notschweiß brach aus und während der „Meister" mit Zigarrenqualm meinen Kopf einnebelte, tropfte mir das Wasser von der Stirn.

Endlich war es soweit. Mit Triumph im blitzenden Auge zeigte mir der Herr Doktor das Produkt seiner Tiefbauarbeit. Er schrieb auf einen Zettel: 50 Lire. Rasch überreichte ich ihm dies relativ geringe Honorar und suchte schleunigst das Weite.

Ich fasste den festen Vorsatz, künftig einen weiten Bogen um Schilder mit der fatalen Aufschrift „Dentista" zu machen.

Am 15. März 1945, einem Donnerstag, wurde ich morgens vom Stab angerufen. Major Erbentraut war am Apparat. Kurz und knapp teilte er mir mit, dass sich größere feindliche Verbände konzentriert im Anmarsch auf die Po-Ebene befänden. Unsere Batterie in Bagnolo San Vito und zwei in der Nähe stationierte Einheiten hätten die Aufgabe, den Übergang über den Po unter allen Umständen zu verhindern. Laut Führerbefehl müsse die Stellung bis zum letzten Mann gehalten werden!

Ein paar Mal hatte ich „Jawohl, Herr Major!" gesagt und dann aufgelegt. Ich rief Kluge zu mir und übergab ihm für eine Stunde das Kommando. Er schaute mich besorgt an:

„Was ist, Helmut? Ist dir nicht gut?"

„Nein, es ist nichts weiter. Ich will nur ein paar Schritte über den Damm gehen und Luft schnappen."

„Es wird aber Regen geben. Die Wolken hängen so tief."

„Macht nichts, Karlheinz. Ich komme dann eben zurück."

Ich blickte vom Damm hinüber zur Batterie. Die Soldaten waren an den Geschützen und Geräten beschäftigt. Sie führten die ihnen aufgetragenen Arbeiten aus.

Jeder Einzelne war ein Kamerad von mir. In Not und Gefahr waren wir fest zusammengewachsen. Jeder stand für den anderen ein. Man half sich, wann immer es erforderlich war, selbst mit letzter Kraft.

Schuhe wienern

Diese prächtigen jungen Männern, die ich bis jetzt, bis kurz vor dem sicheren Ende, durch ein gnädiges Geschick überleben durfte, sollten die Stellung „bis zum letzten Mann" halten? Kraft meiner Befehle sollten wir alle geopfert werden? Geopfert für einen aussichtslosen, verlorenen Krieg?

Ich setzte mich auf den kühlen Boden nieder.

Vor meinen geschlossenen Augen spulte ich einzelne Stationen der letzten fünf Jahre meines Lebens wie einen Film ab.

Erst die entbehrungsreiche Zeit im Reichsarbeitsdienst, danach die harte militärische Ausbildung in Iserlohn. Daran schloss sich eine angenehmere Zeit an. Erst in Travemünde und dann die herrlichen Wochen in Kopenhagen. Es folgte die fast unerträgliche Zeit in Afrika. Der fürchterliche Rückflug und der Lehrgang in München. Unauslöschlich aus dem Gedächtnis blieb Nettuno mit den schrecklichen Verlusten. Danach kam Bologna, die Kriegsschule, die schweren Einsätze in Lucca, bei Florenz, am Porretta-Pass, dann am Futa-Pass, in der Grünstellung …

Ach, ich mochte nicht mehr denken. Nicht weiter aufzählen. Nein, ich mochte nicht mehr. Es war genug, mehr als genug.

Plötzlich durchfuhr mich ein Schmerz, als sei ich verwundet.

Das Heimweh zerriss mir fast das Herz. Ich sah unsere Wohnung in Düsseldorf vor mir. Damals, als sie noch nicht zerstört war. Mit meiner Mutter, immer für mich sorgend, und die kleine Irene, wie sie mir trällernd auf der Treppe entgegenlief.

Noch einmal erlebte ich in Gedanken das frohe Zusammensein mit der hübschen Gudrun in Kopenhagen. Jung und verliebt. Ebenso mit Leni in Waldniel und mein Gott ja, der zarten Ilona in Göppingen.

Aber schmerzvoller als all das war die Sehnsucht nach dem geliebten Mädchen in Oedt, nach meiner Jetty.

Es regnete schon seit einiger Zeit. Das Wasser tropfte an mir herunter. Ich merkte es kaum.

Ich faltete die Hände und betete laut:

„Lieber Gott, gib, dass das Blutvergießen ein Ende hat. Lass' endlich Schluss sein mit dem Krieg, der doch nicht in deinem Sinne sein kann. Lass' uns bitte heil nach Hause kommen nach all diesen verlorenen Jahren unseres jungen Lebens!“

In Uniform dersAfrika-Corps

Kameraden

Ausflug nach Venedig

Brief an Mutti am 17.01.1943:

Afrika, den 17 Januar 1943

Mein liebes fernes Mütterchen!

Heute ist Sonntag und auch der erste Tag in Afrika, an dem uns ein wenig Freizeit für uns gelassen wird. Da will ich Dir denn schnell ein paar Zeilen schreiben, Du weißt ja, das Tageslicht muß ausgenützt werden und ich habe noch sehr viel zu tun. Das Wetter ist heute ganz wundervoll, strahlende Sonne, kein Lüftchen regt sich und von unserem Hügel blicke ich, entzückt über soviel landschaftliche Schönheit, über das kleine Ferryville hinweg auf das ruhende blaue Meer. Und wenn ich mich ein wenig wende sehe ich, umragt von wuchtigen Felsen, einen kleinen See vor mir, dessen Hintergrund von Bergen, die wiederum die Front verdecken, gebildet wird. Ich sitze auf einer Decke vor meinem kleinen Zelt, den Schreibblock auf den Knien, und denke daran, wie wundervoll friedlich diese Landschaft wirken würde, wenn nicht, ja wenn nicht gerade im Augenblick der Geschützdonner von ferne an die grausame Wirklichkeit erinnern würde. Gerade eben noch hatten wir Alarm, während dem wir in kurzer Frist eine Feindmaschine herunterholten, deren Glanz in der Sonne ihr zum Verhängnis wurde

Ja, so werden wir Tag und Nacht in Spannung gehalten – der Tommy besucht uns 20–30 mal am Tage – und ich habe noch nie soviele Bomben fallen sehen wie gerade hier. Noch die vergangene Nacht war hell erleuchtet von Brand- und Leuchtbomben; Engländer und Amerikaner sind eben sehr aktiv hier. Wie steht es in dieser Beziehung bei Euch in der Heimat?

Liebe Mutti, unser Leben gleicht so mehr einem Abenteurerleben, ja, man wird geradezu zum Naturmenschen, den ganzen Tag draußen, nachts ein paar Stunden im Zelt, seine Klamotten wäscht man selbst und im übrigen macht man sich nichts daraus, wenn man abends im Dunkeln – Licht gibt's ja nicht im Zelt – ein Butterbrot ißt, bei dessen Verzehr der feine afrikanische Flugsand zwischen den Zähnen knirscht. Meine Hautfarbe hat sich bereits entschieden verändert und über meine Gesundheit kann ich bis jetzt noch in keiner Weise klagen. Wie geht es Dir und Onkel Willy denn noch? Wer weiß, wann ich Euch mal wiedersehe, aber mit Gottes Hilfe wird uns ein gutes Wiedersehen schon beschert sein, was meinst Du, Muttilein?

Übrigens, Mutti, in den vorigen Tagen waren bei uns P.K.-Leute und haben hier allerlei Aufnahmen gemacht; u.a. wurde auch ich zu einer Aufnahme herangeholt. Wenn Du also Glück hast, kannst Du Deinen Jungen in nächster

Teil in einer Illustrierten wiederfinden, mußt einmal aufpassen. Es ist natürlich fraglich, ob alle Aufnahmen, also auch meine, angenommen werden, aber man kann nie wissen.

Gestern abend habe ich eine besinnliche Stunde verlebt. Ich hatte mir eine Flasche guten afrikanischen Wein geholt und mich damit ganz allein vor's Zelt in den Mondschein gesetzt. Dazu rauchte ich die unerhört schweren arabischen Zigaretten und war in Gedanken ganz bei Euch zu Hause, ging noch einmal all' die schönen Jahre meiner Kindheit durch, die Jugendjahre auf Rheinmetall und dachte an all' das, was Du, bester Mütterchen, für mich in diesen Jahren getan hast und wieviel Liebe Du mir entgegengebracht hast. Es war für mich eine stille Feierstunde, die in mir das Dankgefühl an Dich nur noch vertiefte.

Über meine bisherigen Beobachtungen im Volk kann ich Dir jetzt nur feststellen, daß die Araber uns Deutschen gegenüber außerordentlich freundlich und zuvorkommend sind und uns mit ihrer ganzen Gesinnung unterstützen. Die Franzosen hingegen können ihre traditionelle feindselige Haltung nicht verbergen, werden aber von den Arabern immer wieder im Kleinen sabotiert. Man kann sagen, daß die Araber 100%ig zu uns stehen.

So, liebe Mutti, ich muß enden, denn der Rest des Tageslichtes will ausgenutzt werden. Heute abend werde ich noch wenig Sonntagswein auf dein Wohl trinken, der hier unglaublich billig ist (1 Liter = 5 Franc = 20 Pfg.) und sehr gut schmeckt. Gestern abend habe ich allerdings wunderbaren Muskateller getrunken, der nach unserem Geld 1 Liter 1,75 RM kostet, also auch billig. Jetzt will ich aber aufhören, sonst sprichst Du nicht mehr mit mir.

Ich sende Dir aus Afrika die allerherzlichsten Sonntagsgrüße und verbleibe in alter Liebe

Dein Junge.

Viele herzliche Grüße auch an Onkel Willy, Irene und Frl. Krause, der ich bestens für das Neujahrskärtchen danke.
(Entschuldige bitte wieder die Handschrift, aber in dieser Arbeitsstellung geht es wahrhaftig nicht besser.)
Schreibe mir mal, wie lange die Post von hier aus gebraucht, um zu Dir zu gelangen.
Ich habe hier noch keine Post von Dir bekommen.

17.1.43

Brief an Mutti am 15.02.1943:

Afrika, den 15. Febr. 1943

Meine liebe gute Mutter!

Gestern kam ich recht vergnügt vom Stadturlaub zurück und da lag Deine liebe Karte vom 4. Febr. für mich im Bett, deren Inhalt mir natürlich im Nu jegliche Stimmung raubte. Ich bin noch ganz erschüttert ob der Tatsache, daß unser Haus getroffen worden ist. Ehrlich gesagt, ich hatte es geahnt, ich wußte, es würde etwas nicht stimmen, mag es einmal dadurch gekommen sein, daß ich keine Nachricht von Dir erhielt oder auch dadurch, daß ich in ~~einer der vergangenen Nächte im Traum haargenau unser Haus~~ beschädigt sah. Ach, Mutti, ich kann es noch garnicht fassen, unser kleines bescheidenes Heim, an das ich so sehr hing, soll nicht mehr sein, soll mir nicht mehr Ruhe bieten können, falls ich mal zurückkehre, nein, ich weiß es auch, Du verschweigst mir die Wahrheit, es ist schlimmer, als Du es mir auf der Karte mitteilst. Und was kann ich nun tun, nichts, kann Dir nicht helfen und beistehen, ich darf nur geduldig warten, bis ich etwas von Dir höre, das ist schrecklich für mich. Einen Gefallen mußt Du mir tun, Du mußt mir alles, was geschehen ist und was geschieht, wahrheitsgetreu mitteilen, wir wollen doch Freud' und Leid' gemeinsam tragen. Die Ungewißheit ist viel schlimmer, als einer harten Tatsache gegenüberzustehen. Gott danke ich von Herzen, daß Dir selbst und Onkel Willy noch nichts geschehen ist. Wenn Dir etwas zustoßen würde, käme auch ich aus Afrika nicht mehr zurück, dann hätte der Kampf keinen Sinn mehr für mich. Du bist ja doch der große Pol in meinem Leben, an den ich mich klammere und zu dem ich zurück will.

Wie steht es um die anderen Hausbewohner, wie geht es Irene, ich bekomme ja keine Post. Ich kann mir nun auch erklären, weshalb Du nichts von mir hörst, meine Post kann ja unter diesen Umständen nicht bestellt werden, ich habe nämlich mehrere lange Briefe geschrieben, an die alte Adresse natürlich. Wo die Briefe nun stecken, möchte ich auch wissen. In meinem letzten Briefe schrieb ich Dir ja, daß ich inzwischen zum Obergefreiten befördert sei und damit Gehaltsempfänger geworden bin. Um einen Antrag auf Gehalt einreichen zu können, benötige ich aber meine letzte Steuerkarte und die Angabe einer Düsseldorfer Sparkasse bzw. eines Sparkontos, auf das mein Geld laufend von der Wehrmacht eingezahlt wird und von Dir immer abgehoben werden kann. Für mich bekomme ich ja hier außerdem meinen Wehrsold und die Kampfzulage bzw. Frontzulage in Franc. Ich bitte Dich daher, mir umgehend meine Steuerkarte zu senden und das Konto anzugeben, damit Du möglichst bald in den Genuß der Gehaltszahlung gelangst.

Außerdem teilte ich Dir im letzten Briefe noch mit, daß

uns für die besondere Beanspruchung in Afrika eine Tropenzulage gezahlt wird, die täglich RM 2,- oder 3,- (ich weiß es noch nicht genau) beträgt und die uns erst ausgezahlt wird, wenn wir nach Deutschland zurückkehren. Für den Fall eines Todes, einer Gefangennahme oder eines Vermißtbleibens wird dies Geld an Dich ausgezahlt, weshalb ich Deine bisherige Adresse, Jülicher Str. 57, hierfür angab. Du mußt mir nun schreiben, ob ich diese Anschrift weiterhin aufrechterhalten kann, es ist ja nur eine Vorsichtsmaßregel.

Eben erhalte ich eine Karte von Irene, woraus zu ersehen ist, daß auch Familie Maas ausgezogen ist. Liebe Mutti, das sagt mir genug, ich weiß, woran ich bin. Du mußt mir jetzt unbedingt schreiben, wann und wo [illegible] Hast Du wenigstens verschiedene wichtige Dinge, z.B. meine Papiere, retten können? Liebe Mutti, wenn ich Dir und Onkel Willy einen Rat geben kann, zieht aus, verlaßt Düsseldorf, es ist ja doch kein Leben mehr dort, zieht irgendwo hin, wo es ruhiger ist. Ich schwebe in dauernder Unruhe und Sorge, das reibt zu sehr auf, besonders hier. Wann ich mal komme, wer weiß das, es kann noch ein Jahr darüber vergehen und was kann bis dahin nicht alles geschehen sein. Nehmt keine Rücksicht auf mich, allmählich habe ich gelernt, Nackenschläge einzustecken.

Was ist nur mit der Post jetzt? Vielleicht mußt Du sie am Amt Gneisenau oder an der Feldpost-Stelle abholen. Ich habe nämlich noch nichts zurückbekommen.

Mein liebes Mütterchen, ich freue mich ja so, daß Ihr so nett bei Onkel Karl und Tante Lina aufgenommen worden seid. Es ist doch ein wahres Wort, daß man in der Not Menschen, Freunde kennenlernt, habe es oft genug am eigenen Leib erfahren. Bestelle bitte Onkel Karl und Tante Lina, daß ich ihnen sehr dankbar bin und ihnen ihren Beistand nie vergessen werde. Und halte mir den Kopf hoch, meine gute Mutter, hoffe auf eine bessere Zeit, die ja kommen muß. Mache Dir um Gottes Willen keine Sorgen um mich, ich halte durch und verliere den Kopf nicht. Ich vertraue auf Gott, er wird gnädig sein. Sei stark, jedes Leid macht den Menschen reifer und brauchbarer, schone Dich, ich will Dir doch noch einmal schöne Tage bereiten und Deinen Lebensabend gestalten. Du brauchst Dir auch keine Angst zu ma[illegible] vollkommen ungefährlich hier im [illegible]. Ihr macht ja doch viel mehr mit in der Heimat.

In diesem Sinne schließe ich für heute und hoffe, daß Du wenigstens den Brief bekommst. Eine Frage noch: Was macht Frl. Krause? Wenn Du sie siehst, grüße sie bitte recht schön von mir und sage ihr, daß ich ihrer in Dankbarkeit gedächte. Damit grüße ich Dich, mein gutes armes Mütterchen, von ganzem ganzem Herzen und mit vielen Küssen und verbleibe auf immer

Dein Junge.

Grüße bitte Onkel Willy, Tante Lina und Onkel Karl recht herzlich von mir.

Brief an Derk am 09.05.1943:

München, den 9. Mai 1943

Mein lieber Derk!

Eben finde ich in diesem Trubel ein paar Minuten Zeit, um Dir einige Zeilen zukommen zu lassen. Ich tue dies mit sehr gemischten Gefühlen, weiß ich doch nicht einmal, ob Du den Brief überhaupt noch bekommst. Den letzten Meldungen aus Afrika habe ich entnommen, daß die Geschichte drüben so ziemlich abgeschlossen ist und nun schwirren mir Tag und Nacht die Gedanken um Dich und um Euch alle durch den Kopf. Was soll nun aus Euch werden? Falls Du den Brief noch bekommst, schreibe mir bitte bald.

Ja, ich glaube, ich bin noch im letzten Augenblick dem Schlimmsten entwischen, oh, ich kann Gott danken, daß ich auf deutschem Boden stehe. Allerdings, einen Rat kann ich Dir jetzt schon geben, sollte Dir jemals noch angeboten werden, an einem O. A.- Lehrgang teilzunehmen, lehne es ab, Derk, lehne immer ab, bleibe einfacher Soldat, Du hast es besser so. Der Lehrgang ist fürchterlich, Du hast kaum Zeit, Atem zu holen, besonders schlimm, wenn man aus Afrika kommt und nur Obergefreiter ist. Eine Aussicht auf Bestehen des Lehrgangs gibt es für mich überhaupt nicht, uns Afrikanern steht alles schon bis oben.
Wir sind nur froh, daß wir hier in Deutschland sind und anschließend auf Urlaub fahren können.

Der Überflug, auf den wir, wie Du wahrscheinlich weißt, noch 8 Tage warten mußten, ging gut vonstatten, zwar gerieten wir über dem Mittelmeer in ein Gewitter hinein, wodurch wir bald mitsamt der braven Ju abgesoffen wären, doch es hat noch einmal alles geklappt. Am 6. Mai kamen wir endlich in München an und begannen damit den Lehrgang mit einer Woche Verspätung. Trotzdem haben wir die Nase schon voll. Die Rekrutenzeit war eine Spielerei gegen das, was hier aufgezogen wird.

Aber nun, lieber Derk, schreibe mir, wie steht es um Euch? Die Frage wird wohl zwecklos sein, denn ich weiß ja, was los ist. Ich hoffe nur noch, daß Ihr heil rüberkommt.

Damit will ich für jetzt schließen. Mein lieber alter Junge, ich wünsche Dir von ganzem ganzem Herzen alles Gute, Dir und allen Kameraden und grüße Dich recht herzlich.

Dein Freund Helmut.

Grüße mir bitte auch alle Kameraden,
insbesondere Peter Ritz, Willy Schmitz,
Heinz Spathmann, Otto Steffens etc.

Brief an Mutti am 15.05.1943:

München, den 15. Mai 1943

Mein liebes liebes Mütterchen!

Endlich, endlich wieder ein Lebenszeichen von Dir, ach, wie dankbar bin ich Dir dafür; sobald ich Post von Dir bekomme, fühle ich mich gleich wohler, bin ich gleich wieder im Gleichgewicht. Heute ist Samstag und da ich wegen einer kleinen Fußverletzung von Afrika her nicht ausgehen kann, habe ich ein wenig Zeit, um Deinen lieben Brief vom 17.4. zu beantworten. Zunächst aber will ich das wunderhübsche Gedicht, welches dem Briefe beilag, noch einmal ansehen, ja, es paßt wie kein zweites auf uns, auch Du bist mir das Liebste und Beste auf der Welt und ich danke Dir von ganzem Herzen für die Worte, die Du mir durch den Dichter gewidmet hast. Was von der Treue darin geschrieben stand, will ich für mich in Anspruch nehmen, in treuer Liebe ewig Dein Junge zu sein, wird immer meine schönste Pflicht sein. In diesem Sinne sende ich Dir auch meine innigsten Glückwünsche zum morgigen Muttertag, sei versichert, daß ich Dir diesen Tag noch einmal so gestalten werde, wie Du es verdienst. Unter den jetzigen Verhältnissen kann ich Dir nur aus tiefstem Herzen heraus das Allerbeste für die Zukunft wünschen, ein langes gesundes und gemeinsames Leben mit mir. Nimm als Geschenk Gottes, daß ich mit heiler Haut der Hölle Tunesien im letzten Augenblick entronnen bin. Die Nacht, in der wir mit gemischten Gefühlen von Tunis abflogen, war die letzte, in der ein Wegkommen noch möglich war, eine Nacht später hätten wir nicht mehr fliegen können, warum, ist Dir bekannt. Jetzt kann ich Dir auch sagen, daß wir die Geschehnisse, so, wie sie sich drüben entwickelt haben, schon lange ahnten und kommen sahen und daß auch ich ein Wiedersehen mit Dir und der Heimat schon aufgegeben hatte. Daher auch oft meine so haltlosen und traurigen Briefe, daher auch das häufige Trinken, wir wollten uns betäuben, unser Schicksal war ja besiegelt. Ich habe viel durchgemacht, Mütterchen, das kannst Du glauben, auch wenn ich nie genauer davon schrieb, Du solltest das Schlimmste nicht erfahren. Es zerreißt mir fast das Herz, wenn ich von all' dem spreche, weiß ich doch, daß meine Kameraden, mit denen ich zwei Jahre hindurch Freud' und Leid' geteilt habe, verloren sind. Ich werde sie nicht mehr wiedersehen und auch meinen besten Freund, Derk, nicht, der mir wie ein Bruder war. Er und alle sind als Helden im Hexenkessel geblieben, aus dem der Herr mich in letzter Minute herausholte. Das kleine Häuflein, das noch deutschen Boden erreichte, die 31 Lehrgangsteilnehmer, ist ernst und kriegsmüde. Ich kann mich noch garnicht finden, habe dauernd einen Schleier vor Augen und bin natürlich schon x-mal unangenehm aufgefallen hier, sodaß man schon mit Sicherheit sagen kann, daß ich den Lehrgang nicht bestehe. Aber was interessiert mich der Lehrgang, er war ja nur Mittel zum Zweck und sein Zweck ist mit der Rückkehr in die Heimat erfüllt. Wir wollen der Fügung dankbar sein.

So, das war etwas, worüber ich bisher noch nicht mit Dir sprach. Einzelheiten sollst Du später noch mündlich erfahren, einstweilen sei es genug.

Liebe Mutti, Du fragst, warum ich immer von „wir“ sprach, ich meinte damit die 31 Mann, die von der afrikanischen Division zum Lehrgang kommandiert worden waren, also keine Bekannten von mir. Wir sind auch hier in der F.A.S. noch zusammengeblieben und ich habe mich schon mit einigen feinen Jungs angefreundet. Der O. A. Lehrgang an sich, 120 Mann, besteht bis auf einige Obergefreite, wozu ich ja auch gehöre, aus Wachtmeistern + Unteroffizieren, die im Zivilberuf Doktoren, Ingenieure, Studienräte, Richter, Rechtsanwälte, Studenten, „Freiherrn von“ etc. sind. Was ich armes Würstchen hier soll, weiß ich wirklich nicht. Ein Freiherr, Sohn eines Generals, liegt auf meiner Stube; ist aber ein prächtiger Mensch, der sehr viel Geist und Witz besitzt und an der Offizierslaufbahn nicht für 5 Pfennig Interesse hat. Trotzdem wird er es schaffen, ist klar. Der Lehrgang selbst stellt sehr hohe Anforderungen an uns, geistig wie körperlich, es ist die reinste Universität, wir haben Dienst von morgens 5^30 Uhr bis abends 20^00 Uhr. Du kannst Dir vorstellen, daß man da für sich selbst und für Briefeschreiben keine Zeit hat, muß man doch in den Abendstunden noch lernen, was ich allerdings nicht tue oder nur wenig. Bin heilfroh, wenn die Zeit vorbei ist, habe die Nase jetzt schon restlos voll.

Das Einzige, was mir jetzt dauernd vor Augen schwebt und mich hochhält, sind die letzten 14 Tage, in denen ich Dich hier haben werde und die Wochen danach, in denen ich frei und mit Dir zusammen sein werde. Daß Du kommen wirst, ist doch wohl selbstverständlich, ich bin jetzt schon ganz närrisch vor Freude, wenn ich daran denke. Ich werde Dich schon unterbringen und in den Tagen nach dem Lehrgang werden wir beiden ganz für uns das Wiedersehen feiern. In München wird es Dir gut gefallen, es ist eine Stadt, die noch nicht so sehr unter den Kriegsverhältnissen gelitten hat, Alarme sind eine große Seltenheit. Ach, wäre es nur schon so weit, ich kann es schon garnicht mehr abwarten.

So, nun schnell noch zu dem Schreiben der Rheinmetall. Ich werde versuchen, die gewünschte Bescheinigung von hier aus zu bekommen, meine zuständige Dienststelle in Afrika existiert ja nicht mehr. Sobald ich sie habe, bekommst Du sie.

Wie konntest Du eigentlich annehmen, daß ich für Irene einen afrikanischen Talisman hätte und für Dich nicht. Natürlich habe ich einen für Mutti, den muß sie sich aber selbst abholen, o.k.

Na, nun muß ich aber allmählich Schluß machen, ich habe noch einiges zu erledigen. Wie geht es Onkel Willy noch?
Für heute grüße ich Dich, mein liebes gutes Muttchen, von ganzem ganzem Herzen und wünsche ich Dir einen recht schönen Muttertag, zu dem ich Dir 3 dicke Küßchen sende (wir haben gestern Punkte bekommen für den ganzen Monat)

Dein geretteter Tropensohn.

N.B.: Hattest Du eigentlich mein Telegramm erhalten?

BRIEF AN MUTTI AM 20.12.1943:

O. U., den 20. Dez. 1943

Meine liebste beste Mutti!

Gleich ist es 22.^{30} Uhr, aber zu Bett gehen kann ich noch nicht, ich darf Dich nicht mehr solange auf Post warten lassen und wenn die Zeit auch noch so knapp ist. Und knapp an Zeit bin ich augenblicklich wirklich, Mutti, das kannst Du mir glauben. Seit Anfang Dezember übe ich meine Tätigkeit als Meßstaffelführer aus und damit ist eine ganze Menge Arbeit verbunden. Darüberhinaus bin ich verantwortlich für die Organisation und Durchführung wie auch Gestaltung der Weihnachtsfeier, nebenbei führe ich dann noch die Kantinenkasse und muß noch ab und zu flakartilleristische Vorträge vor dem Uffz.-Korps der Batterie halten. Du siehst, so ein Fahnenjunker hat's nicht leicht, aber trotzdem, es macht mir Freude, daß alle Tage voller Aufgaben ausgefüllt sind, es befriedigt mehr und die Zeit geht schneller um, zudem wächst man an sich selbst.

So, nach dieser kurzen Einleitung komme ich nun endlich zu Deinem wunderschönen Brief, über den ich mich ja so unendlich gefreut habe und auf den ich schon lange sehnsüchtig gewartet hatte. Aus tiefstem Herzen sage ich Dir meinen innigsten Dank dafür. Deine Zeilen bilden für mich immer eine Quelle der Kraft und ein Born der Freude, wenn ich es einmal ganz poetisch ausdrücken darf. Was es bedeutet, einen Menschen in der Heimat zu wissen, den man liebt und verehrt und dem man vollstes Vertrauen entgegenbringen kann

kann wohl nur der ermessen, dem dieses Glück beschieden ist. Und wenn dieser Mensch dann noch die eigene Mutter ist, die erste Kameradin und Freundin, dann kann es nichts Schöneres geben. Ich schätze dieses Glück als ganz besondere Gnade Gottes.

Sehr traurig hast Du mich damit gemacht, daß Du mir von Deinen großen Sorgen um mich schriebst. Du sollst Dir doch keine Sorgen machen, es wird alles gut werden, das fühle ich ganz genau. Dann Deine Krankheit, Du mußt vorsichtig sein, Mutti, es darf Dir nichts zustoßen, ich will doch noch mal alles gutmachen an Dir und Dir die versprochenen sonnigen Jahre bereiten, ja? Also, hübsch artig sein und [illegible] nächsten Brief schreiben, daß alles wieder gut ist.

Liebe Mutti, Du darfst nicht böse sein, wenn ich Dir in diesem Jahre nichts zu Weihnachten schicken kann. Du weißt ja, wie das mit der Löhnung beschaffen ist, besonders nach einer Beförderung, zudem ist alles sagenhaft teuer hier. ~~Es ist für mich~~ selbst äußerst schmerzlich, doch bin ich dadurch etwas getröstet, daß ich wenigstens eine ganz winzige Kleinigkeit für Dich habe, ich meine die beiden Bilder. Du wirst sie inzwischen schon bekommen haben und ich hoffe nun zuversichtlich, daß sie Dir gefallen. Das eine Bild mit der Mütze ist etwas verschwommen und unnatürlich, doch dafür ist das andere einigermaßen geworden, meinst Du nicht auch? Das kleine Silberbändchen quer über die Schulterklappe ist das äußere Kennzeichen für Fahnenjunker. Meine zweite Weihnachtsüberraschung für Dich wäre die Nachricht, daß ich in den ersten Tagen des Januar wieder auf 3 Monate nach Deutschland komme und zwar zur Kriegsschule, was sagst Du dazu? Ich will dann endgültig mein Offizierspatent machen. Und nun träume ich schon davon, daß Du, mein teures Mutterherz, für diese Zeit zu mir ziehst und wir dann wieder ein wunderschönes gemeinsames Vierteljahr verleben. Überdies findet der Lehrgang entweder in Göppingen oder aber in Kitzingen statt, also in richtigen Gegenden, wo ich Dich schon nach bewährter Methode unterbringen werde. Also, ich rechne auf Dein Jawort. Wie ich mich bereits jetzt darauf freue, kann ich Dir garnicht beschreiben, nimm' mir bitte nicht die Freude. Man soll jede Stunde des Zusammenseins ausnutzen in diesem kurzen und ernsten Leben.

Du hast recht, mein liebes Mütterchen, wenn Du nachfragst, wie das jetzt mit der Unterstützung wird. Ich werde jetzt mein Gehalt für Dich beanspruchen, somit muß die Unterstützung wegfallen. Wir stehen uns nämlich besser so, da ich monatlich etwa RM 114,- als Unteroffizier bekomme, die dann der von Dir gewünschten Sparkasse zugewiesen werden. Das Sparkassenkonto mußt Du mir darum möglichst sofort mitteilen, damit das Geld laufend überwiesen werden kann. Im übrigen wird das Gehalt bald erhöht werden, da ich in absehbarer Zeit mit meiner Beförderung zum Wachtmeister rechne.

Ich bewohne jetzt als Uffz. eine freundliche Holzbaracke, die ich mit zwei außerordentlich patenten Uffz. teile. Wir verstehen uns ganz prächtig und der Humor verläßt uns nie, ich glaube, sie mögen mich sehr gut leiden, wie ich überhaupt mit dem ganzen Unteroffizier-Korps glänzend auskomme, es sind tatsächlich lauter gute Kerls, wie man sie selten findet. Auch mit meiner Meßstaffel klappt es prima, sie tun alles für mich und auf meinen Wunsch hin gestalten sie die ganze Weihnachtsfeier, hoffentlich gelingt sie mir gut. Ich wende jetzt mein mit Dir oft besprochenes Prinzip der Menschenführung an, wohl verstanden, erst als Versuch, bis jetzt habe ich sehr gute Erfolge damit erzielt. Nur der geliebte und geachtete Führer kann von seinen Untergebenen etwas verlangen und nur für ihn werden sie durch's Feuer gehen.

Es ist ja furchtbar, daß Ihr jeden Abend in den ungeheizten Bunker mußt, kein Wunder, daß Du da krank wirst. Gibt es da keine andere Möglichkeit, sich zu schützen vor den Angriffen, überhaupt, wird man Düsseldorf noch einmal angreifen? Na, ich bin froh, wenn ich Dich wieder bei mir habe.

Ja, liebe Mutti, und wieder naht ein Kriegsweihnachtsfest und wieder hoffen wir, daß es das letzte sei und diesmal möchte ich auch fest daran glauben, jedenfalls habe ich es so ein Gefühl. Aber noch nie im Leben habe ich soviel Arbeit gehabt für ein Weihnachtsfest wie diesmal. Vor einer Woche bekam ich eine leere kahle Kantinenbaracke mit dem Auftrag, die Baracke für die Feier herrichten zu lassen mit allem Drum und Dran, außerdem die Feier zu gestalten und zu dirigieren, für Kostüme und Instrumente zu sorgen und einen ernsten und lustigen Teil zu entwickeln. Heute kann ich sagen: Es ist mir gelungen. In der Kantinenbaracke habe ich Veränderungen vornehmen lassen, eine raffinierte Bühne nebst Vorhang findet man da, ein Mikrophon fehlt nicht und 5 gepumpte Instrumente warten auf Mißhandlung. Christbaum, Kerzen, Baumschmuck, Kostüme, Schminke, Puder, elektr. Birnen, Weingläser, Wein etc. etc., alles und alles habe ich auf meinen wahnsinnigen Kreuzzüg[en] durch Bologna aufgetrieben und das alles als Nebenbeschäftigung, na danke. Hoffentlich klappt es und die Jungens freuen sich. Für seine Kameraden tut man alles gern.

Nun noch ein Wort zur Feier selbst. Von einem Feiern können wir eigentlich nicht reden, es soll vielmehr ein Fest des besonders innigen Aneinanderdenkens sein, unsere liebsten Gedanken sollen ein Band schlingen über Tausende von Kilometern. Ich werde mein Buden weihnachtlich ausgestalten und ein kleines Christbäumchen soll mir und meinen beiden lieben Kameraden das heimatliche Weihnachtsfest so nahe wie möglich bringen.

Dabei werden meine Gedanken bei Dir und in der Heimat sein. Beide aber wollen wir nicht traurig sein, sondern Gott bitten, daß er uns bald wieder gesund und glücklich zusammenführt. Verlebt auch Ihr das Fest so gemütlich und behaglich wie möglich, im nächsten Jahr wird Helmut sicher dabei sein. Von Herzen aber wünsche ich Euch das Beste und Schönste und zum neuen Jahr nur Gutes. Ich verbleibe bis auf ein baldiges Wiedersehen mit den allerherzlichsten Grüßen und Küssen

in alter Kameradschaft

Dein Junge.

Recht herzl. Grüße auch an Onkel Willy und an alle Hausbewohner.

Es sind jetzt 2,30 Uhr nachts. Ich gehe mit dem befriedigten und frohen Gefühl zu Bett, meiner lieben Mutter wieder ein längeres Brieflein geschrieben zu haben.

Dein Helmut.

Brief an Jetty am 01.06.1944:

München, den 1.6.1944

Mein geliebtes süßes Jettylein!

Der letzte Tag in Deutschland!
Noch einmal eilen meine liebsten Gedanken zu Dir, noch einmal nehme ich ganz still Abschied von der Heimat, um nun wieder draußen meinen Mann zu stehen.
Schwer, unsagbar schwer ist mir diesmal die Trennung von Dir geworden, fühle ich doch von Stunde zu Stunde mehr, was Du mir bedeutest, wie lieb ich Dich habe.

Die Fahrt nach München habe ich gut überstanden und ich glaube, den schlimmsten Teil meiner Krankheit hinter mir zu haben. Mit großer Freude wurde ich von meiner Münchner Mutti empfangen; ihr habe ich jetzt auch von meinem Jettylein erzählt und sie ist glücklich über diese Fügung, ja, sie hat Dich jetzt schon ein wenig lieb. Natürlich sind wir jederzeit ganz besonders herzlich eingeladen. Wenn Mutter schreibt, sei so gut, setze einen Gruß unter den Brief. –

Die letzten Stunden brechen an und ich muß mich beeilen. So nimm denn nochmals meinen ganzen Dank für Alles, all' Deine Liebe, all' die wunderschönen Stunden, für Alles, womit Du mich so überreich beschenkt und glücklich gemacht hast. Ich schenke Dir mein Herz dafür. Gott im Himmel möge Dich, mein Liebling, beschützen, er möge mir die Gnade geben, zurückzukehren und Dich glücklich zu machen.

In Gedanken schließe ich Dich in meine Arme, schaue in Deine reinen klaren Augen und küsse Dich ganz lieb.
Ich bleibe Dir treu auf immer!

Leb' wohl, mein Engel, meine Blume, auf Wiedersehen!

Dein Helmuth.

Grüße Deine lieben Eltern bitte recht herzlich von mir und sage ihnen, ich sei ihnen sehr dankbar.

Brief an Jetty am 20.09.1944:

O.U., den 20. Sept. 1944

Mein geliebtes gutes Mädel!

„Es rinnt so leis' der Regen, als wär' es so gewollt."
Ein regenschwerer Tag ist heraufgezogen, gewaltige Wolken hängen zwischen den Bergen und unsere kleine Welt hier oben schaut aus wie eine Waschküche. Da verstummt jeder Geschütz-donner, jedes Motorengeräusch und man sitzt still in seinem Zelt, auf dem es unaufhörlich tropft, und denkt der lieben Heimat, seiner ganzen Liebe, die dort hinter den Bergen wohnt. Man greift zu Papier und Feder, um dem liebsten Menschen etwas von dem zu vermitteln, was einem in diesen Stunden bewegt. Ab und zu blickt man durch einen Zeltspalt ins Freie, als wolle man die Nebel- und Wolkenwand durch-dringen und mit seinen Augen die Schönheit der Heimat schauen, weit über Fels und Tal. Es gelingt, ein klein wenig Phantasie und Selbstvergessen, es gelingt, mehr noch, man unterhält sich mit dem Liebsten, was Gott einem schenkte und bestärkt sich in dieser Freude durch ein kleines Bild, das da auf dem Tisch steht und von dem ein paar reine Augen einem so lieb und sehnsuchtsvoll anblicken.
Wie schön, in Gedanken miteinander verbunden zu sein, wie schwer, einander in Gefahr zu wissen, ohne sich helfen zu können.

Gestern war es schon so trübe wie heute und da bin ich hinausgewandert, ganz allein, durch strömenden Regen, um meinen Gedanken, den vielen, die von früh bis spät auf mich einstürmen, freien Lauf zu lassen. Und da war es mir, als blickte mich jedes verschwiegene Bauernhaus, jedes fromme Bübchen oder Mädel hinter seinen Fenstern, jeder Baum und Strauch und Berg groß und vorwurfsvoll an, als wollten sie alle fragen: „Warum bist Du bewaffnet, warum hallt Dein Schritt so laut und gebieterisch durch unseren Frieden, warum schaust Du so mißtrauisch, warum, warum, warum, warum ist der Krieg, der verhaßte, sag' es, wenn Du kannst?" Aber ich konnte es nicht! Nein, ich lief weiter, immer weiter, bis ich mich atemlos an einen großen starken Baum lehnte und diese Fragen still für mich wiederholte. Ich fühlte, daß mir dieser gewaltige Riese mit seiner Naturkraft antworten wollte: Stark sein, hart sein, sich nicht den äußeren Dingen verschließen, einen grausamen Winter über sich ergehen lassen, ohne zu versagen, um mit ganzer neuer Kraft in den strahlenden Frühling des Lebens hineinzustürmen. Was heute noch schwer und niederdrückend ist, hast Du morgen bereits überwunden. Wappne Dich, rüste Dich für die Zukunft, laß' jetzt noch Deine Schritte hallen, sei mutig, Du bist ja jung. Es kommt der Tag, an dem Du Deine Waffen, diese blutgierigen Instrumente des Hasses, ablegst, um ohne Mißtrauen Deinem Nachbarn in die Augen zu sehen, ihm die Hand des Friedens zu reichen. Gott, guter Vater, ich danke Dir für diese Erkenntnis, für den Baum des Lebens, den Du meinen Weg kreuzen ließest.

Jettylein, mein Liebling, verstehst Du mich? Es ist notwendig, ab und zu mit sich selbst fertig zu werden, besonders dann, wenn alles so dunkel ist.

Meine Worte sollen auch Dir etwas Trost geben, sollen Dir sagen, daß über uns Jemand ist, der alle Geschicke leitet, auch das unsrige, Jemand, der nicht zuläßt, daß etwas vernichtet wird, was durch seine Gnade aufgebaut wurde. Nur Glauben und Vertrauen wird verlangt, und wollen wir nicht glauben, auch an einen gemeinsamen Lebensweg?

Sieh', vorgestern bekam ich zwei Briefe, einen von Dir und einen von meiner Mutter. Glaube mir, ihr Inhalt hat mich nur in meinen bösen Ahnungen bestärkt, u. mir nur die Angst um Euch gesteigert. Ich danke Dir von ganzem Herzen für Deine lieben Zeilen, die Du trotz der starken Beanspruchung noch für übrighattest. Was müßt Ihr jetzt alles durchmachen, ach, ich habe es ja gewußt. Bitte, geliebte Jetty, wird die Gefahr größer, dann verlaßt lieber Hab' und Gut, bringt Euer Leben in Sicherheit. Ich besitze genug Erfahrung, um Euch versichern zu können, daß Ihr den Schrecknissen eines Frontgebietes nicht gewachsen seid. Du weißt nicht, was gerade Dich als Mädchen erwartet. Oh, Jetty, mein innigstes Gebet zu Gott gilt Dir und Mutter, Ihr müßt mir erhalten bleiben, ich kann ohne Euch nicht mehr leben.

Zwölf Stunden mußt Du am Tage arbeiten und dazu die vielen Alarme, wie hältst Du das nur aus? Der Gedanke ist mir furchtbar, dazu die dauernde Gefahr, in der Ihr Euch befindet, oh, daß bald ein Ende wäre. Meine Mutti schreibt, daß auch sie zum Arbeitseinsatz herangezogen worden sei, sag' mir, was ist das für ein Einsatz? Wahrhaftig, sie hat im Leben nichts Schönes und Ermutigendes kennengelernt, um wieviel mehr verdient sie Jahre des Ausgleiches und der Lebensfreude. Wir wollen ihr ein gut Teil unseres Glückes mitgeben und ihr einen schönen Lebensabend bereiten, ja?

Wie es mir geht? Ich darf über meine Gesundheit nicht klagen, Jetty, Grund zur Besorgnis ist weiß Gott nicht vorhanden. Augenblicklich bilde ich einen Zug italienische Soldaten aus, die uns zugewiesen wurden. Eine heikle Aufgabe, die mir aber Freude macht, sind es doch lauter junge Menschen, die eine starke Hand gebrauchen. Ich verlange etwas von ihnen, das muß nun mal sein, aber nie verlange ich mehr, als ich selbst zu leisten imstande bin. Das wissen sie, nun haben sie Vertrauen gefaßt und machen den straffen Dienst freudig bei mir und meinen Ausbildern. Ein ganz anderer Menschenschlag, man muß sie schon kennen, diese Italiener. Viel weicher als unsere Soldaten, sind sie ohne Selbstzucht und inneren Halt, dauernd beobachtungsbedürftig. Ich weiß sie anzufassen und lerne aus meiner Aufgabe.

Liebe Jetty, immer noch rauscht der Regen herab, meine Stimmung gleicht dem Wetter. Auch in mir rauscht es, sehnsüchtig und heiß, mein Herzblut für Dich. Ernst macht die Sehnsucht, ernst und hart, doch auch die zartesten Gefühle und Gedanken werden im Herzen geweckt. Bevor ich schließe, will ich Dir noch einmal sagen, wie dankbar ich Dir bin für Deine Liebe und wie unaussprechlich groß meine Liebe zu Dir ist. Gott möge Dich, mein gutes Engelchen, auf allen Wegen und immer beschützen und Dich noch lange Jahre an meine Seite geben, bald, bald!
Schaue trotz aller Wirrnisse der Zeit zuversichtlich in die Zukunft, bleibe mir mein gesundes, munteres Mühlekätzchen und vertraue auf Gott: Er wird uns helfen!
Laß' Dich nun noch einmal ganz lieb umarmen und küssen, ich verbleibe in Liebe und Treue

Dein Helmut.

Grüße bitte Deine lieben Eltern
recht herzlich von mir

Brief an Jetty am 25.09.1944:

O. U., den 25. September 1944

Meine geliebte Jetty!

Plötzlich, jedoch seit einiger Zeit erwartet, haben wir die hohen Berge und Felsen mit der weiten Ebene der Po-Landschaft vertauscht. Ganz heimlich über Nacht sind wir zu dem Ausgangspunkt zurückgekehrt, den wir seinerzeit vor Antritt der Reise nach Nettuno verließen. Genau vor einem Jahr kam ich auch hierher, zu dieser schönen und einstmals so berühmten Stadt am Reno, damals, als der Feind noch weit davon entfernt war und die Stadt noch ein sehr friedensmäßiges und lebenslustiges Bild bot. Wie anders ist es heute! Jetzt stehen wir an der Rollbahn zur Front und ständig wachsender Kanonendonner verrät das Heranrücken des Gegners. Wüßte man es nicht, so würde man es durch den laufenden Angriffen der verhaßten Tief- und Schlachtflieger entnehmen können. Sich diese Pest vom Leibe zu halten, ist garnicht so einfach, man könnte sie mit den afrikanischen Moskitos vergleichen, wo man noch schlägt und die doch immer wieder kommen. Wie lange wir noch schlagen, bleibt abzuwarten, augenblicklich ist die Lage ziemlich verzwickt hier unten. Übrigens, weißt Du, daß der Name des Flusses „Reno" nichts anderes bedeutet als eine Italienisierung unseres Vaters Rhein? Es zieht mich aber immer wieder zu diesem Strome zurück, sei es in Italien, sei es in der Heimat.

Wir liegen jetzt in einem riesiggroßen Rebenhain und war es seinerzeit in Palermo ein Apfelsinen- und Mandarinenhain, den wir zur Erntezeit bezogen, so sind es hier die herrlichen Weintrauben, die wir heute so köstlich reif und süß vom Stocke genießen. Ach, Jetty, könntest Du daran teilhaben und dann müßte Frieden sein und wir beiden Glücklichen auf der Hochzeitsreise im gesegneten Süden.

Der erste Gruß, der mir im Morgengrauen des gestrigen Tages in der neuen Stellung entgegenflatterte, war Dein lieber und schöner Brief vom 14.9., für den ich Dir wieder von Herzen danke. Wenn Post verteilt wird, so schaue ich nur nach der geliebten Handschrift, um dann gleich in gute Laune versetzt zu werden. Auch mich machen Deine Briefe froh und glücklich und der Gedanke an eine gemeinsame Zukunft mit Dir ist Ziel all' meines Kämpfens.

Arme Mikee, wieder lagst Du krank zu Bett und nicht ein einziges Mal konnte ich Dir mit einem lieben Kuß Linderung der Schmerzen bringen. Ich küsse dafür meine treuen Begleiter, Dein schönes Bild und die Locke, und schließe Dich in Gedanken ganz fest in meine Arme. Nie darf Dir etwas zustoßen, nie dürfen wir getrennt werden. Da - eben kommen wieder Jagdbomber - gleich weiter.

Es ist mal wieder gut gegangen, liebes Mädel, es gibt jetzt wieder Tag und Nacht keine Ruhe mehr. Na, ich bin den Dreck ja gewöhnt. Es gehört schon eine gute Portion Ruhe und Konzentration dazu, hier einen Brief zu schreiben. Der Gegner wirft unvorstellbare Mengen Material in den Kampf, weiß Gott, wie lange noch. Die Artillerie schießt fast ohne Unterbrechung, Herrgott, ja, die deutschen Soldaten sind Helden, unvergleichlich meine Achtung wächst immer mehr, besonders vor den kleinen Erfüllern der Pflicht, den namenlosen einfachen Soldaten.
Was sie leisten, kann nur der ermessen, der sie vorne an der Front, nach langen harten Kriegsjahren, erlebt hat.
Ganz zu schweigen von den Kraftfahrern. Nacht um Nacht am Steuer, ohne Licht fahrend, durchkreuzen sie oft unwegsamste Strecken des Frontgebietes. Dabei können sie in dunklen Nächten kaum drei Schritte weit sehen, durchfahren ein Gelände, das unter heftigem Artilleriebeschuß und Bombenhagel liegt und müssen ständig mit Bandenangriffen rechnen. Und doch geht ihnen die gute Laune nie aus. Ihnen müßte nach dem Kriege ein besonderes Heldenepos geschrieben werden.

Mit den Italienern komme ich gut aus. Hin und wieder werde ich gefragt: „Signor Maresciallo, sposato?" (Herr Fähnrich sind Sie verheiratet?) Darf ich darauf schon mit „Si" antworten mein Jettylein? Ich tue es schon so halb und halb und zeige mit Stolz das Bild meiner geliebten Amica in Germania.
Sie finden diese Signorina alle „molto bello" (sehr schön) oder auch „dolce" (süß). Dann präsentieren sie mir wohl auch schon Bilder ihrer Frauen und Mädchen und der Eine oder Andere fügt etwas traurig, daß er von seinen Angehörigen lange keine Nachricht mehr habe, da die Heimatstadt bereits unter der Herrschaft des Engländers stehe. Mit Wehmut denke ich dabei an Euch. Möge Gott mir das Leid ersparen, Euch unter Fremdherrschaft zu wissen; es wäre nicht auszudenken.

Der Tag geht zur Neige. In ein leuchtendes, in allen Farben schillerndes Rot getaucht ist der Horizont und nachdenklich betrachte ich die wundervoll beleuchtete Landschaft. Viel Schönheit wohnt in diesem Land, eigentlich nur Schönheit, wohin man kommt. Und doch hat dieses Land, dieses Paradies in Europa, so große Schmerzen auf sich genommen, den Krieg in allen Phasen durchgekostet, um nun zerrissen und uneinig einer dunklen Zukunft entgegenzugehen. Warum? Glücklicher sind die Menschen durch den Krieg nicht geworden.

Kameradschaft ist wunderschön und man erlebt sie in voller Größe nur an der Front. Ein wildfremder Mensch, von dem Du nichts weißt und der auch von Dir nichts wissen will, steht Dir plötzlich zur Seite wie ein Bruder. Du beanspruchst seine Hilfe ohne Gegenleistung, die Hilfe, die so ehrlich und selbstlos ist, der nichts Fremdes und Gekünsteltes anhaftet und die Du selbst zu bieten bedenkenlos in der Lage bist. Es wird nicht weiter darüber nachgedacht oder ein Dank verlangt, es ist eben alles ganz selbstverständlich. Folgendes Beispiel: Als ich mich seinerzeit auf der Reise nach Nettuno befand, mußte ich unterwegs auf der Landstraße einen Kraftwagen anhalten, um weiterzukommen. Ein Fallschirmjäger hielt an und nahm mich mit. Er selbst mußte nach Cassino, verfuhr aber zunächst seinen letzten Sprit, um mich zum Bestimmungsort zu bringen, da ich in nächster Frontnähe keine Beförderungsmöglichkeit mehr hatte. Das Zeugnis habe ich ihm von der Batterie zurückerstatten lassen. Dieser junge Unteroffizier nun schreibt mir heute einen vier Seiten langen Brief mit einer interessanten Schilderung seiner bisherigen Erlebnisse. Ist das nicht prächtig? Ich habe mich aufrichtig darüber gefreut. Gewiß gibt es noch tausend bessere Beispiele für Kameradschaft, doch dieses kleine fällt mir gerade ein, weil es mir solche Freude bereitet hat. Gäbe es diese Kameradschaft, dieses wortlose Verstehen doch in der Heimat auch, weißt Du, so von Nachbar zu Nachbar, um wieviel schöner und zufriedener wäre das Leben für manche Menschen auch im Frieden. Aber ich glaube, der Krieg hat in dieser Hinsicht eine gewisse gute Revolution geschaffen, bestimmt für die Leute, die von draußen zurückkehren und wohl auch für diejenigen, die in der Heimat Schweres durchmachen mußten, denn Not und Schicksalshärte sind die Grundlagen für diese Tugend. Wir beiden, Jettylein, Du und ich, wollen die große und schönste Kameradschaft, die Ehekameradschaft, zusammen mit unseren Kindern pflegen und Glück und Lebensfreude sollen mit uns sein, ja?

In diesem Sinne möchte ich mich für heute von Dir verabschieden. Es ist nun mittlerweile auch Zeit zum Schlafengehen geworden, auch für Dich, Mühle, denn Du mußt ja so früh wieder aus den Federn. Schnell noch einmal Dein liebes Bild hervorgeholt und einen lieben Kuß darauf gedrückt, so innig und zärtlich, als seist Du bei mir. Der Wind möge ihn Dir über viele Kilometer in Dein Zimmerchen tragen und Dir sagen, daß ich Dich unendlich liebe. Gute Nacht, mein Engel, schlafe gut und träume von Deinem Stopp, der Dich recht glücklich machen möchte.

In Liebe und Treue verbleibe ich

Dein Helmut.

Grüße mir bitte recht herzlich Deine Eltern

Brief an Jetty am 28.10.1944:

O.U., den 28. Okt. 1944

Mein gutes einziggeliebtes Jettylein!

Bitte nicht böse sein, daß ich solange nicht geschrieben habe, aber die Verhältnisse und viel Arbeit haben Schuld daran, gewiß war es kein böser Wille oder Trägheit, die mich am Schreiben hinderten. Im Gegenteil, täglich trachtete ich danach, mich in einem lieben Brief mit Dir zu unterhalten, über mein Tun und Denken, über all' das, worum sich meine Gedanken drehen, aber immer mußte etwas dazwischenkommen, was meine ganze Person mit Beschlag belegte und mich von meinem Vorhaben abbrachte. Schluß damit, jetzt habe ich Muße und jetzt wird meinem Jettylein geschrieben.

Allem voran setze ich meinen innigsten Dank für Deine so überaus lieben Briefe, oh, wüßtest Du, was sie mir bedeuten. Frage meine mir nächsten Kameraden, wie ich Post von Jetty empfange, wie eingehend ich sie studiere und wie glücklich und fröhlich ich dann immer bin, und Du würdest genau wissen, was Du mir bedeutest. Ich lese darin wie in einem Roman. Deine Seele offenbart sich in Deinen Zeilen; aus dem geschriebenen Wort erkennt man den Menschen, man brauchte Dich nicht einmal zu kennen, um Dich zu lieben. Und dann Dein Bild, ach, ist das prächtig, die natürliche liebe Mühlekatze, wie sie leibt und lebt. Erst hab' ich das Bild ein halbes Stündchen abgeküßt und dann ganz fest in meine Arme genommen, so, als wär' es mein Jettylein selbst. Wie glücklich bin ich, Dich zu besitzen! Von Herzen danke ich Dir für diese Photographie, daß ich sie gut aufbewahre, auch in kritischsten Lagen, weißt Du, und daß ich sie voll Stolz meinen Kameraden als das Bildnis meines zukünftigen

Frauchens präsentiere, daran wirst Du nichts ändern können. Manch einer beneidet mich um meine Liebe, die er wahrscheinlich nie kennengelernt hat. Arme Menschen, was versäumen sie doch im Leben.

Draußen regnet es, so wie in den letzten Tagen immer. Ich sitze hier in einem italienischen Bauernhaus und freue mich des Regens. Ja, Du wirst staunen, aber es ist so. Wir hier draußen lieben den Regen, weil dann der Kriegslärm ein wenig verstummt, weil alles viel ruhiger wird und man seine Gedanken mit dem Liebsten, was man besitzt, einmal ganz verknüpfen kann. Eben habe ich eine schöne Unterhaltung mit einem 47 jährigen Kameraden gehabt, der vor einigen Wochen eingezogen wurde und dann zu uns versetzt wurde. Ein lieber, mitfühlender Mensch. Er steht noch sehr unter dem Eindruck des jähen Abschieds von allem Vertrauten und Lieben und fühlt sich im Kreise unserer jungen Menschen ein wenig abseits. Ich habe mich seiner ganz besonders angenommen. Als ich ihm von meiner jungen Liebe erzählte, dazu die Bilder meines geliebten Mädels zeigte, als ich von den herrlichen Urlaubstagen mit Dir sprach und die gemeinsame Zukunft ausmalte, alles in frischen, natürlichen Worten, wenn auch von einer tiefen Sehnsucht betont, da lebte auch er wieder auf und erkannte ein wenig von der Schönheit, von der harten Schönheit einer Trennung, die die Liebe so unendlich vertieft. Er, der alte Weltkriegsteilnehmer, sprach dann in bedächtigen Sätzen aus seinem Leben, das so reich an Erfahrungen ist. Ich erlebte ein gewaltiges Einzelschicksal und habe daran gelernt. Wie ist es doch heute? Ist nicht jedes Einzelnen Schicksal markant und eindrucksvoll? Wollen wir nicht glücklich sein, uns gefunden zu haben und gemeinsam unsere Hoffnung und Stärke im Gottvertrauen und im Vertrauen zueinander zu sehen? Weiß Gott, nur wenige Menschen können heute einen

Kriegsende so zuversichtlich und voll glücklicher Spannung entgegensehen wie gerade wir. Und das ist es, was mich nicht versagen läßt in diesem Dilemma der Zeit. Darum meine große Sorge um Dich. Nur wenn ich Dich verlieren müßte, könnte ich mit dem Leben nicht mehr fertigwerden, würde ich den tieferen Sinn und Inhalt des Daseins nicht mehr begreifen. Gott möge seine schützende Hand über Dich halten, Du bist mein Alles!

Eben habe ich Dein liebes Tabakpäckchen erhalten. So liebevoll hast Du es gepackt und so zärtlich sind Deine Zeilen, daß mich bei seinem Anblick wieder ein tiefes Heimweh ergreift und gleichzeitig ein heiliger Zorn auf den Krieg, der alles zerreißt und vernichtet. Nie wird ein Krieg imstande sein, ein Volk glücklich und zufrieden zu machen. Solange ich lebe, wird mein Verstand nicht ausreichen, um den Sinn eines Krieges zu erfassen und zu bejahen. Wollen wir nicht davon reden, lieber will ich Dir von ganzem Herzen für Deine Liebe und Güte danken, die mich so glücklich und stolz machen.

Also hat meine Mühlekatze die Uhr zu früh vorgestellt und ist eine Stunde eher ins Geschäft gegangen. Aber sie hat die Zeit ausgenützt und ihrem Stropp, der sie ja dafür so gern auf den roten Mund küssen möchte, einen lieben Brief geschrieben. Wie schön das ist! Immer machst Du mich durch solche scheinbaren Kleinigkeiten froh und beweist mir, wie lieb Du mich hast. Hätte ich nur Gelegenheit, Dir auch so oft zu schreiben wie Du mir. Das ist es, was mich augenblicklich so sehr quält; wieviel Liebes hätte ich Dir zu sagen. Aber dafür sind meine Gedanken immer und immer bei Dir, unablässig und voll bindender Kraft. Fühlst Du es, mein Liebstes? Glücklich will ich Dich machen und Dir soviel Liebe schenken, wie mein junges Herz Dir zu geben vermag.

Du nähst jetzt viel und darum geht in diesen Tagen ein Päckchen Garn an Dich ab, damit ich Dir ein wenig Unterstützung in dieser Deiner lieben Beschäftigung angedeihen lassen kann. – Und meine „wundervollen Anzüge" hast Du auch schon vereinnahmt, wie ich die beneide. Sie dürfen zwischen Deinen Kleidern hängen, während ich hier schmachten muß. Den Smoking werde ich an einem gemütlichen Abend meines nächsten Urlaubs (?) anziehen, aber erst, nachdem mein Jettylein mir den Verlobungskuß geschenkt hat, ja!

Hurra, der Postholer kommt, unser Glücksbote, der mal wieder vier Tage unterwegs war. Momentchen, Jettylein, mal eben sehen, ob etwas für den Stopp dabei ist. – – –
Einen wunderschönen, lieben, langen Brief habe ich mir da herausgefischt von meinem Mühlemäuschen, der muß erst gelesen werden, da mußt Du erst ein wenig warten.

So, Brief Nr. 24 vom 4.10. ist mit viel Freude und Glück und einer ganzen Sonderration Küßchen zu Gemüte geführt worden. Du hast wieder so lieb und reizend geschrieben, daß ich garnicht weiß, wie ich Dir danken soll. Nimm mein Herz als Dank, mehr vermag ich Dir nicht zu geben.

Nein, Matthias ist in Urlaub gekommen, der Bösewicht, der ist mir aber schön zuvorgekommen. Das kann ich ihm so rasch nicht nachmachen, aber von Herzen freue ich mich mit ihm und mit Euch allen. Ich schrieb schon Mutti, daß ich beinahe auch in Evakuierungsurlaub gefahren wäre, leider hat der Chef mir einen Strich durch die Rechnung gemacht, insofern, als er mich hierhalten mußte infolge Unabkömmlichkeit. Ich sage ja, man hätte Obergefreiter bleiben müssen. Hinsichtlich Urlaub kann ich also Deinen Gefühlen nicht entgegenkommen, es tut mir wohl selbst am meisten weh, doch es geht schließlich nicht nur mir so und damit wollen wir uns trösten. Lieb von Dir, daß Du mir versprochen hast immer vorsichtig zu sein, um die Mühlekatze dem Helmutchen zu erhalten. Er kann ja auch ohne Mühle garnicht mehr leben.

Mein Bild hängt jetzt bei Euch im Wohnzimmer? Oh, das ist herrlich! Nicht, daß ich eingebildet wäre, aber wirklich, das ist herrlich. Damit sagst Du mir, daß auch Deine lieben Eltern mit mir einverstanden sind und das beruhigt mich ungemein. Ehrlich gesagt, ich hatte immer noch ein wenig Angst davor, konnte doch mein Verhalten, daß doch letztenendes nur der Liebe entsprungen war, leicht mißdeutet werden. Nunmehr fühle ich mich in diesem Punkte weitaus beruhigter als ehedem. Aber sage mal, was sagt denn Frau Busch dazu? Das kann uns nicht kümmern, Hauptsache glücklich und mit seiner Wahl zufrieden und das sind wir, bleiben wir und – werden wir.

Mein Kerzenlicht liegt in den letzten Zügen. Es mahnt mich zur Bettruhe, soweit man von Bett sprechen kann. Ich komme der Mahnung nach und verabschiede mich von meinem Liebling. Eben kommt mein alter Kamerad, wovon ich Dir erzählte, und bittet darum, auch einen Gruß unter den Brief setzen zu dürfen, da er Dich schon, wie er sagt, nach meinen begeisterten Schilderungen, „in- und auswendig" kennt. Gerne komme ich seinem Wunsche nach.

Ich aber küsse Dein geliebtes Antlitz noch einmal ganz zärtlich und sende Dir tausend liebe Grüße und Küsse mit diesem Brief. Wenn Du im Wohnzimmer auf mein Bild schaust, dabei an mich denkst, so sei gewiß, auch ich denke an Dich, in jeder Minute des Tages, mit jeder Phaser meines Herzens, denn

ich liebe Dich!

Dein Helmuth.

Grüße bitte Deine lieben Eltern und mein Mütterchen recht herzlich von mir. Ebenfalls freundl. Grüße an Hermine.

Brief an Jetty am 10.11.1944:

O.U., den 10. Nov. 1944

Mein geliebtes Engelchen!

Und wieder sitze ich zu nächtlicher Stunde bei gedämpftem Kerzenlicht in meinem Zelt und bin mit vielen lieben Gedanken bei meinem Mädel. Ich stelle mir vor, wie Du nun in Eurem trauten Stübchen über einer Näharbeit vertieft sitzst und auch an Deinen Stropp denkst oder vielleicht liegst Du auch in Deinem Bettchen und träumst von schönen Urlaubstagen, von einer glücklichen Zukunft. Neben mir liegt (zum wievielten Male) Dein liebes Tabakpäckchen mit den schönen Blumen und nun rauche ich noch eine Zigarette von Deinem Tabak, um dadurch besonders an meine gute Jetty erinnert zu werden. Bitte nicht lachen, jede Kleinigkeit soll mir meinen Frechdachs näher-bringen. Wie lieb habe ich Dich! Neulich habe ich nachts, nach der Wachkontrolle, Dein Bild vor mir hingelegt und mich noch ein Stündchen mit Dir unterhalten, wobei mich der Sehnsuchtsschmerz wieder besonders stark packte. Ganz fest habe ich das liebe Bild an mein Gesicht gedrückt und dann abgeküßt, Du warst mir so nahe und doch so fern, wann darf ich Dich wieder selbst in meine Arme nehmen?

Wie geht es Dir jetzt, Jettylein, und wie geht es Deinen lieben Eltern? Hast Du von Tante Lisa nichts mehr gehört? Auf meinen Brief hat sie nicht geantwortet. Hat Matthias schöne Urlaubstage gehabt? Ja, gerne wäre ich erneut mit ihm zusammengetroffen, doch soviel Glück war mir diesmal nicht hold, wie ich augenblicklich überhaupt ein wenig unter einer Pechsträhne leide. Doch auch das geht wieder vorüber, bin doch immer ein Glückskind gewesen, sonst hätte ich Dich doch nicht gefunden. Schwierigkeiten und Härten sind dazu da, um überwunden zu werden und um daran zu lernen.

Meine Tätigkeit hier in der Batterie ist nun sehr verantwortungsvoll und vielseitig geworden; ich habe das Amt eines Meßoffiziers übernommen und gleichzeitig damit viel Arbeit und Pflichten. Aber es macht mir Freude. Der Chef und ich führen jetzt die Batterie alleine und so kannst Du Dir vorstellen daß gerade hier im Einsatz allerlei Verantwortung auf unseren Schultern ruht. Wir liegen augenblicklich am Po, inmitten einer Landschaft, die mich außerordentlich an das Niederrheingebiet erinnert. Besonders wenn ich in der Abenddämmerung von meinem Befehlsstand aus über den vielumstrittenen Fluß schaue und die weite Ebene liegt in tiefen Frieden getaucht, habe ich das Empfinden, ich stünde am linken Rheinufer oberhalb Düsseldorfs und würde meinen Blick gen Kaiserswerth lenken, da, wo der Rhein gleich dem Po herbe Flachlandschaft durchschneidet. Doch schaue ich weiter nördlich, so werde ich durch die von ferne winkenden Voralpen, die gerade bei klarem Wetter so heimatlich zu uns herübergrüßen, an die Wirklichkeit erinnert. Dann summe ich zuweilen das Lied der Mignon vor mich hin: „Dorthin, dorthin möcht' ich mit Dir, mit Dir, Geliebte, ziehen." Herrliches Land, daß Du so leiden mußt! Wie arm bist Du geworden, wie arm Deine Menschen, diese schönen, frohen, immer lachenden, singenden Menschen, die so garnichts vom Kriege wissen wollen und allem Soldatentum abhold sind.

Sie sind von uns noch nie verstanden worden, wir Deutschen haben an diesem Volk wie an allen Völkern den deutschen Maßstab angelegt und dabei Kultur und Tradition, die Lebensbedingungen, unter denen das Volk großgeworden ist und auch Klima und Landschaft vergessen in Rechnung zu stellen.

Wie kann ein Mensch, der Leben und Freude und so viele schöne Dinge hier auf der Welt von ganzem Herzen liebt, sich für die Vernichtung entscheiden? Wer wollte verlangen, daß der römische Jüngling, der gestern noch seiner schwarzen Schönen ein leidenschaftliches Tanzlied auf der Gabbatina spielte, heute bereits mit der Waffe in der Hand preußischer Soldat werden könnte?

Wir haben es verlangt und uns dabei benommen wie der Elefant im Porzellanladen. Oh! Irrtum dieser Welt, wollte doch nicht jeder glauben, des Nächsten Lehrmeister sein zu müssen.

Wollte sich jeder um seine Mitmenschen soviel kümmern, wie er ihnen Gutes zu erweisen in der Lage ist, wie glücklich könnten alle Menschen die paar Lebensjahre hier auf der Erdkugel verbringen

Ich weiß, Du denkst genau wie ich, diese seelische Übereinstimmung mit Dir macht mich gerade so zuversichtlich für die Zukunft, denn sie allein ist das sicherste Unterpfand für ein dauerhaftes Glück.

Viele, ja die meisten meiner Soldaten sehen nach den langen Jahren Krieg im Mädchen mehr einen Gegenstand ihres persönlichen Vergnügens, das ihnen in der Hauptsache Erfüllung ihrer sinnlichen Triebe bringt. Sie machen sich keine Gedanken darüber, daß sie mit der „Auserkorenen" nicht nur die wenigen Stunden wonniger Hingebung erleben, sondern Seite an Seite durch Höhen und Tiefen dieses Lebens schreiten müssen, gemeinsam auch Schicksalsschlägen und Daseinskampf gewappnet gegenüber stehen sollen, ohne dabei in langen Jahren einander überdrüssig zu werden. Kurz gesagt, Voraussetzung für die Ehe ist nicht allein das gegenseitige Gefallen, sondern einzig und allein die wahrhafte Liebe und der seelische Gleichklang zweier Menschen, die gewillt sind und sich für stark genug halten, in nicht erlahmender Liebe ein ganzes Leben gemeinsam zu führen. Ich schwärme nicht für den Philosophen Nietzsche, aber vielen der leichtfertigen Jungs, die heute gleichgültig der entstehenden Folgen sich an irgendein Mädchen hängen oder ein gutes Mädel unglücklich machen, möchte ich mit Nietzsche sagen: „Wenn Du zum Weibe gehst, vergiß' die Mutter nicht."

Die Welt geht zur Ruhe, hier beginnt das Leben der Gefahren in der Dunkelheit. Gott segne uns alle, er gebe uns den Frieden zurück, die Lebensfreude und das Licht. Ihm befehle ich besonders meine Jetty, die mir Inbegriff des Lebens geworden ist. Noch einmal gehe ich nach draußen und schaue zum Sternenhimmel empor und grüße besonders den „großen Wagen", das Heimatgestirn, siehst Du es jetzt auch, hörst Du mein Herz? Sei unverzagt, wir werden uns wiedersehen, ich fühle es, bald, bald.

Über die Alpen sende ich Dir viele tausend innige Grüße und liebe Küsse. Behalt' mich lieb, ich gehöre zu Dir. In Gedanken bin ich bei Tag und Nacht bei Dir, weil ich

Dich so lieb' habe!

Dein Helmut.

Teil 2: Der weite Weg zurück

Selbsterhaltungstrieb

In diesen letzten Apriltagen des Jahres 1945 wusste jeder Soldat in unserer Batterie, dass der verfluchte Krieg noch einmal mit ganzer Brutalität zuschlagen würde. 103 Soldaten, auf vier Flakgeschütze des Kalibers 8,8 Zentimeter verteilt, lagen am Nordufer des Po, um den Amerikanern den Flussübergang zu verwehren. Noch zwei weitere klägliche Batterien hatten den gleichen Auftrag die Stellung am Fluss zu halten.
Wenn ich mein Fernglas am Südufer vorübergleiten ließ, sträubten sich mir die Haare. Was der Amerikaner seit Tagen an Kanonen jeglicher Größe dort aufbaute, genügte, nicht nur uns, sondern die ganze Po-Ebene hinter uns umzupflügen. Am Vormittag des 22. April rief mich der Abteilungskommandeur von der Gefechtsleitung aus an:
„Leutnant Tödter, schießen Sie um elf Uhr mit allen Geschützen Störfeuer, je drei Granaten Zeitzünder mit hochgezogenem Sprengpunkt."
Ich traute meinen Ohren nicht. Würde ich den Befehl ausführen, bedeutete das, den aussichtslosen Kampf selbst zu eröffnen und den exakten Standpunkt unserer Stellung überdeutlich preiszugeben. Dies widersprach allen Taktiklehren. Hingegen wusste ich nur zu genau, dass die Verweigerung des Befehls glatter Selbstmord war.
Es waren noch zwanzig Minuten Zeit. Ich besprach mich mit meinem Oberfähnrich Kluge. Er riet mir: „Errechne du die Zünderlaufzeit bis zum anderen Ufer. Ich werde die Geschütze auf die entsprechenden Ziele einrichten lassen."
Ich bat ihn: „Karlheinz, tue mir einen Gefallen. Lege die Zielpunkte weit hinaus, damit die da drüben nicht gleich in Panik geraten und uns sofort mit Beschuss eindecken."
„Mach' ich, aber lass du auch die Zünder entsprechend einstellen, sonst krepieren uns die Granaten noch über dem Bach!"
Wenige Minuten nach elf Uhr waren unsere Granaten bereits explodiert, und zwar entgegen unserem Vorhaben genau über den vordersten amerikanischen Stellungen. Waren es auch nur zwölf Schuss gewesen, die Wirkung war massiv. Diese Art des Schießens, bei dem die Granaten buchstäblich über den Köpfen der Gegner zerbarsten, war mir immer ein Gräuel gewesen.

Um 11.30 Uhr begann die Gegenseite unsere Aktion zu quittieren. Innerhalb von Minuten brach ein Inferno über uns herein. Noch lagen die Einschläge nicht in unserem Batteriegelände, aber nahe genug, um uns mit Wucht in die Schutzlöcher zu treiben. Die würden sich da drüben jetzt gut einschießen, nachdem wir ihnen mit unserem idiotischen Störfeuer unsere Lage bestens angezeigt hatten.

Eine Stunde später, bei strahlendem Mittagssonnenschein, wickelte sich das bekannte unheilvolle Schema des Feuerüberfalls ab. Sechs Tiefflieger vom Typ „Buffalo" überflogen wild schießend unsere Batterie, um uns den ersten moralischen Segen zu verabreichen. Wie immer versuchten wir mit unseren 2-cm-Geschützen, wovon wir drei Stück am Rande des Geländes postiert hatten, die Flugzeuge abzudrängen. Dies sollte uns nach dem dritten Anflug tatsächlich gelingen.

Wachtmeister Kröger winkte mir vom Geschütz „Anton" aus zu. Ich ahnte den Grund und lief so schnell ich konnte. Zwei Soldaten waren getroffen. Sie starben in unseren Armen ohne noch ein Wort sagen zu können.

„Kröger", sagte ich leise, „bitte nehmen Sie ein paar Mann und schaffen Sie die Kameraden aus der Stellung."

„Ja, gut, ich werde alles tun, was nötig ist, Herr Leutnant. Aber was machen wir mit den Verwundeten?"

Erst jetzt erkannte ich das Desaster in seiner Gänze. Da lagen bei Geschütz „Berta" drei und bei Geschütz „Cäsar" vier Jungs. Sie wurden von den anderen notdürftig versorgt. Der nächste Verbandsplatz befand sich allerdings an die zwanzig Kilometer von uns entfernt.

Nein, jetzt nur nicht denken, hämmerte ich mir ein. Denk bloß nicht daran, dass der Krieg bereits verloren ist und dass noch immer sinnlos, nein verbrecherisch, junges Blut geopfert wird.

„Schulze", rief ich einem Unteroffizier schon beinahe heiser zu, „Schulze, schnappen sie den Kübelwagen! Sehen Sie zu, dass Sie alle Verwundeten hineinpacken und rasen Sie los zum Verbandsplatz!"

„Acht Mann in den kleinen Wagen, wie soll ich das denn schaffen, Herr Leutnant?"

„Ich weiß es nicht. Fahren Sie meinetwegen zweimal. Nehmen Sie zuerst die schwerer Verletzten, aber fahren Sie um Gottes Willen los."

Ich hatte stets als letzter geschrien, niemand kannte mich so. Schulze machte sich wortlos mit drei anderen Soldaten daran die Verwundeten zum Fahrzeug zu bringen. Meine Nerven waren über Gebühr strapaziert. Lange würde ich diese Anspannung nicht mehr aushalten.

Kurz nach 14 Uhr ging das Feuerwerk dann richtig los. Die Einschläge kamen gefährlich nahe. Nur noch kurze Zeit, dann würde unsere Stellung ein einziges Schlachtfeld sein. Verbissen schossen wir zurück, wenngleich unsere Munitionsvorräte im Sekundentakt schrumpften. Seit einer Stunde versuchte ich vergebens den Abteilungskommandeur zu erreichen, um Nachschub anzufordern oder neue Weisungen zu erhalten. Keine Verbindung. Vermutlich waren die Leitungen zerfetzt.

Mit Oberfähnrich Kluge suchte ich drei erfahrene Unteroffiziere aus. Wir lagen im Schutzgraben. Ich musste laut sprechen, um mich verständlich zu machen.

„Jungs, wir sind von der Außenwelt abgeschnitten. Wir müssen aber herausfinden, wie das Theater hier weitergehen soll. Ihr sollt euch als Spähtrupp mit aller Vorsicht zur Gefechtsleitung durchschlagen, kriechen, robben oder wie auch immer. Ich will wissen, ob wir Nachschub erhalten oder in Ruhe warten sollen, bis wir alle ausgelöscht sind."

„Machen wir und wenn wir Haken schlagen wie die Hasen", sagte Seibold, der jüngste der drei Leute. Er hatte Gefahren nie in der ganzen Tragweite erkannt, war aber wie durch ein Wunder stets heil geblieben.

„Kommt mir nur intakt wieder zurück", sagte ich beschwörend und drückte jedem die Hand. „Auf euch lastet jetzt die Verantwortung für 100 Mann."

Während der Spähtrupp sich auf den Weg machte, ließ mich ein gespenstisch rasselnd-klirrendes, nur allzu bekanntes Geräusch aufhorchen. Es lief mir eiskalt über den Rücken. Ich zischte Kluge zu:

„Du, hörst du das? Sind das Panzer von uns oder von den andern?"

„Von uns?" Kluge grinste nur. Wir suchten mit den Gläsern die Umgebung ab. Das furchtbare Rasseln kam näher und plötzlich fuhren fünf, sieben, neun Ami-Panzer an unserer Stellung vorüber, so, als seien wir gar nicht existent. Der Gegner musste an einer von uns nicht einsehbaren Stelle den Po bereits überquert haben.

Der Wettlauf gen Norden, immer weiter auf Deutschland zu, hatte begonnen und war durch einen simplen Fluss nicht aufzuhalten.

Der Beschuss vom anderen Ufer hatte aufgehört. Schließlich wollten die ja nicht ihre eigenen Leute umbringen. Wir aßen von unserem spärlichen Restproviant Brot und Büchsenfleisch, auch „Alter Mann" genannt. Das Fleisch kam von Eseln. Gegen 17 Uhr kehrte unser Spähtrupp mit verschmierten und zerrissenen Uniformen und grauen Gesichtern zurück. Aufgeregt sprudelte es heraus: „Herr Leutnant, der Kommandeur ist fort! Der ganze Abteilungs-Gefechtsstand ist verschwunden. Die haben sich alle aus dem Staub gemacht. Auf den Straßen wimmelt es nur so von Panzern und amerikanischer Infanterie."

Mich durchfuhr es wie ein Blitz. Das war also der Befehl mutig und tapfer durchzuhalten bis zum letzten Mann. Wir sollten den Feind selbst in aussichtsloser Lage mit letzter Patrone zurückzuschlagen versuchen. Alles für Führer, Volk und Vaterland.

Seit ich am 3. Mai 1943, drei Tage vor der Niederlage Afrikas, Tunis mit einer angeschossenen Ju 52 verlassen hatte, bohrte in mir geradezu schmerzhaft die Erkenntnis, dass alles umsonst gewesen war: Unser unerschütterliche Glaube an die deutsche Führung, den man von Kindesbeinen an in uns hineingetrommelt hatte, unser jugendlicher Einsatz in diesem Krieg, alle Opfer, die wir unter größten Gefahren erbrachten, unser Verzicht auf alles, was das junge Leben schön und lebenswert macht. Mit diesem Wissen absolvierte ich Lehrgänge und Schulen, wurde Offizier und bereits mit 23 Jahren Batterieführer. Oft verdrängte ich derartige Gedanken. Ich machte mir lieber selbst etwas vor und überhörte absichtlich Bemerkungen meiner Kameraden, die mit meinen Gedanken übereinstimmten. Alles, was wir taten, unser ganzes Heldentum, hatte schließlich nur einen einzigen Grund: natürlicher Selbsterhaltungstrieb.

Wir würden also keine Befehle von der Kommandozentrale mehr zu erwarten haben. Ich fasste den für meine Begriffe einzig vernünftigen Entschluss: Wir mussten hier raus und das so schnell wie möglich. Ich bat Konrads, unseren Hauptwachtmeister und Spieß, alle Unteroffiziere zusammenzurufen.

Wir standen gesammelt vor meinem getarnten Zelt. Ich machte es so kurz wie möglich, musste doch jeden Moment mit Fliegerangriffen oder auch Beschuss aus unmittelbarer Nähe gerechnet werden. Der Gegner befand sich schließlich bereits auf unserer Flussseite.

„Ihr wisst, dass der Kommandeur mit seinen Leuten das Weite gesucht hat. Die Amerikaner haben den Fluss überquert und sind dabei, uns zu überrollen.

Laut Führerbefehl müssten wir uns bis zum letzten Schuss und Mann verteidigen. Ich sehe nicht ein, dass wir eine Minute vor zwölf unser Leben für eine verlorene Sache wegwerfen sollen. Hauptwachtmeister Konrads, haben wir genug Sprit für unseren Lastwagen und glauben Sie, dass wir auf dem Wagen mit Anhänger unsere Leute transportieren können?"
„Der Wagen ist vollgetankt und wir haben noch ein Fass Benzin in Vorrat", sagte Konrads. „Dicht gedrängt müssten wir die Batterie einige Stunden transportieren können. Aber was wird aus den Geschützen?"
Ich atmete tief durch:
„Die Geschütze werden heute Abend 19:20 Uhr von Ihnen und mir, sowie vier weiteren Unteroffizieren gesprengt. In diesem Moment laufen alle Leute in höchstem Tempo, jede Deckung ausnutzend, zum Bauernhof. Dort wird der LKW mit laufendem Motor bereitstehen. Um 19:30 Uhr verlassen wir den Hof und fahren auf Feldwegen ohne Licht in Richtung Norden. Ich übernehme im Kübelwagen mit Oberfähnrich Kluge die Führung. Gibt es Fragen oder Gegenvorschläge?"
Auch die Unteroffiziere hielten meinen Entschluss für die einzige Chance, irgendwie aus diesem Dilemma herauszukommen. Einen Zweifler gab es jedoch. Unteroffizier Beitel genoss ich schon lange mit größter Vorsicht. Er war ein „150-prozentiger", wie die Soldaten zu sagen pflegten. Man konnte ihm durchaus zutrauen, einen Kameraden zu denunzieren.
Beitel sah mich mit leicht verkniffenen, kalten Augen kalt an:
„Wenn Sie die Geschütze sprengen und uns damit kampfunfähig machen, ist das Sabotage. Ich halte mich in diesem Fall dazu verpflichtet, Sie zu melden."
Ehe ich noch antworten konnte, umringten die andern Beitel. Wachtmeister Kröger sprach mit ruhiger Stimme und zugleich unüberhörbarem Groll für alle:
„Du möchtest also den Krieg retten, indem du den Leutnant und auch uns durch Verrat an die Wand stellen lassen willst? Von nun an werden wir dich Tag und Nacht beobachten und ich schwöre dir im Namen aller Unteroffiziere: Schon beim geringsten Verdacht werden wir zu verhindern wissen, dass du jemals die Heimat wiedersiehst."
Seibold, seit langer Zeit mit Beitel befreundet, fügte hinzu: „Tut mir leid Gert, aber von dieser Minute an hast du in der Batterie keinen Kameraden mehr."
Ich hatte mich inzwischen mit Hauptwachtmeister Konrads abgewandt. Wir

besprachen Einzelheiten der Sprengung und ich bat ihn, das dafür notwendige Material den Beständen zu entnehmen und auf die Geschütze zu verteilen.
Der Zwischenfall mit Beitel hatte mich mehr besorgt, als ich zugeben konnte. Was in nunmehr zwei Stunden auf meinen Befehl hin geschehen sollte, war ohne Frage „Zersetzung der Wehrkraft" und ein klarer Fall für das Kriegsgericht.
Um 19:18 Uhr brannten die Lunten. Wir liefen was das Zeug hielt zu dem abseits gelegenen Bauernhof, wo alle Vorbereitungen für die Flucht getroffen worden waren. Punkt 19:20 Uhr schossen mit ohrenbetäubendem Getöse riesige Feuergarben in den Himmel. Unsere Geschütze waren vernichtet. Erst jetzt bemerkten wir, wie nahe die Amerikaner unserem Batteriegelände bereits gekommen sein mussten, schossen sie nun wie wild mit Maschinengewehren hinter uns her. Sie konnten jedoch nichts mehr ausrichten.
Da die Soldaten in den letzten Stunden schon Rucksäcke und Gewehre auf Wagen und Anhänger verstaut hatten, verlief das Aufsteigen zügig und ohne Störungen. Wenig später bogen unsere beiden Wagen bereits in den nächsten Feldweg ein, der in etwa 200 Metern Entfernung parallel zur Hauptstraße verlief. Auf diesem Feldweg hatten die Panzer unserer Gegner bereits früher dieselbe Richtung nach Norden eingeschlagen.
Im letzten Abendlicht dieses denkwürdigen Tages verließen wir bei mäßiger Fahrt, beinahe schleichend, eine Landschaft, durch die wir vor drei Jahren in den tiefen Süden gefahren waren. Damals vollbepackt mit jugendlicher Zuversicht und Entdeckerfreude im Herzen.
Heute, am 22. April 1945, fuhren wir wohl unserem letzten „Abenteuer“ entgegen. Die Sorge um unsere ungewisse Zukunft trug jeder von uns als schwere Bürde mit sich.
Schon mehr als zwei Stunden rumpelten wir über Feldwege dahin. In der Finsternis zerrte die Anspannung mit scharfen Krallen an unserem ohnehin schwachen Nervenkostüm. Wir verfügten zwar gute Geländekarten und einen Kompass, aber was nützten sie schon, wenn man kaum zehn Meter weit sehen konnte? Wie uns unerwartet ein Straßenschild verrat, lag Verona aber bereits hinter uns.
„Karlheinz“, sagte ich zu meinem Oberfähnrich am Steuer, „wir müssen eine Viertelstunde Rast einlegen, sonst fallen uns die Jungs schlafend vom Wagen.

Ich mache mir sowieso schon große Sorgen, wie sie die Tortur auf diesem Schaukelwagen stehend durchhalten sollen."
„Gut", aber wir müssen unbedingt jedes unnötige Geräusch vermeiden. Wer weiß, ob wir hier nicht schon erwartet werden."
Wir brauchten die Soldaten allerdings nicht darauf aufmerksam machen, stillzuhalten. Sie waren viel zu erfahren, um in dieser prekären Situation unvorsichtig zu sein.
Da hockten wir nun wie ein großer Haufen Elend am Straßenrand, vollkommen übermüdet, hungrig und komplett ausgebrannt. Zum Glück hatten wir noch etwas Essensreste, einige Flaschen Wein und genug Zigaretten, die jedoch nur hinter vorgehaltener Hand geraucht werden durften.
Gegen 22:45 Uhr setzten wir uns wieder in Bewegung. Ich tauschte meinen Platz mit Wachtmeister Kröger und setzte mich zu Unteroffizier Schulze ins Fahrerhaus des Lastwagens. Diesem Tausch waren Sicherheitsüberlegungen vorausgegangen. Wir mussten jetzt zunehmend damit rechnen, eigenen Einheiten zu begegnen. Diesen musste ich dann möglichst überzeugend etwas von einem Marschbefehl vorflunkern.
Kurz nach Mitternacht erreichten wir Trient. Wir fuhren jetzt auf der Landstraße, weil wir die Amerikaner inzwischen überholt hatten. Plötzlich blinkten zwei Taschenlampen vor uns auf. Sie wurden im Kreis geschwenkt. Das war das unzweideutige Zeichen anzuhalten.
„Wer in drei Teufels Namen spielt hier mit dem Licht herum, wo wir jeden Augenblick mit Tieffliegern rechnen müssen?", zischte ich zu Schulze. Ich hatte noch nicht ganz ausgesprochen, da offenbarte sich uns die Antwort. Es waren drei Leute von der Waffen-SS. Es schien sich um Offiziere zu handeln, deren Rangabzeichen ich jedoch nicht kannte. Ich kurbelte das Fenster herunter, da tönte es bereits unfreundlich:
„Wohin wollen Sie mit all' den Leuten? Ist Ihnen nicht bekannt, dass südlich von Trient Stellungen ausgehoben werden, in denen jeder verfügbare Soldat eingesetzt wird, um den Feind aufzuhalten?"
Ganz ruhig, dachte ich. Wir müssen hier irgendwie durchkommen, sonst war war unser Fluchtversuch nicht nur rasch beendet, sondern meinen Männern und mir drohte auch das Kriegsgericht.
„Nein, davon ist mir nichts bekannt", sagte ich so ruhig wie es mir mit vor

Anspannung fast zerberstenden Adern möglich war. „Ich habe Marschbefehl für meine Einheit, und zwar nach Innsbruck." Wie kam ich nur auf Innsbruck? Ausgerechnet Innsbruck, das ja schon längst aufgegeben war! Der Soldat blickte mich an, als hätte ich gerade einen unflätigen Witz erzählt und brüllte umgehend los:

„Was? Marschbefehl nach Innsbruck? Na, den möchte ich mir aber wirklich einmal ansehen. Zeigen Sie her!"

Nun war es soweit. Während ich mir langsam den Rock aufknöpfte, versetzte ich Schulze den zuvor vereinbarten Tritt gegen seinen rechten Fuß. Schulze hatte den Gang bereits eingelegt und gab auf der Stelle Vollgas. Wir erreichten mit dieser eher wenig ideenreichen Aktion tatsächlich den gewünschten Überraschungseffekt. Bis die drei SS-Leute ihre Maschinenpistolen von der Schulter zogen und hinter uns her schießen konnten, hatten wir uns bereits aus der Gefahrenzone manövriert.

„Uff, das war verdammt knapp, Sie haben wunderbar reagiert!"

„Ja" erwiderte Schulze. „Als Sie aber anfingen von Innsbruck zu sprechen, hätte ich vor Schreck fast den Rückwärtsgang eingelegt."

Ich wischte mir den Schweiß von der Stirn, als ich plötzlich realisierte:

„Schulze, wo ist denn bloß Kluge mit dem Kübelwagen geblieben? Den habe ich in der Aufregung ganz vergessen!"

Schulze grinste. „Herr Leutnant, der ist volle Pulle an den Heldensammlern vorbeigeprescht und hat Ihnen noch zugewunken, als Sie mit dem Rädelsführer beschäftigt waren. Schätze, er wird irgendwo auf uns warten."

Es sollte keine zehn Minuten dauern, da stand mein Oberfähnrich am Straßenrand und blickte uns erwartungsvoll entgegen.

„Karlheinz, Gott sei Dank! Ich hatte dich schon vermisst. Du hast die Kameraden von der anderen Fakultät aber prächtig angeschmiert."

„Ja, das war mit dem Kübel ja auch relativ einfach. Ich habe mir aber große Sorgen um euch gemacht. Die wollten doch bestimmt noch den Krieg mit euch gewinnen. Was hast du denen bloß unter die Nase gerieben?"

Ich lächelte: „Nun, ich habe unseren Marschbefehl nach Innsbruck erwähnt."

Dem Oberfähnrich fiel die Kinnlade runter. „Jetzt mach den Mund ruhig wieder zu, die haben mir sowieso kein Wort geglaubt."

Es war lange her, dass ich meinen Freund so lachen gesehen hatte.

Mir verging das Lachen hingegen, als ich meine Leute auf dem Lastwagen sah. Sie stützten sich gegeneinander und waren total erschöpft. Ich musste ihnen irgendwie Mut machen.
„Jungs, haltet noch ein wenig durch, bis wir einigermaßen in Sicherheit sind. Dann schmeißen wir uns auf den erstbesten Bauernhof und pennen solange wir wollen."
Auf der Landstraße ging es nun gut vorwärts. Es gab keine Hindernisse mehr, kein Schuss fiel, von Jagdbombern war weder etwas zu sehen noch zu hören. Es war unheimlich friedlich. Seit einiger Zeit hoben sich bereits die schattenhaften Umrisse hoher Berge zu beiden Seiten empor. Ich hatte nicht die leiseste Ahnung, wo wir uns befanden. Es war mir in diesem Augenblick auch nahezu gleichgültig. Es hatte sich meiner eine Schwere, eine unbeschreibliche Müdigkeit bemächtigt, die eine trügerische Gleichgültigkeit mit sich brachte.
Am frühen Morgen des 23. April 1945, etwa 2:30 Uhr, ließ ich beide Fahrzeuge auf der Straße anhalten. Abgesehen davon, dass wir vollkommen ausgezehrt waren, war auch unser Sprit fast aufgebraucht. An der rechten Straßenseite lag ein Bauernhof. Einige Stallungen waren zu erkennen. Ob hier einhundert Mann einen Platz zum Schlafen finden würden? Wie viel Überwindung es mich auch kosten sollte, ich musste die Besitzer wecken und fragen.
Ich taumelte die steile Treppe bis zur Haustür. Spieß Konrad folge mir. Ich klopfte zunächst äußerst zaghaft. Ich malte mir vor meinem inneren Auge aus, welche Gefühle mein zu dieser nachtschlafenden Zeit zunehmend energisches Klopfen wohl bei den Bewohnern auslösen würden. Es meldete sich niemand. Ich fragte mich besorgt, ob man vielleicht bereits aufgrund etwaiger Kampfhandlungen von hier geflohen sein könnte. Doch dann hörte ich Schritte und die Tür öffnete sich. In der Tür stand eine ältere Frau, bekleidet mit Kopftuch und Mantel. Ohne ein Wort zu sagen, zugleich ernst und ängstlich, musterte sie mich mit gutmütigen, mütterlichen Augen. Unbeholfen stotterte ich: „Buonasera, Signora, prego, è possibile..."
Auf ihr ernstes Gesicht legte sich ein unerwartetes Lächeln.
„Na warum reden's denn ned Deutsch. Ihr seid's doch deutsche Soldaten und mia san's koane Walschen."
Damit hatte ich nicht gerechnet. Wo waren wir überhaupt? Warum sprach die Frau Deutsch? Waren wir etwa auf Umwegen schon bis Bayern gekommen?

Etwas verschüchtert entgegnete ich:
„Entschuldigen Sie bitte, liebe Frau..."
„Kasseroller hoaß i."
Nachdem ich der Bäuerin auch meinen Namen mitteilte, trug ich unser reichlich vermessenes Anliegen vor.
„Hundert Mann? Hundert Mann, oh mei, wohin mit so viel Leit? Und i bin mit de Töchter alloans auf dem Hof."
Sie blickte hinunter auf die Straße und sah die Soldaten. Diese hatten inzwischen den Lastwagen verlassen und konnten sich nur noch mit Mühe aufrecht halten. Es war eindeutig, wie dringend sie Ruhe benötigten. Bäuerin Kasseroller wandte sich mir zu:
„De Leute finden allesamt Platz in der Scheune. Stroh ist no gnügend da. Sie kriang des Zimmer von meinem Buam. Der is noch in Deutschland."
Ich widersprach. Ich wollte bei den Jungs bleiben. Doch Frau Kasseroller bestand darauf.
„Was wollen's denn, Sie tragen eine arge Verantwortung für so viel' junge Männer. Da lassen's sich da oben in der Kammer einfallen, wie's weiter gehen soll."
Viel weitere Überzeugungsarbeit war nicht vonnöten.
Es war ungefähr zehn Uhr, als ich am nächsten Morgen aufwachte. Ich wusste im ersten Moment nicht, wo ich war. Und wieso lag ich in einem sauber bezogenen Bett? Ich blickte mich in der einfachen, aber gemütlich eingerichteten Stube um und versuchte, meine Gedanken zu ordnen, da durchfuhr es mich wie ein Blitz: Mein Gott, die Batterie! Wir lagen hier auf eigene Faust. Ohne Befehl und, was mir noch schlimmer erschien, ohne jedwede Verpflegung. Man hatte auf einer Anrichte überaus fürsorglich einen Krug Wasser und eine Schüssel bereitgestellt, damit ich mich waschen und rasieren konnte. Als ich die Treppe herunterkam, hantierte Frau Kasseroller in der Küche, unterstützt von zwei jungen Frauen, eifrig mit riesigen Broten und Kübeln herum.
„Grüß' Gott, haben sie gut geschlafen?"
„Ja danke, aber können Sie mir bitte sagen, wo wir hier eigentlich sind? Irgendwo muss ich mich schließlich melden und das so schnell wie möglich. Wir müssen rasch Verpflegung erhalten, sonst verhungern wir noch."
Die Bäuerin schmunzelte. „Immer der Reihe nach, oiso erstens, ihr seid's hier in unserem Landl Südtirol, genauer gsagt, in Frangart bei Bozen.

Zweitens müssen's sich beim Oberkommando oder wie des hoaßt, in Gries, net weit von da, melden. Soviel woaß i von den Nachbarn. De hatten neulich auch a Einquartierung. Ja und drittens brauchen's ned gleich und auf der Stell' verhungern. I hob eich in de Morgenstunden scho tüchtig Brot gebacken. Mus und Speck san a noch genug da. Zum Trinken gibt's an Kübel mit Tee. Damit seid's für's Erste hergestellt."

Welch' wunderbare Worte. Ich ging auf die Frau zu, umarmte sie und gab ihr einen Kuss auf ihre runzlige Wange.

„Na, na", grinste sie mit leuchtenden Augen, „für sowas gibt's doch gnügend Jüngere."

Als ich nach draußen kam, überwältigten mich die rundum im Sonnenschein leuchtende Landschaft, diese fantastisch erhabene Bergwelt mit traumhaften Rebenhügeln.

„Mein Gott, wir sind mitten im Paradies gelandet!"

„Ja", meldete sich eine Stimme neben mir, „aber einstweilen müssen wir dem Befehlshaber Süd noch irgendwie verklickern, auf welchem Wege wir das Paradies erreicht haben."

„Bah, bist du nüchtern und realistisch", knurrte ich Kluge zu, der sich in der Zwischenzeit unbemerkt an meine Seite gestellt hatte.

„Nüchtern stimmt. ch hab Kohldampf bis zum Umfallen."

„Dann gehe in die Küche und hilf Frau Kasseroller das Frühstück für die Mannschaft hinauszutragen."

Der Anblick, der sich mir eröffnete, war kaum zu fassen: Die Soldaten hatten sich am Hofbrunnen gewaschen. Sie sahen frisch und leidlich ausgeruht aus. Spieß Konrads hatte sie tatsächlich in Reih' und Glied antreten lassen, um mir Meldung zu machen. Er hält manchmal etwas zu sehr auf Ordnung und Disziplin dachte ich. Andererseits wären Nachlässigkeit oder Schlamperei in unserer Situation nicht nur schädlich, sondern überaus gefährlich.

Die von unserer Gastgeberin aufgetischten guten Gaben wurden mit Genuss vertilgt, was die allgemeine Laune beträchtlich verbesserte. Das herrliche Sonnenwetter tat sein Übriges. Mir ging es hingegen wesentlich schlechter. Ich stand vor der Tatsache, bei der Heeresgruppe den eigenwilligen Stellungswechsel der Batterie melden zu müssen. Es war offensichtlich, in welche Gefahr ich mich durch mein selbständiges Handeln gebracht hatte. Schließlich hatte ich

einen Führerbefehl missachtet. Und noch war der ja Krieg nicht beendet und geltendes Recht nicht aufgehoben. Dass wir in letzter Minute unsere eigene Haut retten wollten, würde kaum als entlastendes Argument zählen.
Oberfähnrich Kluge und ich setzten uns schweren Herzens in den Kübelwagen und wir machten uns schweigend auf den Weg nach Gries. Auf den Straßen herrschte eine Ruhe wie in friedlichen Zeiten. Der Anblick dieser märchenhaft schönen Umgebung überwältigte mich. Gleichzeitig steigerte sich meine innere Anspannung im Minutentakt: Welche Folgen würden meine Meldung beim Stab nach sich ziehen?
Wir hielten vor den Kasernen in Gries. Wortlos gab ich Karlheinz die Hand, stieg aus und ging auf das weithin erkennbare Stabsgebäude zu. Im Vorraum fragte mich ein Leutnant zu wem ich wolle. Nach kurzer Erklärung gab er einen Major Recknagel als für meine Belange zuständig an. Zuvor musste ich noch Koppel mit Pistole sowie das Soldbuch bei ihm abgeben; eine bekannte Sicherheitsmaßnahme. Kurz darauf stand ich bereits im Zimmer des Majors und machte Meldung:
„Leutnant Tödter mit der Flakbatterie 3./376, 21 Unteroffizieren und 73 Mannschaften, von Bagnolo San Vito am Po in Frangart auf dem Hofe Kasseroller eingetroffen. Die Geschütze wurden auf meinen Befehl gesprengt. Alle Leute sind wohlauf, es fehlt jedoch Verpflegung."
Es wäre mir jetzt recht gewesen, wenn sich der Boden aufgetan und mich verschlungen hätte. Einige Sekunden sah mich der Major schweigend und nachdenklich an. Dann sprang er ruckartig auf und ging mit großen Schritten auf mich zu. Ich glaubte zu träumen, aber er reichte mir tatsächlich die Hand:
„Menschenskind, Leutnant, das ist ja ganz unglaublich!"
„Jawohl, Herr Major, aber glauben Sie, es war einfach ..."
„Nein", rief der Offizier mit einer Geste höchster Verwunderung, „das ist einfach unfassbar! Da kommen seit drei Wochen täglich drei, vier oder sechs abgerissene Soldaten hier an, wissen oft nicht einmal, wo ihre Einheit aufgerieben wurde und wo sie bleiben sollen. Und Sie melden mir die Rückführung ihrer kompletten Batterie mit Angabe des Standortes auf einem Bauernhof. Meinen herzlichen Glückwunsch, Herr Leutnant. Sie bekommen sofort einen Berechtigungsschein, bis auf Weiteres Verpflegung zu fassen im Versorgungslager Eppan."

Er fasste mich fast väterlich an der Schulter, begleitete mich hinaus und gab dem Leutnant entsprechende Order. Ich sauste fast euphorisch die Treppe hinunter und sprang zu Kluge in den Wagen.
„Was ist los, sind die schon hinter dir her?"
„Herr Oberfähnrich, fahren Sie gefälligst ihren Chef, der soeben für tapferes Verhalten hinter der Front ausdrücklich belobigt wurde, zum nächsten Verpflegungslager. Die Einheit soll gut verpflegt werden, Herr Kluge. Hat Herr Major Recknagel befohlen."
„Also wieder nix mit Genickschuss", murmelte er, wofür ich ihm lachend in die Rippen boxte.
Der Tag verlief großartig. Da wir die Gegend nicht kannten, kurvten wir zunächst durch St. Pauls, wo uns ein Schild auf ein Verpflegungslager hinwies. Vor Ort zeigten wir mit Unschuldsmiene unseren Ausweis vor. Obwohl dieser auf Lager Eppan lautete, wurde unser Wagen prompt von zwei Gefreiten mit Verpflegung jeglicher Art vollgeladen. Schätze, die wir schon gar nicht mehr kannten. So eifrig wir kamen, machten wir uns auch wieder aus dem Staub. Bei Bäuerin Kasseroller wurde der Wagen nach einem lauten Hallo entladen.
Doch statt uns den Magen vollzuschlagen, brausten wir noch einmal los. Wir wollten nach Eppan, das relativ nahgelegen war. In dem dortigen Verpflegungslager wiederholten wir dasselbe Spiel wie kurz zuvor in St. Pauls.
Am Abend trug sich bei Kasseroller eine Art Gartenfest zu. Unteroffizier Laufs, von Beruf Metzger, hatte wahre Wunder vollbracht. „Kochkunst unter erschwerten Bedingungen" wie er es nannte. Dazu spendierte unsere fabelhafte Hauswirtin Wein aus der eigenen Kellerei. Laut wurden wir nicht, dazu hatten uns die vergangenen Ereignisse noch zu fest im Griff. Wir waren still, zufrieden mit dem, was uns der Augenblick bot. Das war für unsere Begriffe schon eine ganze Menge.

Für einen Abend versuchten wir alle gemeinsam nicht darüber nachzudenken, was das Schicksal noch für uns bereithalten würde.

Die Kapitulation

Am nächsten Morgen stand ich am Fenster meines Stübchens und blickte in eine sonnige Traumwelt. Einen solchen Frühlingsmorgen habe ich nun seit fünf Jahren nicht mehr so intensiv erlebt. Wie mag es meinen Lieben zu Hause gehen, der lieben Mutter und der geliebten Jetty? Ob ihnen auch ein schöner Morgen beschieden sein mag?
Die Nachrichten aus dem Radiogerät der Stube von Kasseroller waren widersprüchlich und verhießen nichts Gutes. Indes waren die Soldaten im Hof und vor der Scheune mit der Reinigung ihrer Kleider und der Karabiner beschäftigt.
Wachtmeister Kröger trat nachdenklich zu mir:
„Eigenartig, ich habe da vor Jahren während eines Lehrganges mal eine angehende Lehrerin in München kennengelernt. Die stammte, wenn ich mich recht erinnere, aus Bozen-Gries. Ihren Namen habe ich behalten. Sie hieß Friedl Oberrauch. Es wäre schön, sie einmal wiederzusehen."
„Warum nicht? Augenblicklich scheinen wir uns ja ohnehin in einer Art Übergangs-Waffenstillstand zu befinden. Wenn wir die Adresse erfahren können, will ich Sie gerne begleiten."
Er lächelte: „Um diesen Gefallen wollte ich Sie gerade bitten, Herr Leutnant. Allein traue ich mich doch nicht so recht."
Es dauerte nicht lang, da erfuhren wir die Anschrift von Elisabeth, einer Tochter von Frau Kasseroller. „Weingartenweg". Sie lieh uns zwei Fahrräder.
Etwas beklommen, aber auch neugierig erreichten wir schon bald das Haus der Familie Oberrauch. Ein stattliches Gebäude, der Hof eines Weinbauern. Vor der Haustür wurden wir von einer älteren Frau begrüßt, deren Augen Wärme und Güte ausstrahlten. Wesensmerkmale, auf die wir jungen Männer lange verzichten mussten. Nachdem wir der Dame unseren Wunsch vorgetragen hatten, führte sie uns zu einer idyllischen Weinlaube hinter dem Haus. Sie bat uns Platz zu nehmen und verschwand wieder. Als sie nach einiger Zeit zurückkehrte, trug sie einen Krug Wein und Gläser in den Händen. Kröger und ich sprangen auf und schlugen die Hacken zusammen. Dies galt allerdings nicht unbedingt der freundlichen Wirtin, sondern vielmehr ihrer Begleiterin. Sie servierte uns ein Brett mit Brot und säuberlich zugeschnittenem Speck. Eine junge hübsche Maid in einem bunten Dirndlkleid. Das dunkelblonde Haar zu einem Zopf um

den Kopf gewunden. Sie schaute uns klar und freundlich an.
„Ich bin Friedl Oberrauch", sagte sie mit weicher Stimme, „Sie wollten mich sprechen?"
„Ja, Fräulein Oberrauch, es ist nämlich so", fingen Kröger und ich beide gleichzeitig an. Wir drei mussten laut lachen. Während sich die Mutter still zurückzog, stellten wir uns vor und Kröger erzählte, wie es zu unserem Besuch gekommen war. Friedl begleitete seine Ausführungen mit einem feinen Lächeln, nickte hin und wieder zustimmend. Sie konnte sich offensichtlich seiner erinnern.
„Ihr Kommen freut mich sehr. Freude ist in dieser Zeit ein so seltenes Glück, dass ich darauf gerne mit Ihnen anstoßen möchte."
Ohne Zweifel hatte dieses bemerkenswerte Mädchen eine besondere Ausstrahlung. Als wir sie nach mehr als einer Stunde verließen, hatten wir mit Friedl schon einen Gegenbesuch vereinbart. Sie sollte uns am kommenden Samstag bei Kasseroller mit ihren beiden Schwestern Moi und Rosl aufsuchen. Es war Mittwoch und bis zum Wochenende sollte sich einiges organisieren lassen. Vorausgesetzt, der Krieg würde uns bis dahin nicht einholen.
In den nächsten Tagen ereignete sich nichts, rein gar nichts. Es war ungewöhnlich. Keine Tiefflieger, kein Kanonendonner, keine Panzer.
Dieser ungewohnte, anomale Zustand ging mir an die Nerven. Ich spürte zunehmend, dass ich nun, einmal zur Ruhe gekommen, kräftemäßig nachließ. Mir war bewusst, ich würde bald ärztliche Kontrolle benötigen.
In Vorbereitung auf die Zusammenkunft hatten wir in St. Pauls und Eppan erneut doppelte Verpflegung eingeheimst. Ein frommer Betrug, wie uns schien. Schließlich hatten wir in all den Jahren genug Entbehrungen auf uns genommen. Der folgende Samstagnachmittag gestaltete sich unbeschwert und harmonisch. Wir alle wurden dieses eigenartige Gefühl nicht mehr los, dass sich das Unfassbare langsam anbahnte. Das Ende dieses schier endlosen Kriegs bahnte sich an. Eines Kampfes, der über die Jahre zu unserem sinnlosen Lebensinhalt geworden war. Vermutlich lag es auch an der Landschaft mit ihrer grandiosen unberührten Schönheit, die uns diese Gedanken an den Frieden geradezu fühlen ließ. Dazu kamen die Menschen vor Ort. Voll einfacher und natürlicher Herzlichkeit und einer ganz selbstverständlichen Gastfreundschaft waren sie bereit, auch für Fremde Unbequemlichkeiten und Opfer auf sich zu nehmen.

Auf Fahrrädern trafen die Geschwister Oberrauch bei uns ein. Friedl stellte uns ihre Schwestern Moi und Rosl vor. Wir saßen gemeinsam in der Weinlaube hinter dem Hause Kasserollers. Die Mädchen, Kluge, Konrads, Kröger, Schulze und ich. Wir versuchten möglichst unterhaltsam zu sein. Die Geschwister waren jedoch so ungezwungen fröhlich und beredt, dass unsere anfängliche Unbeholfenheit schon bald schwand. Wir übertrumpften uns gegenseitig mit Geschichten und Erlebnissen der vielen Dinge, die jedem so am Herzen lagen. Zum Glück konnten wir den Besuch aus unseren Vorräten hinlänglich bewirten. Obendrein hatte die wundervolle Bäuerin wieder köstlichen Wein gestiftet. Diesmal ein richtiges kleines Fässchen. Später setzten wir uns draußen zu den Soldaten, die in weiter Runde um uns lagerten. Ein malerisches Bild im letzten Sonnenschein. Der junge Gefreite Klarner stimmte mit seiner hellen Tenorstimme ein Lied an, das sofort von allen mitgesungen wurde. Fast sehnsuchtsvoll schallte es weit hinaus:

„Kein schöner' Land in dieser Zeit".

Es war inzwischen dämmrig geworden und Friedl sagte zu mir:

„Helmut, es wird Zeit für uns, wir müssen heim. Die Mutter sorgt sich und der Vater wird uns eine Strafpredigt halten. Es war wunderschön bei euch hier draußen und wir sagen euch herzlich: Vergelt's Gott!"

„Wir haben euch zu danken, Friedl, weil ihr gekommen seid und ein wenig Licht in unsere graue Männergesellschaft gebracht habt. Kommt bitte bald wieder, solange wir noch da sind."

Als sie auf den Fahrrädern saßen, winkten uns die drei Schwestern nochmal zu. Nahezu einhundert Männerkehlen schmetterten ein fröhliches „Auf Wiedersehen" hinterher. Die Nacht war hereingebrochen und ringsum herrschte absolute Stille. Ich ging noch einmal aus meiner Stube, um eine Zigarette zu rauchen. An einen Baum gelehnt stand Kluge und schaute in den Sternenhimmel.

„Wovon träumst du, Karlheinz?" fragte ich.

„Hat sich was mit Träumen. Hast du eben die Nachrichten gehört? Bei uns im Norden und Westen stehen die Engländer, im Süden die Amerikaner, im Osten die Russen. Und was wissen wir von unseren Angehörigen? Nichts. Leben meine Eltern noch, meine Schwester, mein Bruder in Russland? Meine Else? Nichts weiß ich. Und wir machen uns hier einen bunten Nachmittag."

Ich versuchte beruhigend auf ihn einzureden:

„Glaubst du, auch nur einem einzigen Soldaten ging es heute anders als dir? Schau doch in ihre Gesichter und lies ihre Sorgen ab. Und glaubst du, wenn wir diesen bunten Nachmittag mit diesen unkomplizierten Mädchen nicht erlebt hätten, wenn wir, statt ihn zu genießen, uns mit quälerischen Gedanken in eine Ecke gesetzt hätten, glaubst du, dass damit unsere missliche Lage auch nur um einen Deut besser geworden wäre?"
Er zuckte mit den Schultern:
„Ich weiß ja, dass du recht hast Helmut. Nur manchmal, weißt du …"
Ich wusste nur zu gut, wie es ihm zumute war. Mit einem Mal schmerzte das Heimweh wie eine klaffende Wunde. Wie schon so oft in den vergangenen Jahren. Wir konnten selbst frohe und unbeschwerte Stunden in unserer Situation, die uns zunehmend hoffnungsloser erschien, einfach nicht mehr verkraften.
29. April 1945. Es war noch früh an diesem Sonntagmorgen. Ich ging allein über die Landstraße zu dem kleinen Kirchlein von Frangart. Soweit man schauen konnte, blühte und spross es. Das ganze Land war ein einziges Gemälde. In der Kirche waren überwiegend Frauen und nur vereinzelt ältere Männer versammelt. Sie saßen meist in ihren Trachten da und waren von einer rührenden Andacht und Frömmigkeit. Die Religion prägte die Menschen in diesem Land. Ohne jeden Überschwang und völlig natürlich. In dieser Heiligen Messe, der ersten seit langer Zeit, wurde ich in Gesellschaft dieser einfachen Leute etwas ruhiger und schöpfte Zuversicht. Es breitete sich in mir das Gefühl aus, es würde sich alles zum Guten wenden.
Zurück am Bauernhof empfing mich Hauptwachtmeister Konrads:
„Ein Kurier vom Oberkommando war hier. Ab sofort gilt der Befehl, dass nur noch Offiziere die Unterkunft verlassen dürfen, oder aber zwei Mann einer Einheit in Begleitung des Offiziers. Weitere Weisungen sollen folgen. Ich habe so eine Ahnung, als ob wir bald von den Amerikanern eingesammelt werden."
„Das scheint mir auch so, wenn man nur wüsste, was danach kommt."
„Ja, unser Großdeutschland dürfte wohl der Vergangenheit angehören. Wenn ich einstweilen nur wüsste, wie wir unsere Kameraden beschäftigen. Mit Exerzieren und derlei Späßen können wir doch nach allem, was hinter uns liegt keinen Blumenpott mehr gewinnen. Wenn wir hier noch Wochen herumliegen, ohne hinauszukönnen, werden wir alle rammdösig."
Als wüsste ich es genau sprudelte es aus mir heraus: „So lange dauert das

nicht mehr. Lassen wir doch für interessierte Soldaten Kurse veranstalten. Zum Beispiel in Deutsch, Englisch wäre unter den jetzigen Umständen auch nicht schlecht. In Stenografie, Rechnen, Singen, Turnen und was weiß ich noch. Für Deutsch, Steno und Rechnen melde ich mich freiwillig als Lehrer."

Was als spontane Idee begann, wurde in den nächsten Tagen zur willkommenen Abwechslung. Lag es nun an der vorherrschenden Langeweile oder an wirklichem Interesse konnte ich nicht beurteilen. Aber zumindest erfüllten die Kurse ihren Zweck: Ablenkung und Zerstreuung.

Am Montag gegen elf Uhr fielen seit Tagen wieder Bomben. Wir nahmen drei Detonationen aus Richtung Bozen wahr. Der Schrecken fuhr uns in die Glieder. Offensichtlich war es noch nicht vorüber, dabei hatten wir uns schon mit ersten Friedensgedanken angefreundet.

Ich rief die Unteroffiziere zusammen, um mit ihnen über unsere Lage zu sprechen. Einstimmig kamen wir überein. Diesmal war sogar mein treuer Widersacher Beitel derselben Meinung, Wir würden im Falle eines amerikanischen Angriffs auf unser Gelände nicht mehr von den Gewehren Gebrauch machen. Erstens konnten wir damit nichts mehr ausrichten und zweitens durfte der Hof Kasseroller nicht in Gefahr gebracht werden. Wir würden uns widerstandslos ergeben. Die Nachrichten aus dem Radio wurden indes immer verworrener und widersprüchlicher. Dann überschlugen sich plötzlich die Ereignisse.

Gruppenaktivität

Am Nachmittag des 1. Mai saßen wir in Gruppen vor dem Haus. Einige Kameraden spielten Karten, andere lasen. Die meisten jedoch orakelten über unsere ungewisse Zukunft. Frau Kasseroller rief mich und winkte. Ich solle schnell ins Haus kommen! Kluge, Konrads und Kröger liefen mit. Es schallte aus dem Radio:

„Aus dem Führerhauptquartier wird gemeldet, dass unser Führer Adolf Hitler heute Nachmittag in seinem Befehlsstand in der Reichskanzlei, bis zum letzten Atemzug gegen den Bolschewismus kämpfend, für Deutschland gefal-

len ist."
Wir waren wie gelähmt. Wortlos, bleich geworden, blickten wir uns gegenseitig an. Noch wussten wir nicht zu deuten, welche Folgen diese knappen Worte des Senders aus Wien für unser junges Leben haben würden. Schweigend traten wir nach draußen. Konrads ließ die Batterie antreten, ordentlich wie immer und ebenso korrekt machte er Meldung. Ich schaute die jungen Männer an, die der Krieg bereits überdeutlich gezeichnet hatte. Meine Stimme war so belegt, dass ich kaum sprechen konnte:
„Kameraden, der Krieg ist zu Ende. Hitler ist tot. Was nun mit uns geschieht, müssen wir abwarten. Ich bin für so lange für euch da, wie ihr mich braucht. So wie ihr immer für mich da wart, wenn ich euch gebraucht habe. Dafür danke ich euch und uns allen wünsche ich ein gesundes Wiedersehen in der Heimat."
Es herrschte absolute Stille. Kein Jubel, keine spontane Freude über das Beenden unseres Wettlaufes mit dem Tode. Was hinter uns lag, war zu schlimm und hatte sich zu lange hingezogen, um es nun beiläufig mit einem lautem „Hurra!" abzuschließen. Dazu kam die bittere Erkenntnis, dass wir unsere Jugend vertan hatten. Kampf, Not und Entbehrungen waren dem totalen Nichts geopfert worden.
Ich stieg den Rebenhügel hinter dem Hofe hinauf. Dort ließ ich mich auf einem Baumstumpf nieder und Tränen brachen aus mir heraus. Ich konnte sie nicht aufhalten. Das Ende dieses Chaos, das ich mit meinem Verstand schon lange herbeigewünscht hatte, übermannte mich. Als ich im Dämmerlicht hinunterstieg, machte sich in mir Erleichterung breit. Der Krieg war tatsächlich zu Ende und wir waren lebend herausgekommen. Nichtsdestotrotz waren unseren jugendlichen Ideale auf der Strecke geblieben. Wir mussten jetzt nur noch zusehen, dass wir heil und möglichst bald nach Hause kämen. Mein Gott, allein der Gedanke daran war unvorstellbar: nach Hause kommen, ohne die Aussicht wieder zurück an die Front geschickt zu werden. Unten ging ich in die Küche zu Frau Kasseroller:
„Liebe Frau Kasseroller, verkaufen Sie mir bitte ein paar Flaschen Wein. Zum Feiern haben wir zwar keinen Grund, aber dass wir mehr als fünf Jahre Krieg überleben durften, ist Anlass genug, anzustoßen."
Am Mittwoch kam Friedl per Fahrrad. In einem großen Korb schleppte das gute Mädchen Kuchen, Speck und Wein heran. Erhitzt und mit roten Wangen

und banger Stimme rief sie mir entgegen:
„Helmut, was um Gottes Willen wird jetzt? Ihr kommt ja nun gewiss in Gefangenschaft, aber wohin nur? Wenn man nur wüsste, wohin?"
Ich nahm sie bei der Hand:
„Friedl, das Wichtigste ist, der Krieg ist aus und wir leben. Ein Lager für die deutschen Gefangenen kann auch hier in der Nähe errichtet werden. Wir wollen das Beste hoffen."
„Ja, schon, aber ich habe in Gries gehört, dass deutsche Offiziere zum Süden nach Neapel oder so gebracht werden sollen, um dort Aufräumungsarbeiten zu verrichten."
„Liebe Friedl, nur keine Angst, das sind sicherlich mehr oder weniger Gräuelmärchen. Schließlich haben wir doch lediglich unsere soldatische Pflicht erfüllt. Das wissen auch unsere früheren Gegner."
Mit meinen Worten hatte ich allerdings weder Friedl noch mich selbst überzeugt. Der Gedanke, unter den gegebenen Umständen erneut in den Süden zu müssen erschütterte mich mehr als ich zugeben wollte. Natürlich merkte Friedl meine Unruhe. Sie blickte mir tief in die Augen.
„Wenn du erfährst, dass so etwas geschehen soll, dann muss ich es sofort wissen. Ich werde dann alles daransetzen, dich auf einem Bauernhof hoch oben in den Bergen unterzubringen. Wenigstens bis die Gefahr vorüber ist."
Bei ihren Worten dämmerte mir, was ich diesem Mädchen wohl bedeuten musste, wenn es sich meinetwegen selbst in Gefahr begeben wollte. Da unterbrach uns Karlheinz, der den Inhalt des Korbes eingehend besichtigte:
„Sollen denn diese Herrlichkeiten hier alt werden und verderben? Das kann doch nicht im Sinne Friedls und des abgemusterten Leutnants sein."
„Sprich dich ruhig aus. Lieber ein abgemusterter Leutnant als ein verhinderter, Herr Oberfähnrich a.D."
Am nächsten Vormittag hielt ein amerikanischer Jeep vor unserer Unterkunft. Drei Amerikaner und ein deutscher Hauptmann traten vor. Ich machte Meldung, ohne zu wissen, wer für diese militärische Vorschrift jetzt überhaupt zuständig war. Knapp und ohne Einleitung erklärte mir der Hauptmann, dass am Nachmittag alle Waffen samt Munition zur Abholung bereitliegen müssten. Außerdem müsse ich am nächsten Morgen eine Liste mit den Namen aller Leute bei der Kommandostelle der Amerikaner in Eppan abliefern. Dieser „Antrittsbe-

such“ bei den Amerikanern verlief entgegen meinen Befürchtungen auf dem Weg glimpflich und unmilitärisch. War es wirklich erst Tage her, seit wir aufeinander geschossen hatten? Und nun grüßten wir uns in einer Schule, die die Amerikaner provisorisch als Leitstelle eingerichtet hatten. Es war, als sei alles vorher nur ein böser Traum gewesen. Ein deutscher Unteroffizier, der englischen Sprache mächtig, war als Mittelsmann eingesetzt. Von ihm erhielt ich Order, dass die Batterie solange auf dem Hofe Kasseroller verbleiben müsse, bis neue Weisungen folgten. Ich musste mich täglich in Eppan melden, wobei mir erlaubt wurde, die komplette Uniform mit Rangabzeichen, Orden und Dienstpistole zu tragen.

In Eppan gab es ein kleines Lazarett, das recht notdürftig in einem Kloster untergebracht war. Wegen meiner angekratzten Gesundheit beschloss ich, den dortigen Stabsarzt zu konsultieren. Ein ergrauter, sympathischer Mann, der drei Tage lang Untersuchungen durchführte. In dieser Zeit musste Kluge die Verbindung zu den Amerikanern aufrechterhalten.

„Mein lieber Mann, Sie sind ganz schön mit den Nerven herunter. Die Herztöne gefallen mir nicht und ihre Wirbelsäule zeigt jetzt schon über Gebühr Verschleißerscheinungen. Da unser Laden hier dicht gemacht wird, schicke ich Sie mit meinem Befund ins Meraner Lazarett. Die sollen Sie ein bisschen aufpäppeln, damit Sie schön kräftig in Gefangenschaft gehen können.“

Die letzten Worte sprach der Arzt mit sarkastischenm Lächeln auf den Lippen.

„Vielen Dank für ihre Mühe und auf ein frohes Wiedersehen im Lager“. Ich steckte sein Schreiben in die Brieftasche und ging. Draußen wartete grinsend und wie verabredet Karlheinz Kluge auf mich.

„Na, darfst du wieder an die Front?“

„Schlimmer! Der gute Doktor hat mich nach Meran ins Lazarett überwiesen. Ich denke aber nicht im Traum daran, euch jetzt kurz vor Ladenschluss zu verlassen.“

„Für dich ist es vielleicht falsch, aber wir sind natürlich froh, wenn du in dieser kritischen Phase bei uns bleibst.“

Zurück auf dem Hof wurde ich von den Männern herzlich begrüßt. Zu meiner Freude hatten sich auch die drei Schwestern Oberrauch, Friedl mit Moi und Rosl, eingefunden. Wenngleich niemand wusste, was auf uns zukam, entwickelte sich der Nachmittag zu einem erneut unbeschwerten Beisammensein.

Am Donnerstag, den 10. Mai, zählte ich erstaunt nach, dass wir bereits seit 16 Tagen die Gastfreundschaft der lieben Frau Kasseroller und ihrer freundlichen Töchter Elisabeth und Maria genossen. Mittlerweile hatten wir uns richtig an die Umgebung gewöhnt. Die Soldaten hatten sich in der Scheune dezent häuslich eingerichtet. Sie achteten sehr auf Ordnung und Sauberkeit und waren stets darauf bedacht, Frau Kasseroller das Zusammensein mit so vielen Männern so erträglich wie möglich zu machen. Die angrenzende Waschküche bot Gelegenheit, einmal in der Woche warm zu baden und selbstverständlich gab es auch längst eine Latrine, die die Kameraden in gebührender Entfernung vom Hof errichtet hatten. Die Bereitschaft mit Hand anzulegen, wurde von unserer Gastgeberin mit großer Dankbarkeit angenommen. So oft sie konnte, überraschte sie die Männer mit Selbstgebackenem und Wein. Langsam aber sicher bangte ich um ihre Vorräte.
Ich saß mit Kluge, Konrads und Kröger vor dem Hof und eröffnete ihnen vorsichtig mein Vorhaben. Konrads antwortete als erster:
„Sie sollen nicht nur, Sie müssen einfach nach Meran gehen. Erstens läuft hier derzeit alles ohne Störung, zweitens haben Sie in den letzten Monaten nervlich genug durchstehen müssen und drittens liegt auch uns viel daran, dass Sie möglichst gesund die Heimat wiedersehen, Herr Leutnant."
„Für diese guten Worte danke ich ihnen, mein lieber Spieß. Ich werde also morgen früh mit Kluge nach Eppan fahren, um einen Erlaubnisschein zu erbitten und dann geht's nach Meran. Mitte nächster Woche hoffe ich wieder bei euch zu sein."
Trotz der Misere, in der wir uns befanden, erlebte ich die Fahrt durch das unvergleichliche Etschtal als ein Geschenk besonderer Art. Eine solche Fülle von Obstplantagen hatte ich in meinem Leben noch nicht gesehen und dabei war ich von Italien schon allerlei gewöhnt. Dazu die malerischen Orte, die wir durchquerten. Als Krönung Meran, mitten im Paradies liegend. Diese Eindrücke ließen die drückenden Sorgen für einen Augenblick vergessen. Wir erreichten den großen Gebäudekomplex, in dem das Feldlazarett untergebracht war. Nach kurzem Abschied befand ich mich bald darauf in einem langen Raum, den man mir zugewiesen hatte. Darin lagen bereits acht Mann in den Betten. Einige rauchend, andere schlafend oder lesend. Von mir nahm kaum einer Notiz. Am darauffolgenden Samstagmorgen begannen die ersten Routine-Untersuchungen

durch einen barschen Oberstabsarzt der Fallschirmjäger. Ein verdammt harter Knochen. Zeitweise kam ich mir vor wie ein Rekrut in der Kaserne. Er hätte mich bald so weit gebracht, meine Sachen zu packen und abzuhauen. Mein Aufenthalt hier würde nicht lange währen, soviel stand für mich fest. Als ich Sonntagnachmittag im Gang aus dem Fenster schaute, traute ich meinen Augen nicht. Das war doch gar nicht möglich! Unten ging Friedl auf den Eingang zu. Wie immer im Dirndl und mit einem Korb am Arm. Ich machte mich auf, fing sie ab und wir nahmen im sogenannten Besucherzimmer Platz:
„Liebe Friedl, nun sag' mir bloß, wie du hierhergekommen bist. Doch sicher nicht mit dem Fahrrad?“
„Na, keine Sorge, ich bin per Autostopper hier.“
„Per was?“
Ganz selbstverständlich erklärte sie: „Nun, ich habe ein Auto angehalten. Das ist bei uns leicht möglich. Das heißt, wenn auch eins kommt. So geht es für mich nachher auch wieder zurück nach Gries. Gestern war ich in Frangart und hörte, dass du nach hier ausgerissen bist. Da musste ich dir heute einfach einen Gugelhupf und einen Wein bringen. Wie geht es dir denn in dieser unfeinen Unterkunft?“
„Mies. In dieser Umgebung und bei diesem Schnauzton kann man sich leicht ein Gefangenenlager vorstellen. Seit gestern bin ich fest entschlossen, nicht in Gefangenschaft zu gehen. Wenn du es tatsächlich fertigbringst, mich bei einem Bergbauern unterzubringen, verstecke ich mich dort, bis mir der Weg nach Deutschland möglich erscheint.“
Friedl schwieg lange. Dann leuchteten ihre Augen auf:
„Helmut, ich glaube, ich weiß da jemanden, der dich aufnimmt. Aber wir müssen sehr vorsichtig sein, denn überall stehen amerikanische Posten. Zunächst werde ich Sachen von meinem Bruder Toni, der noch draußen ist, zum Bauernhof Kasseroller schaffen. Ein kariertes Hemd, ein Tiroler Jöppele und kurze Hosen. Es ist wichtig, dass du wie einer von den unsrigen ausschaust. Wenn du nach Frangart zurückkommst, liegt alles in deiner Kammer bereit. Weißt du denn schon, wann es soweit sein wird?“
„Spätestens Mittwoch, Friedl. Länger halte ich es in dieser Karbolburg nicht aus.“ Wir standen am Tor und reichten uns die Hände. Plötzlich machte Friedl einen Schritt nach vorn, küsste mich kurz und war wie der Blitz verschwun-

den. Ich schätzte Friedl außerordentlich, sie war mir eine liebe Freundin und, wie man so schön sagte, ein prächtiger Kamerad. Sie empfand jedoch mehr für mich. Ich liebte jedoch mit allen Fasern meines Herzens Jetty, die ich vor einem Jahr im Heimaturlaub kennengelernt hatte. Besorgt fragte ich mich, was ich nur anstellen sollte, um dieser herzensguten Friedl nicht weh zu tun.
Am Mittwoch stand ich dann vor dem Oberstabsarzt, der mich mit seiner harten Stimme anging:
„Sie sind abgekämpft, stimmt, Sie haben auch gewisse Abnutzungserscheinungen, stimmt ebenfalls, aber die haben wir ja schließlich alle. In diesen Zimmern liegen schwerere Fälle, das wissen Sie. Wenn Sie jedoch die Gefangenschaft noch etwas hinausschieben wollen, können Sie meinetwegen hierbleiben."
„Nein danke, Herr Oberstabsarzt, ich bitte um Entlassung."
„Gut. Aber Sie wissen doch wohl, dass ich Sie nur überweisen zu dem auf der anderen Straßenseite gelegenem Auffanglager der Amerikaner überweisen kann. Also praktisch in die Gefangenschaft. Als Offizier können Sie allein hinübergehen. Mannschaften werden abgeholt."
In mir brodelte es heftig. Ich verfluchte meinen Entschluss, überhaupt nach Meran gegangen zu sein. Mit der mir ausgehändigten Bescheinigung in der Tasche stand ich nun auf der Straße. Ich hatte nicht die geringste Ahnung, wie ich mich verhalten sollte. Am Straßenrand stand ein Kübelwagen, in den gerade ein Hauptmann einstieg. In dem Augenblick überkam mich eine zündende Idee. Mit kurzen Schritten ging ich zu dem Wagen und fragte so selbstverständlich wie möglich:
„Bitte um Entschuldigung, Herr Hauptmann, aber ich habe Auftrag, mich in Bozen zu melden. Wäre es möglich, mit Ihnen zu fahren?"
Ein Leutnant am Steuer hatte schon den Gang eingelegt. Der Hauptmann blickte kurz zu mir auf und lachte:
„Mensch, da haben Sie aber Schwein gehabt. Wir müssen nach Bozen zum Oberkommando. In ein paar Sekunden wäre es für Sie zu spät gewesen."
Etwa eine Stunde später stand ich zurück ich vor dem Haus von Kasseroller in Frangart. Die beiden 0ffiziere hatten einen Umweg gemacht und mich am Bestimmungsort abgesetzt. Zum Glück fragten sie mich nicht, wo ich mich in Bozen eigentlich zu melden hätte. Kluge und Kröger kamen zuerst auf mich zugestürzt.

„Mensch, Helmut“, rief Kluge, „die haben dich tatsächlich freigelassen, Gott sei Dank! Ich dachte schon, die hätten dich ins Heimatlazarett überwiesen.“
„Überwiesen haben die mich schon.“ Grinsend holte ich meine Bescheinigung für das Meraner Gefangenenlager hervor. Die beiden lasen den Zettel mit ratlosen Minen, während ich gespielt gleichgültig hinzufügte:
„Ich hatte keine Lust auf das Lager und bin deshalb lieber zu euch zurückgekehrt.“
Nachdem sich die Männer um mich geschart hatten, erzählte ich ihnen von dem glücklichen Zufall, dem ich meine Rückkehr verdankte. Unser Warten auf die Dinge, die nun bald kommen mussten, setzte sich voll Ungewissheit fort. Die ständig schwelenden Gefahren für Leib und Leben gehörten jedoch der Vergangenheit an.

Am Samstagmorgen um acht Uhr – ich war noch nicht fertig angezogen – erschallte aus Haus und Hof lauter Gesang. Nur mit Hemd und Hose bekleidet stürzte ich zur Zimmertür. Was ich sah und hörte, verschlug mir fast den Atem. Zu beiden Seiten der Treppe bis hinunter in den Hof standen die Soldaten in fertiger Montur. Die ersten sechs hatten je eine Flasche Wein wie Gewehre geschultert und aus vollen Kehlen klang es mir entgegen:
„Am alten Schlossturm zu Düsseldorf am Rhein ...“
Das war das Lied meiner Heimatstadt. Erst jetzt ging mir ein Licht auf: Heute war ja der 19. Mai, mein Geburtstag. Den hatte ich über die vielen Ereignisse der letzten Zeit völlig vergessen. Mir lief es kalt über den Rücken. Da standen nun meine Kameraden. Jahre hindurch hatten sie sich durch jede Gefahr und jeden Dreck gequält. Gefangenschaft und ein erloschenes Deutschland warteten auf sie und mir brachten sie heute Morgen ein Geburtstagsständchen. Zu großen Worten war ich nicht in der Lage. Ich konnte nur jedem die Hand drücken und immer wieder danken.
„Ein Geburtstagskind, noch dazu Offizier der Großdeutschen Wehrmacht, sollte die Glückwünsche doch korrekt gekleidet empfangen“ bemerkte Kluge wie auch sonst häufig ganz treffend. Ich ging in mein Zimmer, um mich „korrekt“ anzuziehen. Dann blieb ich noch eine Weile allein. 24 Jahre wurde ich heute. Mein Gott, es kam mir vor, als sei ich viel älter. Mit 19 war ich Soldat geworden und in den Jahren danach hatte ich völlig verlernt, in normalen Zeiträumen

zu denken. In unserer Einstellung zum Leben waren wir alle unserem Alter vorausgeeilt. Das Geschick hatte uns vor der Zeit reifen lassen.
Am folgenden Vormittag musste ich wie immer zur Kommandantur nach Eppan. Dort hatte man auch ein besonderes „Geburtstagsgeschenk" für mich vorbereitet. Mir wurde eröffnet, dies erhielt ich auch schriftlich, dass die Batterie am Montag, also schon übermorgen, von den Amerikanern zum Abtransport in ein Gefangenenlager übernommen würde. Den Standort konnte ich nicht erfahren. Als Transportmittel sollte unser alter Lastwagen dienen, der noch bei Kasseroller stand und vorher noch in Eppan neu aufgetankt werden konnte.
Auf dem Rückweg nach Frangart nahm ich mir vor, diese Mitteilung heute noch für mich zu behalten. Ich wollte den Jungs den Tag, den sie so liebevoll vorbereitet hatten, auf keinen Fall verderben. Meine Wehmut über die bevorstehende Trennung musste ich gewaltsam unterdrücken. Am Nachmittag wurde noch einmal gefeiert, Geburtstag und Abschied zugleich. Davon wussten meine Kameraden zum Glück noch nichts. Die unübertrefflichen Kasseroller-Frauen bescherten uns wahre Berge von wohlschmeckenden Krapfen und die gute Bäuerin stiftete tatsächlich ein 50-Liter-Fass Wein. Es wurde gelacht und gesungen und ich verdrängte beim Wein meine dunklen Gedanken.
Zu meiner Freude kam Friedl noch auf ein „Sprüngel" auf den Hof. Ich nahm sie unbemerkt zur Seite:
„Friedl, es ist soweit. Montag wird die Batterie ins Gefangenenlager abtransportiert. Ich werde mich während der Abholung im Keller verstecken. Noch wissen die Leute von alledem nichts. Ich werde es ihnen erst morgen sagen. Übrigens, Friedl, hab tausend Dank für die Kleider, die ich oben gefunden habe. Sie passen ausgezeichnet. Aber sag mir, wo und wann können wir uns am Montag treffen?"
Auf diese Frage schien sie bereits vorbereitet:
„Etwa zwei Kilometer von hier in Richtung Bozen führt eine Brücke über die Etsch. Ich glaube, du kennst sie. Sie ist von amerikanischen Soldaten bewacht. Wenn du kommst, werde ich dir von dort entgegengehen und dich wie einen guten alten Freund begrüßen. Arm in Arm werden wir dann die Posten passieren. Hoffentlich schöpfen sie keinen Verdacht."
„Liebe Friedl, du begibst dich meinetwegen in Gefahr. Ich mache mir deswegen Sorgen und auch Vorwürfe."

„Ich werde mittags um eins da sein und deine Sorgen und Vorwürfe darfst du getrost vergessen. Ich bin bereit, dir zu helfen und Gefahren schrecken mich nicht so leicht."
Wir gingen zurück zu den anderen, gaben uns unbekümmert und tranken alle miteinander noch ein Glas Wein. Bald darauf verließ uns Friedl, nachdem sie mir noch einmal zugeflüstert hatte:
„Denk' dran, Helmut, Montag um eins an der Etschbrücke."
Am Sonntagvormittag ließ ich alle Leute zusammenrufen. Schweren Herzens teilte ich ihnen mit, was am Montag geschehen würde.
„Von dieser Minute an habe ich nichts mehr zu befehlen oder euch irgendwelche Vorschriften zu machen. Es bleibt somit jedem selbst überlassen, ob er bleiben oder die Flucht wagen will. Ich werde am Montag bei der Übernahme durch die Amerikaner nicht zugegen sein, sondern auf eigene Faust riskieren, mich in Sicherheit zu bringen. Euch allen danke ich von Herzen für eure Kameradschaft und Zuneigung. Ich glaube, wir waren ein patenter Haufen und haben uns redlich durchgeschlagen. Ich wünsche uns allen, dass wir unversehrt und möglichst bald nach Hause kommen und uns einmal wiedersehen. Bleibt gesund, Kameraden!"
Kaum hatte ich ausgesprochen, da umringten mich so an die zwanzig Mann. Alle Dienstgrade waren darunter. Sie redeten auf mich ein, in der Nacht zusammen zu fliehen. Immer wieder musste ich ihnen klarmachen, dass schon mehr als zwei Leute an der nächsten Ecke geschnappt würden.
Abends saßen überall kleine Gruppen beieinander und berieten, was zu tun sei. Ich saß mit Kluge bei den Unteroffizieren; beinahe wortlos nahmen wir Abschied. Es war schwer zu begreifen, dass alles, was uns in der Vergangenheit zusammengeschweißt hatte, mit dem morgigen Tag auseinanderbrechen sollte. Wann jemals würden wir wieder ein normales und geordnetes Leben führen können?
Punkt zehn Uhr erschienen am Montag die Amerikaner. Zwei Jeeps mit insgesamt acht Mann. Jeder mit einer Maschinenpistole bewaffnet. Ich saß indes unter größter Nervosität im Weinkeller. Es war immerhin möglich, dass sie das Haus noch durchsuchen würden. Durch einen Türspalt konnte ich beobachten, wie meine Kameraden den Lastwagen bestiegen. Die Amerikaner standen dabei, leger und ohne sonderliches Interesse. Sie zählten weder die Leute

noch machten sie Anstalten nach weiteren zu suchen. Für sie war es offensichtlich, dass Widerstand oder Flucht nichts einbringen konnten. Siebzehn Leute waren noch in der Nacht ausgerückt. Hoffentlich kommen sie durch, dachte ich. So viele auf einmal mussten doch auffallen. Als ich den Wagen davonrollen hörte, legte sich eine schwere Melancholie über mich: Unsere Gemeinschaft war aufgelöst. Langsam begab ich mich nach oben in meine Kammer. Mit einem eigenartigen Gefühl zog ich meine Uniform aus. Zum letzten Mal im Leben, ging es mir durch den Kopf. Hoffentlich musste ich nie wieder im Leben eine anzulegen. Ich zog das karierte Hemd über, das dazu passende kurz geschnittene Tiroler Jäckchen, die kurze Hose und die weißen Strümpfe. Lauter Sachen von Friedls Bruder Toni, der wohl die gleiche Figur wie ich haben musste. Als Überbleibsel der Wehrmachtsuniform blieben noch die genagelten Schnürschuhe, die aber in dieser Zeit kaum auffallen konnten. Friedl hatte mir auch einen kleinen für Einheimische typischen Rucksack dagelassen. In ihm verstaute ich etwas Wäsche, ein Handtuch, Seife und Rasierzeug. In die Jacke steckte ich meine Brieftasche mit dem Rest der Batteriekasse – 30.000 Lire, womit die anderen im Lager nichts mehr hätten anfangen können – und für alle Fälle mein Soldbuch. Im Ernstfall musste ich meine Identität nachweisen können.

Alles Übrige stopfte ich in den Militärrucksack. Uniform, Auszeichnungen, Pistolen, Munition und auch Dinge, von denen ich mich nicht leicht trennte. Mit dem ganzen Gepäck zog ich hinunter in die Stube, wo ich von Frau Kasseroller, Elisabeth und Maria bereits erwartet wurde. Ich musste mit ihnen essen, obwohl mir gar nicht danach zumute war. Danach bat ich um eine Schaufel, ging mit meiner ganzen militärischen Habe weit aus dem Hofgelände heraus und vergrub tief, was von meiner Vergangenheit übriggeblieben war.

Nun, da ich mich verabschieden musste, wurde mir bewusst, dass mir dieser Hof in wenigen Wochen zu einem Stück Heimat geworden war. Die Frauen weinten, als ich sie umarmte. Leise sagte ich zu ihnen Lebewohl.

„Ich kann Ihnen nur von Herzen danken."

Schnell nahm ich meinen kleinen Rucksack, streifte ihn über die rechte Schulter und ging auf die Straße. Ich winkte kurz zurück und schritt dann in Richtung Bozen, dem vereinbarten Treffpunkt an der Etschbrücke entgegen.

Welches Abenteuer mochte das Schicksal für mich noch bereithalten?

Flucht!

An der Brücke angekommen kam Friedl auf mich zu. Lächelnd, ein wenig schlendernd, mit einer kleinen Tasche am Arm. Drei Amerikaner standen Posten auf der Brücke. Zwei Weiße und ein Schwarzer. Ich fühlte mich wie ein Seiltänzer, der auf dünnem Seil einen tiefen Abgrund zu überschreiten hat. Meine Schritte wurden entsprechend kleiner. Die Soldaten hatten nur Augen für Friedl. Kein Wunder, ein hübsches, schlankes Mädchen im feschen Dirndl war ja auch für sie keine Alltäglichkeit. Wir hatten uns erreicht. Friedl umarmte und küsste mich und hakte sich unter meinen Arm. Ich ging so vorsichtig über die Brücke, als könnte sie unter meinen Nagelschuhen zusammenbrechen. Die drei „Amis" sah ich gerade noch grinsen, da hatten wir die Brücke überquert und gingen auf der Straße weiter. Genauso langsam wie vorher. Wir durften um keinen Preis auffallen. Endlich waren wir außer Sichtweite.
„Das hast du großartig gemacht. Die haben nichts gemerkt. Du hast die Generalprobe gut bestanden. Und wie habe ich mich als Braut gemacht, Helmut?"
„Friedl, du bist geradezu zur Braut geschaffen. Ich glaube, das war heute nicht dein erster Auftritt."
Sie sagte nichts, sondern schaute mich nur schelmisch von der Seite an.
„Wie geht es nun weiter, Friedl? Nicht alle werden in mir nur einen Zivilisten sehen. Einen jungen Südtiroler, der ohne Uniform mit seiner Braut spazieren geht. Wenn ich ertappt werde, droht mir Straflager."
Es war mir unangenehm, dass ich Friedl nur noch mehr beunruhigte. Sie hatte sich doch nur meinetwegen auf dieses Abenteuer eingelassen. Und je weiter ich in die sogenannte Freiheit hinausschritt, umso mehr wurde mir bewusst, wie viele Risiken an jeder Ecke lauerten.
„Du musst nicht schwarzsehen. Zuerst müssen wir schauen, dass uns ein Fahrzeug mitnimmt, damit wir aus Bozen heraus auf die Brennerstraße kommen. Dann habe ich vor, dort", Friedl deutete auf einen Berg in der Ferne, „mit dir hinaufzusteigen zu einem Dörfel, in dem ich schon einmal Schule gehalten habe. Ich glaube, du könntest oberhalb des Dorfes, bei einem Bauern, den ich kenne, für eine Zeit untertauchen." Erst bei ihren Worten fiel mir wieder ein, dass Friedl ja Lehrerin war. Daher auch ihr dialektfreies Deutsch, mit diesem typischen Südtiroler Unterton, den ich so sehr mochte.

„Du weißt, Friedl, dass ich ein Flachländer vom Rhein bin und kein Luis Trenker. Berge erklimmen ist nicht gerade meine Spezialität."
„Oh mei, auf dem Weg nach Steinegg muss man wohl etwas schnaufen, aber sonst ist er so breit, dass ein Fuhrwerk darauf Platz hat."
Ich begann jedoch sehr viel früher zu schnaufen, als ich gedacht hatte. Wenig später hielt Friedl einen kleinen Transporter an. Uns sah ein gutmütiges südtiroler Gesicht mit einem Riesenschnurrbart an. Er war nach Blumau unterwegs. Bald darauf befanden wir uns auf dem Weg nach Steinegg. Er war wirklich breit und führte unentwegt aufwärts. Das Dorf lag etwa 900 Meter hoch. Offensichtlich war dieser Berg noch nicht von den Amerikanern besetzt worden.
So nach und nach spürte ich die Anstrengung, während Friedl forsch voranging. Die Natur war voller Frieden und einer ergreifenden Schönheit. Es war Spätnachmittag, als wir auf dem Bauernhof ankamen, den Friedl als vorläufigen Unterschlupf für mich geplant hatte. Sehr müde, hungrig und durstig klopften wir an. Die Bäuerin bat uns freundlich herein. Ich merkte gleich, dass sich Friedl hier großer Beliebtheit erfreuen musste. Rasch wurde uns Brot, Butter, Speck, Käse und Most serviert. Wir griffen zu, als wollte uns jemand etwas streitig machen. Gesättigt saßen wir nachher in der gemütlich eingerichteten Bauernstube, tranken Wein und ich genehmigte mir eine Zigarette aus meinem Restvorrat. Am Abend betrat der Bauer die Stube. Ein großer kräftiger Mann, vielleicht 50 Jahre alt, mit dichten Brauen über seinen dunklen Augen.
„Ah, das Fräulein Lehrerin schaut mal wieder zu uns herein, des ist recht".
„Ja und heute bin ich mit einem Anliegen dahergekommen."
Sie reichten sich die Hände. Erst jetzt schien der Bauer mich wahrgenommen zu haben. „Ihr habt Besuch mitgebracht?"
„Ja und damit hat auch meine Bitte zu tun. Der Helmut war deutscher Soldat, ein Leutnant. Ihm droht das Straflager. Er will aber nicht als Gefangener in den Süden geschickt werden. Ihr könntet ihm gut helfen, wenn ihr ihn eine Zeitlang auf eurem Hofe versteckt, bis für ihn der Weg nach Deutschland ungefährlich ist. Er kann euch ja vorübergehend als Knecht zur Hand gehen, damit er sich Essen und Schlafen auch verdient."
Der Bauer schaute lange wortlos zu Boden. Es war ihm anzusehen, dass er mit der Antwort kämpfte. Als er uns dann nachdenklich und sehr ernst anblickte, konnte ich seinen Entschluss vom Gesicht ablesen.

„Ich tät's ja gern. Ich möcht' euch wirklich helfen. Aber ein junger Mann, dem jeder den deutschen Soldaten auf zehn Schritte Entfernung anschaut, na, das ist mir halt zu gefährlich."
Er zündete sich eine Pfeife an:
„Früher oder später werden die Amerikaner auch bei uns in Steinegg sein. Schlimmer noch, einer, der mir ned grün is', verrät mich. Was is'n dann? Am End' stecken's mir noch den Hof an. Na, es tut mir leid, aber bei mir geht's einfach ned."
Mit einer derart bündigen Abfuhr hatte ich nicht gerechnet. Ich konnte seine Sorgen aber nur allzu gut nachvollziehen. Da es schon spät am Tage war, wurde uns wenigstens für die Nacht Unterkunft gewährt. Friedl und ich saßen in der Dämmerung draußen auf der Wiese. Wir schauten auf die Berge und ins Eisacktal. Ich dachte mit Wehmut an meine Kameraden. Wo mochten sie jetzt sein? Hatte ich am Ende doch einen falschen Entschluss gefasst?

Ich spürte in mir trotz aller Zweifel eine absolute Gewissheit. Beinahe erleichtert wurde mir klar: Von nun an musste ich fliehen, zu Fuß über die Berge, immer in Richtung Heimat. Wenn Gott mir half, würde es mir gelingen nach Hause zu kommen. Ich richtete mich auf und sah Friedl in die Augen. Ihr war die Enttäuschung über das Misslingen ihres Vorhabens abzulesen:
„Liebe Friedl, lass' uns nicht trauern, dies war soeben ein Wink des Schicksals. Mit Versteckspielen ist weder hier noch anderswo etwas zu erreichen. Wir wissen auch nicht, wie lange ich ausharren müsste bis zu einer möglichen Heimkehr. Und die Sehnsucht nach meiner Jetty, meiner Mutter und zu Hause ist so übermächtig, dass ich ein längeres Warten gar nicht ertragen könnte. Ich werde morgen mit der Wanderung nach Deutschland beginnen."
Friedl hatte Tränen in den Augen. Viel zu gerne hätte sie mich in der Nähe behalten, wenn auch nur für eine ungewisse Zeit.
„Helmut, du kennst die Berge nicht. Die Flucht wird sehr schwer für dich werden. Aber da du dich so nach deiner Jetty sehnst, musst du es wohl wagen. Ich werde dich morgen nach Brixen zu einem Onkel von mir bringen. Soviel ich weiß, kennt der einen Bergsteiger in der Nähe der Grenze, der Flüchtigen hinüberhilft. Wir werden schon per Autostopp hinkommen."

Den Rest des zunehmend kühler werdenden Abends erzählte mir Friedl von ihrer Tätigkeit als Lehrerin im „Untergrund". Sie hatte unter ständigen Gefahren in Bozen und Umgebung verbotenen Deutschunterricht erteilt. Es war beeindruckend, wieviel Mut diese warmherzige junge Frau besaß.
Am nächsten Morgen standen wir auf der Brennerstraße und versuchten die vereinzelt auf zus zurollenden Autofahrer mit Winkzeichen zum Anhalten zu bewegen. Ich wollte schon resignieren, da hielt ein Lastwagen. Als ich hinaufblickte, hätte ich mich am liebsten im Laufschritt davongemacht. Auf der Ladefläche saßen so an die zehn Soldaten. Italiener von der Badoglio-Truppe, wie man einfach erkennen konnte. Sie waren von jenen Einheiten, die vor fast zwei Jahren das Bündnis mit den Deutschen aufgekündigt hatten.
„Wenig sprechen", flüsterte mir Friedl zu, als wir aufstiegen. Aber wie? Wir waren kaum losgefahren, da fragte mich der erste, bei welcher Einheit ich gewesen und wann ich entlassen worden sei. Sie mussten mich für einen Italiener halten. Friedl übernahm sofort an meiner Stelle die Beantwortung in italienischer Sprache. Sie flunkerte den Soldaten das Blaue vom Himmel herunter. Ich war als Südtiroler Bauer nicht eingezogen worden, weil der Vater verstorben war. Wir waren verlobt und wollten bald heiraten. Das zog, denn nun lachten sie, boten mir Zigaretten an und es blieb mir erspart, meine mageren Italienisch-Kenntnisse weiter zu strapazieren. Als unsere Tour in der Nähe von Klausen zu Ende ging, fielen mir beim Absteigen einige Steine vom Herzen.
Wir machten uns auf den Weg. Zunächst einmal galt es, Klausen zu umgehen, um nicht den Straßenposten in die Arme zu laufen. Zum Glück kannte Friedl sich aus. Es gelang uns, uns überwiegend auf Feld- oder Waldwegen fortbewegend, unbemerkt zu bleiben.
Mittag war längst vorüber und das Wetter zeigte sich heute nicht von seiner schönsten Seite. Seit einiger Zeit schon mussten wir ansteigen, was mit leerem Magen immer schwerer fiel. Als wir zwischendurch Rast einlegten, deutete Friedl auf ein paar Häuser vor uns:
„Dort beginnt Feldthurns. Ich glaube, wir sollten schauen, heute irgendwo unterzukommen. Bis Brixen schaffen wir es heute nicht mehr. Jemand wird uns schon aufnehmen, zu essen geben und auch schlafen lassen."
„Friedl, willst du nicht lieber umkehren? Der Rückweg wird immer weiter für dich. Das kann ich nicht verantworten."

„Und ich kann nicht verantworten, dich nicht wenigstens bis zu meinem Onkel gebracht zu haben, Helmut. Du musst noch lange genug alleine wandern."
An der Tür eines kleinen Hauses in Feldthurns angekommen klopften wir an. Das heißt, Friedl tat es, da sie in heimischer Sprache unsere Bitte vortragen musste. Eine Frau in mittleren Jahren öffnete. Neugierig musterte sie uns und fragte nach unserem Begehren. Friedl erklärte ihr unseren Wunsch mit recht lieben Worten. Sie vergaß dabei nicht, auch unseren Hunger zu erwähnen.
„Wer seid's ihr denn? Wo kommt ihr her und wohin geht die Reise?"
Oh je, dachte ich, das wird ein Verhör. Wir sollten lieber weiter gehen und es beim Nachbarn versuchen. Friedl hatte aber andere Gedanken:
„Mein Bruder und ich kommen aus Bozen. Wir müssen nach Brixen zum Onkel, der eine Arbeit für meinen Bruder hat. Nur wird es uns heut zu weit bis Brixen."
Bruder? Ich fiel beinahe in Ohnmacht. Wie sollte ich bloß sprechen? Ich beherrschte keinerlei Südtirolerisch! Die Frau gab sich mit der Auskunft allerdings zufrieden. Sie lud uns freundlich ein ins Haus zu kommen. Bald darauf hantierte sie in der Küche, um uns dann mit einem großen Teller Kaiserschmarrn zu beglücken. Friedl unterhielt sich angeregt mit der Gastgeberin, erzählte ihr von Bozen, von der Familie und ihrem Beruf. Es schien ganz so, als ob die Frau zunehmend Gefallen an diesem Mädchen finden würde. Mich musste sie für einigermaßen dumm halten, denn ich steuerte zur Unterhaltung kaum mehr als ein „Ja", „Na" oder „Vielleicht" bei. Aber mehr sprechen durfte ich nicht, sonst wäre die Farce meiner Existenz als Friedls Bruder sofort aufgeflogen.
Später führte uns die Frau zu einer Kammer, in der außer einigem Mobiliar nur zwei Betten standen. Jedes in einer anderen Ecke. Das Geschwisterspiel nahm also ernste Formen an. Allein gelassen standen wir zunächst ziemlich unschlüssig in dem Zimmer, dann schauten wir uns an und brachen in Gelächter aus. Jeder zog sich schließlich in seiner Ecke sittsam und ohne Licht aus. Als wir in den Betten lagen, sagte ich:
„Keine Sorge Friedl, ich werde mich wie dein leiblicher Bruder benehmen. Die Idee hat mich übrigens buchstäblich sprachlos gemacht. Nun aber, schlaf' gut."
„Schlaf' gut, liebes Brüderchen."

Auf Umwegen erreichten wir am Nachmittag des nächsten Tages den Stadtrand von Brixen. Dort befand sich das Haus von Friedls Onkel. Wir wurden überaus herzlich aufgenommen. Am Abend gab es bei Rotwein viel zu erzählen. Hier durfte ich ohne Umschweife von meiner Vergangenheit sprechen. Von dem glücklichen Umstand, Friedl kennengelernt zu haben, die indes stiller und nachdenklicher geworden war. Der Onkel interessierte sich sehr für meinen Plan, über die Berge heimwärts zu wandern, aber er warnte mich auch:
„Sie werden sich schwertun, denn in den Bergen lauern tückische Gefahren. Außerdem stecken überall noch ganze Gruppen von SS-Leuten, die den Krieg im Alleingang weiterführen wollen. Die schießen alles nieder, was sich ihnen widersetzt. Sie müssen deshalb so weit wie möglich oberhalb bleiben. Da trauen sich die Amerikaner nicht hin und auch die SS kann da nichts ausrichten. Lassen Sie sich nur in den Sennhütten und in den hoch gelegenen Höfen verpflegen und beraten."
Seine Ausführungen stimmten mich nicht gerade mutiger oder zuversichtlicher. Mir wurde zunehmend bewusst, dass der bisherige Weg, gemeinsam mit Friedl, eher den Charakter eines Urlaubes gehabt hatte und dass der Ernst meiner Unternehmung erst noch bevorstand.
„Willst du es dir nicht doch noch einmal überlegen, Helmut? Es muss doch möglich sein, dich irgendwo zu verstecken, ehe du in den Bergen umkommst und niemand erfährt je etwas davon."
Bei den letzten Worten traten ihr die Tränen in die Augen. Beklomme Stille machte sich breit, bevor ihr Onkel bedächtig das Wort ergriff::
„Friedl, ich versteh' dich ja, aber glaub' mir, es hat keinen Zweck, Helmut zu verstecken. Über kurz oder lang würde man ihn entdecken. Das würde alles noch schlimmer machen. So, wie er ausschaut, glaube ich viel eher, dass er es schafft. Später, wenn sich die Wogen geglättet haben, werdet ihr sicher Gelegenheit haben, euch wiederzusehen."

Als ich am nächsten Morgen aufwachte, war es bereits nach neun Uhr. Ich schoss auf. Die Augen reibend sah ich ein kleines Foto und einen Zettel auf meinem Nachttisch. Das Bild zeigte Friedl in der Weinlaube vor dem Haus in Gries, wo wir uns kennengelernt hatten. Sie schien mich wie damals anzulächeln. Auf dem Zettel stand geschrieben:

Liebster Helmut, wenn du aufwachst, bin ich schon auf dem Heimweg. Lass' mich auf diese Art Abschied nehmen, anders wäre es mir zu schwer geworden. Gott möge Dich behüten und heil nach Hause führen. Ich danke Dir für alles und vergesse Dich nie. Deine Friedl.
Wie gelähmt saß ich auf dem Bett. Ich stellte schmerzlich fest, dass ich von jetzt an nicht nur auf mich allein gestellt war, sondern mich auch ein großartiger Mensch verlassen hatte. Jemand, mit dem mich schon nach so kurzer Zeit eine innige Freundschaft verband. Weiß Gott, auch ich würde Friedl nie vergessen. Ich schwor mir, sie wiederzusehen.
Als ich in die Stube hinunterkam, bereitete die Tante mir still ein Frühstück zu, während der Onkel eine Landkarte auf dem Tisch ausbreitete. Nach der Mahlzeit gab er mir Papier und Bleistift, damit ich mir die erste Route bis zur österreichischen Grenze notieren konnte.
„Du musst schauen, dass du zunächst nach Lüsen und dann weiter nach St. Lorenzen kommst. Dabei hast du ganz schöne Höhen zu überwinden. Also pass auf. Von dort geht's durchs Pustertal. Aber immer hübsch oberhalb bleiben, bis du in die Gegend von Innichen gelangst. Von da aus musst du bis zu dem Ort Moos. Da fragst Du nach dem Pechleitner Franz. Sag' ihm einen schönen Gruß von mir, dann wird er dich schon über die Grenze nach Österreich führen. Wir wünschen dir viel Glück auf deiner Reise und dass du gesund heimkommst."
Ich bedankte mich sehr herzlich bei den guten Leuten, die mir zum Abschied auch noch etwas Proviant für den ersten Tag mitgaben.

Über alle Berge …

Er war hereingebrochen. Der erste Tag in Gottes schöner Natur. Ganz auf mich allein gestellt. Je weiter ich wanderte, umso freier und – eigenartig genug in meiner Lage – frohmütiger wurde ich. Auf den Berghöhen war die wundersame Stille Balsam für meine Seele. Tief sog ich die reine Luft ein. Mir schien, als fielen mit einem Mal alle Sorgen, die mich am Tag zuvor noch tief bedrückt hatten, mit einem Mal mir ab. Innerlich bestärkte mich erneut ein markantes Gefühl, dass alles gut gehen würde.

Es war schon spät am Nachmittag. Ich musste zum ersten Mal auf eigene Faust zusehen, wo ich mein müdes Haupt zur Ruhe legen konnte. Seit einiger Zeit schritt ich auf ein einsam gelegenes Gehöft zu. Es war von weitem in einer Talmulde zu sehen. Doch ähnlich einer Fata Morgana schien ich dem Haus einfach nicht näherzukommen. In den Bergen war es wie verhext. Immer wenn man glaubte, einem Ziel nahe zu sein, konnte man sich fast sicher sein noch einen langen Weg vor sich zu haben. Ich sollte es aber noch vor Einbruch der Dunkelheit schaffen. Zwei Buben und ein Mädchen im Alter zwischen sieben und zehn Jahren liefen mir entgegen. Sie schauten mich aus blanken Augen an und begleiteten mich zum Haus. Dort hielt bereits eine kräftige Frau mit roten Wangen Ausschau nach uns.

„Grüß' Gott, wohin des Weges in dieser Einsamkeit?"

„Ich war deutscher Soldat, bin aber vor der Gefangenschaft geflohen. Nun versuche ich über die Grenze nach Österreich und dann weiter nach Deutschland zu kommen. Wenn Sie mich für eine Nacht, vielleicht in der Scheune, schlafen ließen, wäre ich Ihnen dankbar", erwiderte ich kleinlaut.

Aufgeregt rief sie aus:

„Johann, komm' einmal. Hier ist ein Soldat, der auf dem Weg nach Deutschland ist. Er möcht' da schlafen."

Der Mann der Bäuerin, Johann, trat aus dem Stall. Ich prallte zurück. Gab es in dieser Gegend denn Riesen? Vor mir baute sich ein Koloss auf. Er blickte mich aus grundgütigen Augen an und reichte mir seine mächtige Hand.

„Na freilich kannst bei uns bleiben. Komm' nur herein, gleich gibt's was zu essen."

Ich glaubte, eine Dorfschule zu betreten. Um einen imposanten Tisch herum scharten sich elf Kinder. Es war so ziemlich jedes Alter bis zum zwanzigsten Lebensjahr vertreten. Johann nannte mir nacheinander ihre Namen. Nur bei zwei Kleineren stockte er kurz.
„Na, da woaß' i ned so recht. I glaub', de zwoa san vom Nachbarn“. Er grinste und kratzte sich an seinem archaisch wirkendem Haupt. Dann holte er einen riesigen Trog Knödel vom Herd und stellte ihn energisch auf den Tisch. Ich dachte an meine Batterie. Hier wären wohl alle Jungs satt geworden. Alle stießen wild mit ihren Gabeln los und man musste vorsichtig sein, wollte man unverletzt mithalten. Die einfache Kost schmeckte mir ganz ausgezeichnet, zumal ich tüchtigen Hunger verspürte. Dazu gab es jede Menge Milch. Ich fühlte mich schon bald reichlich gesättigt und überaus wohl.
In der Scheune durfte ich jedoch nicht schlafen. Dorthin wurden drei der Kinder geschickt. Ich sollte deren Schlafstatt in einer winzigen Kammer übernehmen. Es gab keine Widerrede.
Nach tiefem Schlaf ging es am nächsten Morgen weiter. Gewaschen hatte ich mich am Brunnen in klarem, eiskaltem Quellwasser, das mich schnell aufmunterte. In meinem Rucksack befand sich ein Stück Speck, ein Klumpen Butter und hartes Brot, was mir diese prächtigen Leute noch zugesteckt hatten. Auch hatten sie mir genau beschrieben, welche Richtung ich einnehmen musste, um möglichst ungefährlich über den Maurer-Kofel in die Gegend von Innichen zu gelangen. Ein langer und anstrengender Anstieg wurde am Mittag mit einem wundervollen Blick über das Südtiroler Bergland belohnt. Ein herrliches, ja unvergleichliches Stück Erde, das ich bereits binnen kürzester Zeit ins Herz geschlossen hatte. Wäre ich nicht auf der Flucht, dachte ich auf einem Baumstumpf sitzend, würde ich meine Wanderung für ein wahres Geschenk halten. Gegen Abend musste ich weit absteigen, bis ich endlich eine Hütte fand in der genügend Heu vorhanden war, um darin zu übernachten. Das war für mich zwar ungewohnt, doch aus dem Krieg kannte ich weitaus schlimmere Schlafstätten.
Als ich mich tags darauf – es war ein Samstag – ohne „Morgentoilette“ auf den Weg machte, hörte ich aus der Ferne Glocken läuten. Ich musste mich in der Nähe einer Ortschaft befinden. Schon bald näherte ich mich einigen Häusern. Vor dem ersten Hof war eine Frau mit der Wäsche beschäftigt. Ich bat sie um Auskunft, wo ich mich genau befand. Ich hielt es ebenfalls für notwen-

dig, sie über meine Person und mein Vorhaben zu informieren. Sie blickte mich erschrocken an:
„Dort unten liegt Innichen. Sie müssen schnell fort von hier, denn hier sind überall amerikanische Soldaten. Mein Mann darf Sie auch ned sehen. Er arbeitet für die Amis und müßt' Sie melden. Am besten, Sie steigen dort hinauf" – sie zeigte auf eine Anhöhe – „dort über'm Wald finden's eine Sennhütte. Da ist momentan die Moidl vom Eschenbauer, die hilft Ihnen weiter."
Ich dankte ihr und machte mich mit schnellen Schritten auf den Weg. Mit solchen Umständen musst du jetzt allemal rechnen dachte ich beim Aufstieg, doch solange du gewarnt wirst ...
Es dauerte mehr als zwei Stunden, bis die Hütte vor meinen Augen auftauchte. Ich klopfte erschöpft an die Tür. Ein Mädchen mit langen hellblonden Zöpfen öffnete. Sie hatte kugelrunde, dunkle Augen, die mich entgeistert ansahen. Sie mochte etwa zwanzig Jahre alt sein und war gefährlich hübsch für eine derart einsame Hütte. Diesmal war ich sprachlos. Blitzschnell gingen mir die Worte von Friedls Onkel durch den Kopf. Was hatte er noch gesagt? In den Bergen lauern oft tückische Gefahren! Ich hatte den Eindruck soeben einer davon begegnet zu sein.
„Na, was ist?", sagte die Maid. „Hat's dir die Red' verschlagen oder bist' am End' no stumm?"
„Nein, es ist, es ist nämlich so, ich äh, ich äh komm' von da unten und ich, ..."
„Dass'd ned von da oben kimmst, hab' i scho bemerkt, aber mich tät scho interessiern, was'd hier wuist."
Langsam fing ich mich wieder. Ich erzählte ihr kurz, was sie über mich wissen musste, und bat sie gleichzeitig höflich um ihren Rat. Sie bat mich freundlich in die Hütte und schaute mich mit einem Blick an, dass mir angst und bange wurde. Bloß auf der Hut sein, Junge, bestärkte ich mich selbst. Du bist hier nicht auf Vergnügungsreise und zu Hause wartet Jetty auf dich. Indessen machte sich das Mädchen am Herd ans Werk. Kurz darauf standen ein Teller mit zwei Spiegeleiern, Brot und ein Glas Milch vor mir. Da es bereits dem Abend zuging, musste ich mich um eine Schlafstätte bemühen. Sie musste wohl meine Gedanken erraten haben. Sie sagte schon fast beiläufig:
„Du kannst hier in der Hütte schlafen. I leg' mi derweil ins Heu. Du bist a anständiger Mensch, i vertrau' dir."

Welch‘ wunderbare Worte und großzügige Geste. Ich nahm ihr Angebot mit tiefer Dankbarkeit an. Nach einem guten Frühstück beschrieb sie mir am folgenden Tag den sichersten Weg nach Moos. Sie reichte mir die Hand, kam dann auf den Zehenspitzen auf mich zu und hauchte mir einen Kuss auf die Wange. Mit einem Husch war sie wieder in der Hütte verschwunden. Es war noch recht früh am Tage. Die Luft war frisch und klar. Ich machte mich forschen Schrittes auf die Weiterreise. Dabei war höchste Konzentration auf den Pfad zu richten, den mir das Mädchen beschrieben hatte. Es war weiß Gott kein Promenadenweg und selbst den kleinsten Unfall konnte ich mir beim besten Willen nicht leisten. Der schmale Weg führte mich mal steil aufwärts, mal in weitem Bogen über Almen dem Tale zu. Weit und breit begegnete ich keiner einzigen Menschenseele. Meine Gedanken schweiften immer wieder zurück zu diesem jungen Menschenkind. Sie lebte da monatelang allein in der Hütte und hatte nur das Vieh als Gesellschaft. Offenbar kannte sie keine Angst und mir schien, als brauchte sie in dieser friedlichen Natur auch nichts zu fürchten. Gegen Mittag erreichte ich eine Anhöhe. Ich streifte den Rucksack ab und warf mich ins Gras. Eine kleine Verschnaufpause musste möglich sein. Unversehens war ich fest eingeschlafen.

Aus heiterem Himmel dröhnte plötzlich Glockengeläute und ein tiefes, langgezogenes „Muh“ in meinen Ohren. Mit einem Ruck schoss ich hoch und versteinerte Aug' in Aug' vor einer stämmigen Kuh. Ihr Blick gab mir zu verstehen, dass ich hier nicht hingehörte. Dabei schüttelte sie den Kopf und die Glocke an ihrem Halse läutete lautstark. Da näherte sich grinsend ein junger Bursche, vielleicht 16 Jahre alt. Er strich sich einen Busch dunkler Locken aus der Stirn und sah mich neugierig an.

„Deine Kuh hat mir einen schönen Schrecken eingejagt.“

„Joa, de is‘ allweil so neugierig, da kann ma nix mochn.“

Mir kam eine Idee:

„Sag' mal, kannst du mir sagen, ob es in dieser Gegend einen Pechleitner Franz gibt?“

Er schaute mich verblüfft an:

„Na freilich. Ich bin ja von dem Hof. Der liegt da unten – er zeigte ins Tal. Der is‘ so groß, dass‘d ihn ned verfehlen kannst. Da Herr Pechleitner ist heid eh dahoam.“

Herr Pechleitner? Dieser Mann schien hier ja hoch im Kurs zu stehen. Einen Bauern bezeichnete man in den Bergen normalerweise nicht als Herrn. Immerhin war die Auskunft für mich höchst erfreulich: Ich hatte das Ziel meiner ersten Etappe so gut wie erreicht. Ich warf den Rucksack über die Schulter und machte mich auf in die Richtung, die mir gezeigt worden war. Der Abstieg dauerte fast eine Stunde. Als der Hof vor mir auftauchte, konnte ich meine Verblüffung kaum verbergen. Mit einem Gebäude solchen Ausmaßes hatte ich nicht gerechnet. Es konnte höchstens ein paar Jahre alt sein und deutete in jeder Hinsicht auf Wohlhabenheit, wenn nicht gar Reichtum hin. Türen und Balkone wiesen wertvolle Schnitzarbeiten auf. Die Wände waren geschmackvoll bemalt. Rund um den Wohntrakt war die Erde mit Steinplatten ausgelegt, immer wieder durchbrochen von gepflegten Blumenbeeten. Der Besitzer eines derartigen Anwesens musste wirklich ein „Herr" sein.

Zögernd ging ich auf das Gebäude zu und läutete. Es gab tatsächlich eine Klingel an der Tür. Eine junge Frau öffnete und bat mich gleich einzutreten. Ich nannte ihr den Grund meines Kommens, worauf sie mich in eine Stube führte, die mit prächtigen Möbeln aus Naturholz eingerichtet war. Die Frau stellte eine Karaffe mit Wein sowie zwei Gläser auf den Tisch. Sie teilte mir mit, sie würde den Herrn holen. Bald danach betrat ein mittelgroßer, schlanker Mann das Zimmer. Er trug einen Trachtenanzug, hatte schneeweiße Haare, ein scharf geschnittenes, markantes Gesicht, aus dem mich schwarze Augen kurz prüfend musterten. Obwohl er nicht mehr jung war, kam er mit dynamischen Schritten auf mich zu und stellte sich vor. Ich war aufgestanden, stellte mich ebenfalls vor und erzählte, weshalb ich hier sei. Ich vergaß nicht, die mir aufgetragenen Grüße auszurichten.

Nach einer Welle – wir hatten uns inzwischen gesetzt und einen Schluck Wein getrunken – sagte Pechleitner mit auffallend schneidender Stimme:

„Sie wissen, dass ich Bergführer bin und Leute, die nach Österreich wollen, hinüberbringe. Meist gehe ich mit drei oder vier Leuten gleichzeitig, das bringt mir mehr ein. Da Sie heute nur allein hier sind, mache ich eine Ausnahme. Wieviel Geld haben Sie?"

Aha, dachte ich, daher dieser Wohlstand. Mit der Not anderer Menschen ließen sich schon zu allen Zeiten gute Geschäfte machen:

„Ich besitze 30.000 Lire, die ich anbieten kann."

„Das ist nicht viel für einen Alleingang“ haschte es überrascht und nicht gerade freundlich zurück.
Nicht viel ist gut, dachte ich. Nach unserer Währung waren das immerhin 300 Reichsmark.
„Nun sind Sie einmal da und ich möchte meinem Bekannten in Brixen nicht ungefällig sein. Sie bekommen eine Kammer und legen sich heute Abend am besten früh zu Bett. Um drei Uhr morgens hole ich Sie, dann steigen wir auf den Helm. Das ist der Berg, der nach drüben führt. Martha wird für Ihre Verpflegung sorgen.“
Er stand auf und verließ wortlos die Stube. Für meinen Geschmack war es nicht verlockend mit diesem Fuchs in der Nacht auf einen Berg zu steigen. Aber was blieb mir anderes übrig? Die junge Frau, die er Martha genannt hatte, versöhnte mich mit einem ausgezeichneten Essen, das wohl zum Kundendienst gehörte. Zunächst eine warme Suppe, dann ein großes Stück Braten mit Knödel und Salat und hinterher sogar noch Kompott. Ich befand mich in einer Luxusherberge.
Punkt drei Uhr klopfte es an meine Kammertür. Ich hatte mich bereits fertiggemacht. Pechleitner wartete vor der Tür auf mich. Er trug die typische Kluft eines Bergsteigers, hatte ein Kletterseil umgelegt und zog einen Gegenstand aus der Tasche.
„Für alle Fälle“, sagte er kurz und zeigte mir eine Pistole, "wenn uns jemand überraschen sollte.“
Verdammt, musste das denn sein? Mein Bedarf an Schießerei war für mehr als ein Leben gedeckt. Ich beschloss den Mann daran zu hindern die Waffe zu gebrauchen, so ich es nur konnte. Die Nacht war klar und im Mondschein ragten die Berge wie bizarre Silhouetten in den Himmel. War mir in meiner kurzen Hose zuerst noch kalt gewesen, so spürte ich beim Anstieg auf einem schmalen Pfad bald zunehmende Erwärmung. Zudem schritt dieser weißhaarige Mann, der um die 60 Jahre alt sein musste, vor mir her wie ein Zwanzigjähriger. Schon nach einer guten Stunde hatte meine liebe Not ihm zu folgen. Pechleitner hielt plötzlich an:
„Wir müssen jetzt ein Stück klettern, um außer Sichtweite einer amerikanischen Stellung zu kommen. Es ist nicht weiter gefährlich, aber zur Vorsicht sichern wir uns.“

Mir wurde es mulmig zumute, als er uns das Seil umlegte. Wir verließen den Pfad und kletterten an einer abgeschrägten Wand entlang. Ich beobachtete jede Bewegung des Mannes mit Argusaugen. Er war trotz seines Alters erstaunlich sicher und blickte immer wieder zurück, um mir mit einem Wort oder einer Kopfbewegung zu bedeuten, wie ich mich am besten zu bewegen hatte. Mir brach am ganzen Körper der Schweiß aus. Sicher war dieser Anstieg für einen geübten Bergsteiger keine nennenswerte Leistung. Für mich jedoch wurde er zu einer Herausforderung, die ich nur mit höchstem Einsatz all meiner Sinne und Kräfte zu bewältigen vermochte. Ich musste mir offen eingestehen, dass mich eiskalte Angst befallen hatte. Angst vor einem falschen Tritt, vor dem Versagen meiner Kräfte Angst vor dem Absturz.

Nach einer gefühlten Ewigkeit erreichten wir ein Plateau, wo Pechleitner eine kurze Rast einlegte. Er holte eine kleine Flasche aus dem Rucksack und reichte sie mir.

„Nehmen Sie einen Schluck Weinbrand, der stärkt und ist gut gegen das Schwitzen". Ich sah ihn zum ersten Mal lächeln. „Sie haben sich bis jetzt tapfer gehalten. Von nun an steigen wir dort auf dem Wege weiter bis oben."

Der Morgen graute heran und es versprach ein wunderschöner Tag zu werden. Langsam stieg die Sonne hinter den Bergen hervor und ihre Strahlen, die die Landschaft ringsum verzauberten, gaben mir neue Zuversicht und Kraft. Es war ungefähr zehn Uhr, als wir auf dem Berggipfel ankamen. Ich hatte keinen trockenen Faden mehr am Leibe. Mein Bergsteiger erschien mir jedoch so frisch wie bei unserem Abmarsch.

„Sie müssen sich jetzt erst einmal ausziehen und den Körper tüchtig abreiben. Dann legen Sie die trockene Wäsche an, die Sie noch haben." Er zeigte auf die Almen, die sich vor uns ausbreiteten: „Wenn Sie über diese Almen abwärts gehen, sind Sie in fünf Minuten in Österreich. Gehen Sie einstweilen immer der Sonne entgegen, also nach links herüber, sonst laufen Sie den Amerikanern direkt in die Arme."

Ich zog das Geld hervor und gab es ihm. Wir hatten das so vereinbart. Ich sah in sein kantiges Gesicht:

„Herr Pechleitner, Sie haben mir sehr geholfen und ich danke Ihnen herzlich dafür. Hoffentlich können Sie noch vielen in meiner Lage weiterhelfen. Ich wünsche Ihnen alles Gute." Er gab mir die Hand.

„Ich wünsche Ihnen gesunde Heimkehr. Machen Sie's gut. Servus!"
Im Nu war dieser seltsame Mann verschwunden. Während ich seinem Rate folgte und mich umzog, dachte ich darüber nach, wie unterschiedlich doch die menschlichen Charaktere sind. Dieser Mann kannte die Berge hier Schritt für Schritt auswendig und diese Kenntnis machte er sich zunutze. Sei es durch Fluchthilfe oder ganz sicher auch durch Schmuggel. Er war wohlhabend dabei geworden. Nur eines fehlte ihm offensichtlich. Die Gabe in dieser herrlichen Welt froh und glücklich zu sein.
Ich blickte zurück zu den Bergen Südtirols. Ein beinahe trauriges Gefühl des Abschiednehmens beschlich mich. Vor erst vier Wochen waren wir voll Sorge und Ungewissheit, den Tod im Nacken, in diesen Garten Gottes gekommen, meine Kameraden und ich. Was hatte sich seitdem alles ereignet! Meine Gedanken wanderten zu meinen Soldaten zurück. Zu Kasseroller in Frangart, zu Friedl, Moi und Rosl. Still wünschte ich ihnen allen nur das Beste und flüsterte leise in Richtung Südtirol: „Auf Wiedersehen!"
Nach dem beschwerlichen Anstieg auf immerhin 2400 Meter Höhe wie Pechleitner mich informierte, erschien mir das Wandern talwärts über die Almen im Sonnenschein geradezu erholsam. Ich fühlte mich leicht und summte ein Liedchen vor mich hin. Trotz der Ruhe, die mich umgab, hielt ich die Augen offen. Ich durfte nicht vergessen, dass ich mich im Grenzgebiet befand. Hier war überall mit Kontrollen zu rechnen. Es war schon Mittag geworden und ich hatte ein gehöriges Stück zurückgelegt. Allmählich spürte ich die Anstrengung in allen Gliedern. Aber weit und breit zeigte sich kein Haus und keine Hütte. Ich wünschte mir sehnlichst irgendwo unterzuschlüpfen, um zu rasten. Ich musste also noch weiter hinunter. Es dauerte zum Glück nicht lange, da erblickte ich einen veritablen Fahrweg, der bis ins Tal führte. Dieser Weg musste mich zu einem Hof bringen.
Zehn Minuten musste ich mit Schrecken feststellen, dass dies der Fehler war. Ein Fehler, vor dem man mich schon einige Male zu warnen versucht hatte: Ich durfte nicht zu weit hinunter! Als ich um einen Hügel bog, stand ich plötzlich vor einem amerikanischen Straßenposten. Es war noch ein sehr junger Soldat, der mich mit fast kindlichem Erschrecken anblickte, dann aber seine Maschinenpistole von der Schulter holte und mir zurief:
„Your Pass!"

Ich nickte. Als ich in meinem Jäckchen zögernd suchte, überlegte ich krampfhaft, wie ich mich diesem Jungen gegenüber harmlos verhalten sollte. Da kam mir der Zufall zur Hilfe. Auf dem Weg rumpelte ein Wagen heran, der von einem Pferd gezogen wurde. Darauf befand sich ein Mann, eine Frau und ein Junge. Der Soldat drehte sich herum und rief den Leuten denselben Befehl zu. Das war meine Chance! Wie ein Besessener rannte ich los. Nach etwa 50 Metern – natürlich hatte der Posten meine Flucht entdeckt – schoss dieser eine Garbe aus der Maschinenpistole hinter mir her. Zum Glück viel zu hoch. Es handelte sich lediglich um Warnschüsse. Ich lief jedoch unversehens weiter bis ich außer Sichtweite war und kletterte keuchend einen Hang hinauf. Erst nach einer Stunde gönnte ich mir eine Pause. Der Schrecken war mir tief in die Glieder gefahren. Ich aß etwas und trank einen ordentlichen Schluck Wein. Die liebe Martha vom Pechleitner hatte mir Proviant in den Rucksack gesteckt. Während der Verpflegung gedachte ich dankbar meines Schutzengels, der soeben an meiner Seite gewesen war. Dann brach ich wieder auf. Es dauerte erfreulicherweise nicht lang, bis ich auf einen kleinen Hof stieß. Dort ließ mich ein alter Bauer in der Scheune schlafen. Ich verkroch mich todmüde in einer Ecke und hörte und sah schon bald nichts mehr von dieser Welt.

Am nächsten Morgen erwachte ich früh. Draußen war es recht frisch und diesig. Bei der Morgenwäsche im eiskalten Brunnenwasser bekam ich am ganzen Körper Gänsehaut. Der Bauer, der scheinbar allein hier hauste, war auch schon munter. Er bewirtete mich mit heißer Milch, Brot und Butter. Er erklärte mir, wie ich weiter entlang des Drautales in Richtung Lienz zu wandern hätte und dass ich den Spitzkofl wegen seiner Höhe möglichst umgehen solle.
Bald war ich auf dem Weg, wanderte über Almen, benutzte, wie es mir der Bauer beschrieben hatte, kleine Pfade, die leicht abwärts und nach meiner Vermutung der Drau entlangführten. Die Sonne ließ sich heute nicht blicken. Es war schwül und bewölkt. Mittag war längst vorüber und meine Schritte gestalteten immer mühseliger, meine Knochen schmerzten und ich fühlte mich bleiern. In einem kleinen Waldstück ließ ich mich nieder und verzehrte den Rest meiner Vorräte. Die Müdigkeit übermannte mich. Ich wollte mich nur kurz ausstrecken, da war ich nach wenigen Minuten eingeschlafen. Im Schlaf war mir, als leuchtete es um mich herum und in meinen Ohren rauschte es. Ein furchtba-

rer Knall riss mich hoch. Um mich herum schon war es fast finster, nur Blitze erhellten ab und zu die Landschaft. Gespenstisch grollte es zwischen den Bergen, sodass ich mich wieder in Frontnähe wähnte. Dazu goss es in Strömen und ich verwünschte mich selbst. Wie konnte ich ausgerechnet vor einem Gewitter einschlafen? Hier konnte ich auf keinen Fall bleiben. Bis auf die Knochen durchnässt lief ich los. Es dauerte über eine Stunde, bis ich endlich einen Heuschober fand, der mir wenigstens Schutz vor den himmlischen Sturzbächen gewährte. Ich zog mich aus und rieb mich ab, was mit dem feuchten Handtuch nicht viel nützte. Nun stellte ich fest, dass auch meine zweite Garnitur Wäsche im Rucksack vom Regen eingeweicht worden war. Ich buddelte mich so tief ich konnte ins Heu hinein und verspürte bald eine wohlige Wärme. Der Abend senkte sich hernieder und das Gewitter hatte aufgehört. Ich döste vor mich hin, bis ich erschöpft und mit knurrendem Magen einschlummerte.

Am nächsten Morgen weckte mich strahlender Sonnenschein. Meine Kleider waren zwar noch nicht trocken, doch es half alles nichts. Ich musste weiter und erst einmal zusehen etwas Essbares aufzutreiben, obschon ich keinen Hunger verspürte. Als ich losging, fühlte ich mich matt und fröstelig. Meine Knie waren weich und es kostete mich große Überwindung nicht nachzugeben. Ich stieg immer weiter zu Tale. Mittlerweile war es mir fast gleichgültig, wo ich eintreffen würde. Zur Mittagszeit saß ich vollkommen erschlafft auf einem Hügel. Ich hatte Halsschmerzen und Hitzewellen jagten durch meinen Körper. Da breitete sich vor meinen Augen eine Stadt aus. Nach allen Beschreibungen konnte das nur Lienz sein. Müde erhob ich mich und schritt geradewegs auf die Stadt zu. Das hatte mir noch gefehlt. Eine Krankheit war in meinem Plan nicht vorgesehen. Ich taumelte mehr als ich ging. In der ersten Straße ließ ich mich auf einer Bank nieder. Weiter würden mich meine Füße nicht mehr tragen. Vor meinen Augen tanzten rote Kreise. Ich legte den Rucksack ab und ließ meinen Kopf darauf niedersinken. Wer weiß wie lange ich dort zusammengekauert zugebracht hatte, als plötzlich eine Frau vor mir stand und mich ansprach:
„Mein Gott, was ist mit Ihnen, sind Sie krank? Ich beobachte Sie schon eine ganze Weile von dem Haus da drüben."
„Ich fürchte, ich habe Fieber. Hab mir wohl etwas zu viel zugemutet. Ich bin nämlich von Bozen her auf der Flucht. Ich war deutscher Soldat, wissen Sie.

Aber jetzt, jetzt kann ich nicht mehr."

„Dann kommen Sie erst einmal mit zu mir". Die Frau zog mich an einem Arm hoch und führte mich zu einem Haus auf der anderen Straßenseite. Nur mehr schemenhaft nahm ich wahr, dass das Gebäude recht adrett und ordentlich aussah.

„So, jetzt führ' ich Sie hinauf ins Zimmer von meinem Buben, der noch beim Militär ist. Da stecken wir Sie ins Bett und ich bring' Ihnen erst mal einen guten Tee."

Später machte sie mir kalte Wadenwickel. Dann verließen mich meine Kräfte. Wie ein Stein fiel ich in einen tiefen Schlaf. Ich musste sehr lange geschlafen haben, denn als die Tür aufging, sah die Frau mich mit besorgten Blicken an. Erst jetzt erkannte ich ihr gütiges Gesicht mit den roten Wangen, ihre stattliche Figur und die Fürsorglichkeit, die von ihr ausging. Sie mochte etwa Mitte Vierzig sein.

„Na, wie geht's uns denn heute? Ich dacht' schon, Sie wollten gar nicht mehr aufwachen."

„Aber, aber wo bin ich denn?". Meine Stimme krächzte wie ein Reibeisen.

„Sie sind hier in Lienz und ich heiße Baumgart. Ich habe Sie gestern draußen auf der Straße aufgelesen, als Sie nicht mehr weiterkonnten."

Allmählich erinnerte ich mich, was geschehen war. Ich wurde mir meiner Lage bewusst. Ich lag in einem sehr ansprechenden kleinen Zimmer, in einem säuberlich bezogenen Bett und fiel fremden Leuten zur Last. Ich fühlte mich wie zerschlagen, hatte aber wohl kein Fieber mehr. An eine Fortsetzung meiner Wanderschaft war aber momentan nicht zu denken. Wie sollte es weitergehen? Würde ich einen Arzt oder ein Spital aufsuchen, bedeutete dies automatisch das vorzeitige Ende meiner „Freiheit".

„Was mache ich nun? Ich kann Ihnen unmöglich weiter zur Last fallen. Im Übrigen besitze ich keinen roten Heller. Mir gehört nur das, was ich mit mir trage."

„Da hört sich jetzt auf der Stelle auf! Ich will dich wieder auf die Beine bringen und du sprichst von einer Last. Wenn ich schon nichts für meinen Buben draußen tun kann, dann lass mich dich wenigstens ein wenig aufpäppeln. Mein Mann ist vor zwei Jahren gestorben, mein Junge ist Soldat und ich bin hier mit Stephanie allein. Ich hab also genug Zeit, dich zu pflegen und außerdem – ver-

schämt blickte sie zur Seite – außerdem mag' ich dich, damit du's weißt."
Großer Gott, dachte ich, es gibt überall so viele gute Menschen. Wieso nur gibt es eigentlich Kriege? Ich war tief gerührt.
„Liebe Frau Baumgart, wie dankbar bin ich, dass gerade Sie mich gefunden haben. Ich will schnell gesund werden."
„Immer mit der Ruhe", erwiderte sie, „du hast ja Zeit und ich auch. Jetzt muss ich erst mal in die Stadt und versuchen, etwas Gutes für dich aufzutreiben. Stephanie kommt gleich aus der Schule und bringt dir Tee."
Später hörte ich hurtige Schritte auf der Treppe. Die Tür flog auf und es schoss ein Wirbelwind mit schwarzem Lockenkopf, großen blauen Augen und einem Stupsnäschen herein. Mit einem Ruck setzte sich ein Mädchen auf mein Bett. Eine helle Stimme erklang:
„Ich bin die Stephanie und soll für dich sorgen, hat Mutti gesagt. Wie heißt denn du?" Ich war von ihr amüsiert.
„Ich heiße Helmut und bin 24 Jahre. Und wie alt bist du?"
Sie sah mich groß an und reckte sich hoch.
„Ich bin schon 15. Bin bald erwachsen."
Na, da hatte ich mein Fett weg. Stephanie verließ auffallend erwachsen, beinahe hoheitsvoll, das Zimmer. Bald darauf kehrte sie mit einer Tasse Tee zurück. Da sie für mich sorgen sollte, führte sie mir den Tee Löffel für Löffel zum Mund.
Heute war Samstag und wir schrieben den 16. Juni 1945.
Vierzehn Tage schon genoss ich die liebevolle Gastfreundschaft der Frau Baumgart. Längst war ich wieder auf den Beinen. Ich hatte mir tüchtig Bewegung in dem großen Garten hinter dem Hause verschafft und fühlte mich kräftig genug, die Wanderung in Richtung Heimat weiter aufzunehmen. Ich fühlte mich in diesem Haus sehr wohl und wusste, dass mir der Abschied schwerfallen würde.
Nach dem Mittagessen bemerkte ich so beiläufig wie möglich:
„Ich werde morgen früh aufbrechen und weiterwandern."
Frau Baumgart fuhr herum und sah mich groß an.
„Morgen", sagte sie mit Nachdruck, „nein, morgen kannst du nicht fort. Morgen ist Sonntag. Ich hab' ein gutes Stück Bratfleisch aufgetrieben. Da musst du dich erst noch einmal stärken. Montag, wenn du unbedingt willst, kannst du ja gehen."

„Bist halt viel zu schnell gesund geworden."
„Ja schau' Mutti, ich hab's dir ja gesagt. Wir haben den Helmut zu gut gepflegt, sonst müsst' er jetzt noch dableiben", meldete sich nun Stephanie.
Wir fingen alle drei an zu lachen und damit war der Aufschub besiegelt. Der Sonntag verlief harmonisch, doch unsere Stimmung war von der bevorstehenden Trennung überschattet.
Wie schnell man sich doch lieben Menschen verbunden fühlte, dachte ich, als ich meine Wanderung fortsetzte. Ich hatte meinen Rucksack geschultert, in dem sich selbstverständlich gute Gaben von Frau Baumgart befanden. Sie und Stephanie hatten mich noch ein weites Stück begleitet, damit ich möglichst unauffällig aus dem Stadtgebiet herauskam. Dafür hatte Stephanie sogar die Schule geschwänzt.
Ich war schon einige Zeit gestiegen und befand mich, wenn meine Notizen mich nicht täuschten, im Debanttal. Die Sonne meinte es gut. Es war schon recht warm für die Jahreszeit. Überanstrengen durfte ich mich noch nicht, das war deutlich zu spüren. Ich war erleichtert, als ich am Nachmittag auf einen größeren Hof zusteuerte, wo ich vielleicht übernachten konnte. Eine Dame öffnete mir. Ihr Aussehen deutete darauf hin, dass ich es nicht mit einer einfachen Bäuerin zu tun hatte. Sie fragte nach meinem Begehren und ich berichtete, wie nun schon so oft, kurz über meine Person und mein Vorhaben.
„Moment", sagte sie und verschwand wieder im Haus. Nach einer Weile kehrte sie mit einer Schüssel zurück, die augenscheinlich Pudding enthielt. Sie deutete auf die Hauswand:
„Setzen Sie sich dort auf die Bank. Sie können sich da stärken und die Schüssel auf der Bank stehenlassen."
Die Tür wurde zugeschlagen und zum ersten Mal kam ich mir wie ein Bettler vor. Vornehme Leute.. Welch' ungleich höheren Wert musste man hingegen der einfachen Frau Baumgart zumessen. Was mochten diese Leute in den schrecklichen Jahren, die hinter uns lagen, vom Krieg erlebt haben? Still stellte ich die Schüssel auf die Bank, ohne etwas angerührt zu haben und machte mich wieder auf den Weg.
Es war fast dunkel, als ich endlich eine Almhütte erreichte. Mich empfing ein knurriger Senner, den ich wohl bei der Mahlzeit gestört hatte. Immerhin, er gab mir etwas zu essen und einen Becher Milch. Er wies mir in einer Ecke ein

Lager zu, wo ich schlafen konnte. Lange lag ich wach und dachte sehnsüchtig an die gute Frau Baumgart und Stephanie zurück, an mein freundliches Zimmer und an das wohlige Bett.
Mochte der Senner auch wortkarg sein, am nächsten Morgen konnte er mir geschickt erklären, wie ich gehen musste, um den 2900 Meter hohen Seichenkopf nicht zu besteigen und ohne zu weit ins Tal zu kommen. Unterwegs versuchte mir immer wieder Einzelheiten, die der Senner mir genannt hatte, vorzustellen. Es wurde ein schwieriges Auf- und Absteigen. Da ich keine Menschenseele traf, hatte ich mittags die Orientierung vollends verloren. Niedergeschlagen machte ich Rast. Ich aß etwas, rauchte eine von den letzten Zigaretten und zermarterte mir den Kopf, in welche Richtung ich weitergehen musste.
Es waren mehr als zwei Stunden vergangen, in denen es hinauf- und hinunterging. Es wurde schon Zeit, sich um einen Schlafplatz zu kümmern. Plötzlich war mir, als sei mir die Umgebung bekannt. Ich stutzte, als eine Hütte vor mir auftauchte. Das war doch wohl nicht möglich. Ging ich etwa der gleichen Hütte zu, die ich heute Morgen verlassen hatte?
Bald darauf staunte noch jemand. Nämlich der Senner, der mir den Weg so gut beschrieben hatte.
„Hast was vergessen oder weshalb kehrst du zurück?"
Als ich versuchte, ihm meine Route zu erläutern, brach er in ein Gelächter aus, das ich ihm gar nicht zugetraut hätte.
„Na", gluckste er, „des is a Gaudi, da bist halt im Kreis herumspaziert, das ist dem Toni a scho amol passiert."
Ich wusste zwar nicht, wer Toni war, und auch wenn es mir schwerfiel, fing auch ich an zu lachen. Jetzt taute der Senner förmlich auf. Er holte tatsächlich eine Flasche Wein hervor, die wir draußen vor der Hütte aus Belustigung über meine merkwürdige Reise leerten.
„Weißt", sagte er später schon leicht angeheitert, „du hast Glück. Morgen in der Früh' kimmt der Toni mich ablösen, dann muss i in die Gegend von Stampfen. Da kannst mit mir kommen und i weis' dir den richtigen Weg ohne Rückfahrkarte."
Über seinen Witz musste er wieder schrecklich lachen und er steckte mich sogar damit an.

Am nächsten Morgen gingen wir wie zwei alte Kameraden los; der Senner war nun viel gesprächiger. Ich musste mich höllisch anstrengen, um mit ihm Schritt zu halten. Ich hatte aber das beruhigende Gefühl, jetzt ein gutes Stück auf richtigem Wege voranzukommen. Mittags trennten sich unsere Wege. Der Senner schenkte mir sogar noch ein paar Zigaretten und zwinkerte mir zu :
„Wennst jetzt in die Richtung weitergehst, und dabei musst' auf den Stand der Sonne schauen, kimmst so in zwei Stund' zu einer großen Hütten. Wenn i du wär', tät i do übernachten. Da haust nämlich momentan das Reserl."
Er gab mir noch einen kameradschaftlichen Stoß in die Seite und trottete davon. Die große Hütte erreichte ich wirklich – und davor stand auch das Reserl. Es war größer als ich, hatte die Arme eines mittleren Ringkämpfers und einen Busen, der mit den Höhen ringsum konkurrieren konnte. Aus einem kugelrunden, kräftigen Gesicht schaute mich die Sennerin abschätzend an. Man konnte erkennen, dass sie nicht recht wusste, wie sie mich einstufen sollte. Ich wäre ganz gerne weitergegangen, denn in ihrer Nähe empfand ich eine Art Klaustrophobie. Das Reserl hatte sich gefangen und mit einer hellen Stimme, die so gar nicht zu ihrer athletischen Figur passte, fragte sie mich:
„Wohin des Weges, junger Herr? Du bist doch net von da, sonst tät i di kennen."
Na, „junger Herr" war für diesen Kraftprotz aber schon eine ganze Menge Ehrerbietung.
Ich trug mein übliches Sprüchlein vor und vergaß auch nicht, die Empfehlung des Senners zu erwähnen. Doch das schien nicht richtig zu sei. Daraufhin verzog sie ihr Gesicht zu einem verächtlichen Grinsen.
„Hör' auf mit dem. Den mag' i da net sehn und der is a kein Umgang für dich. Aber jetzt kimm' erst mal mit rein. I bin grad dabei, Omeletten zu backen. Da magst du doch sicher mithalten."
In der einfachen Stube war alles blitzsauber. Vom Herd duftete es verlockend herüber. Mit flinken Schritten lief das Reserl umher und hantierte derart geschickt, dass ich ihr im Stillen den Kraftprotz wieder absprach. Als sie dann einen Teller mit einem Berg Pfannkuchen auf den Tisch stellte, rechnete ich mir aus, dass noch einige Leute zum Essen erscheinen würden. Dem war aber nicht so. Reserl stapelte die Hälfte der goldbraunen Speise auf ein Brett, das sie vor mich hinstellte. Dabei legte sie sich unbekümmert über meine Schulter, sodass

mir für einen Moment vor lauter Busen schwarz vor Augen wurde.
Es war mir unbegreiflich, in welchem Tempo die Pfannkuchen verschwanden. Ich hatte zwar großen Hunger und tagsüber kaum etwas zu essen gehabt, doch das Reserl musste schon etliche Fastentage hinter sich haben. Genießerisch wischte sie sich mit dem Handrücken den Mund ab.
„So, jetzt noch a Milch, a Stückerl Wurscht und Brot, dann samma wiederhergestellt."
Die Milch trank ich noch, aber bezüglich Wurst und Brot fragte ich meine Gastgeberin:
„Kann ich das nicht mitnehmen für unterwegs? Ich finde nicht immer so freundliche Leute, die mich verpflegen."
„Du kriegst morgen sowieso genug von mir mit", winkte Reserl ab. „Deswegen brauchst di net sorgen. Einstweilen hab' i ja noch Vorräte."
Die wirst du aber selbst nötig brauchen, dachte ich. Hatte sie „morgen" gesagt? War ich denn für die Nacht schon eingeplant? Als hätte sie meine Gedanken erraten, sagte das Reserl ganz selbstverständlich:
„Hier in der Hütten hab' i zwei Betten, du kannst also hier schlafen. Oder tät's di am End' fürchten?"
Zweifellos würde ich das. Ich versuchte herauszufinden, wie alt die holde Maid wohl sein mochte.
„Nein, nein, ich fürchte mich nicht. Ist es dir denn recht, mit einem fremden, jungen Mann von 24 Jahren allein zu übernachten? Dabei denke ich natürlich auch an deinen Ruf."
Voller Erstaunen blickte Reserl mich an und atmete tief durch:
„Jetzt will i dir mal was sagen. I bin 21 Jahr' und also volljährig. Wenn mir einer gefällt, schläft der bei mir und damit basta. Da schert mich mei' Ruf scho rein goa ned."
„I mein's doch nur guad mit dir. Sollst dich einmal richtig ausruhen nach all' der Strapaz'. I werd' di bestimmt net stören."
Das kam so treuherzig heraus, dass das Mädchen mir leidtat. Sicherlich liefen ihr wegen ihres Aussehens nicht viele Männer nach. Dabei hatte sie wahrscheinlich ein besseres Gemüt als manche Schönheit. Also beschloss ich zu bleiben, um Reserl nicht zu kränken. Außerdem war ein Bett in der gemütlichen Hütte nicht zu verachten. Wo sollte ich um diese Zeit auch hin?

Als ich Reserl meinen Entschluss mitteilte, freute sie sich richtig und strahlte mich an. Sie lief in eine Nebenkammer, von wo bald ein gewaltiges Rumoren zu vernehmen war. Ich ging hin und sah, wie Reserl ein einfaches Holzbett zur Türe schob. Eine Arbeit, wozu sie lediglich sein Hinterteil als treibende Kraft benutzte.

„Fass' einmal mit an", rief sie, „dein Bett kommt in die Stub'. Da hast es ruhig und fein warm."

Nachts fand ich die Erklärung für das Umbetten. Aus der Kammer erscholl ein derartiges Schnarchen, als sei dort ein mittleres Sägewerk in Betrieb genommen worden. Da mir der Ofen noch genug Wärme spendete, schlief ich bald wieder ein. Ich zuckte nur ab und zu zusammen, wenn Reserl eine zu hohe Tonlage erwischt hatte.

Am Morgen war mein Rucksack schwerer als bisher. Das Mädchen hatte meine Versorgung nach eigenen Maßstäben bestimmt. Ich dankte ihr sehr herzlich und versuchte eine Umarmung. Reserl tat das Gleiche mit besserem Erfolg. Ich versank in ihren Armen und an ihrem Busen und erhielt einen Kuss, dass mir Hören und Sehen verging.

„Mach's gut, Bub", flüsterte sie, „vielleicht denkst amol an mi."

Lange winkte mir die Sennerin noch nach. Je weiter ich ging, desto zierlicher wirkte ihre sonst so kräftige Statur, in der ein gutes Herz schlug. Der Weg wurde immer schmaler und führte steil aufwärts, sodass ich mich nun sehr konzentrieren musste. Es wurde Mittag, als ich eine Höhe erklomm, die einen wunderbaren Blick auf die Berge vermittelte. Die Wanderung stimmte mich von Tag zu Tag froher, obwohl ich doch nicht einmal wusste, was mich noch erwartete. Einige Stunden ging es schon über Almen abwärts, als ich einige Leute bei der Heumahd erblickte. Ich schritt auf eine ältere Frau zu, die ich für die Bäuerin hielt. Schwitzend arbeitete sie unentwegt mit dem Rechen. Als ich kam, blickte sie auf. Sie wischte sich den Schweiß von der Stirn, während ich meine tägliche Standardfrage an sie richtete.

„Du brauchst net weiterzugehen. Bis Deutschland kommst eh' net. Bleib' hier, ich brauch' noch zwei kräftige Arme. Du kriegst Unterkunft und ordentliche Verpflegung, wie die da drüben. Da sind auch flüchtige Landser dabei."

Als ich eine Weile wortlos stehenblieb, fügte die Frau unwirsch hinzu:

„Wenn du aber net willst, dann schau', dass'd weiterkummst und halt' mich net von der Arbeit ab. Fürs Nixtun geb' i a nix."
Das war deutlich. Ich hielt es für angeraten, meine Wanderung fortzusetzen. Verständlich, dass die Frau Arbeiter brauchte, aber ich hatte meinen Weg nun einmal begonnen und konnte hier nicht sesshaft werden. Am Abend fand ich nur einen Heustadel zur Übernachtung. Welch' ein Glück, dass mich das Reserl so gut versorgt hatte. Hungern brauchte ich jedenfalls nicht.
Um in die Nähe von Menschen und Häusern zu gelangen, stieg ich am nächsten Morgen tiefer ins Tal. Ich traf auf dem Wege einen Bauern, der mir erklärte, wie ich entlang der Möll bis Heiligenblut zu gehen hätte. Er nannte mir eine Familie Lareiner, die ein Haus am Ortseingang von Heiligenblut bewohne. Der könne ich mich ruhig anvertrauen. Es war eine gute Auskunft, die mich zuversichtlich stimmte und frohgemut weiterwandern ließ.
Es warviel weiter und schwieriger, als ich gedacht hatte. Als ich am Abend das Haus wirklich fand, war ich erschöpft. Umso dankbarer war ich Herrn und Frau Lareiner, dass sie mich freundlich aufnahmen. Sie besaßen eine kleine Gemischtwarenhandlung und das Haus wirkte geräumig. Nach einer warmen Mahlzeit wurde ich in einem Zimmerchen im Dachgeschoss in ein Bett verfrachtet, wo mir die Augen gleich zufielen. Endlich wieder ein richtiges Bett. Und schon war ich ins Reich der Träume gefallen.
„Was haben Sie jetzt vor?" fragte mich Herr Lareiner am nächsten Morgen beim Frühstück. Man hatte mir gute Dinge vorgesetzt. Es gab sogar echten Bohnenkaffee, den ich nur noch vom Namen kannte. Seine Frage konnte ich nur ungenau beantworten. Nur so viel, dass ich gleich aufbrechen wolle, um weiter gen Norden zu wandern.
Nachdenklich wiegte er den Kopf:
„Das wird von hier aus sehr schwierig. Über den Großglockner können Sie nicht. Die Straße ist von allen Seiten von den Amerikanern besetzt. Bliebe nur der Umweg über den Weißenfels-Kees. Das heißt, erst über die Edelweißspitze und dann über das Wiesbachhorn. Aber das ist was für Bergsteiger, da oben gibt es keine Wanderwege."
Er stand auf und holte aus dem Nebenzimmer eine Bergkarte, die er auf dem Tisch ausbreitete. Mit dem Bleistift zeichnete er eine bestimmte Linie an.
„Wenn Sie sich genau an diese Route halten, die Spitze des Großglockners

immer zu ihrer Linken sehen und sich genügend Zeit für den Aufstieg nehmen, wäre es zu machen. Doch Sie müssen äußerst vorsichtig sein. Der Berg hat ein paar gefährliche Steilhänge, die Sie meiden müssen."
Das klang nicht gerade ermutigend. Lareiner fuhr fort:
„Sie sind von Bozen hierhergekommen, und das war sicherlich auch kein Spazierweg. Das Wetter ist ausgezeichnet und wird wohl noch so bleiben. Heute ruhen Sie sich erst einmal gründlich bei uns aus und morgen in aller Frühe nehmen Sie's in Angriff. Ich werde Ihnen heute noch einige Tipps geben, denn ich kenn' mich gut da oben aus. Hätt' ich Zeit, würd' ich Sie begleiten."

Sonntagmorgen. Vom wolkenlosen Himmel strahlte die Sonne und feierliches Glockengeläut wehte von Heiligenblut herüber. Zu dritt verließen wir das Haus. Herr und Frau Lareiner im Sonntagsstaat, um zur Kirche zu gehen. Die guten Leute hatten mir noch brauchbare Dinge in den Rucksack gesteckt und noch einmal genau den Weg beschrieben. Bald verließen sie mich mit den besten Wünschen für meine Reise.
Zunächst bereitete mir der Anstieg keine Probleme. Nach einer guten Stunde wirkte Heiligenblut mit seiner Kirche dort unten im Tale wie Spielzeug. Der Fußpfad, den ich noch benutzen konnte, endete plötzlich. Ich blickte hoch und wusste, dass meine erste Kletterpartie begann, von der Herr Lareiner gesprochen hatte.
Stück um Stück, jeden Stein und jeden Halt aufmerksam beachtend, kletterte ich los. Der Rucksack wurde mir dabei schwer und lästig. Ich hatte etwa zehn Meter geschafft, als mein rechter Fuß wegen der verdammten Nagelschuhe rutschte. Lieber Gott im Himmel, hilf mir, betete ich. Vielleicht drei Meter rutschte ich ab, bis ich mit äußerster Kraft wieder Halt fand. Noch langsamer und behutsamer zog ich mich weiter nach oben. Ich schwitzte am ganzen Körper. Endlich, nach über einer Stunde schob ich mich hoch auf einen schmalen Pfad, der steil aufwärts führte. Ich blieb erst einmal liegen, um neue Kräfte zu sammeln.
Ich raffte mich auf und stellte fest, dass mein rechter Schuh einen langen und tiefen Riss aufwies. Ich aber war unverletzt geblieben. Das war ein wahres Wunder. Als ich hinunterblickte, wurde mir schwindelig. Steil fielen die Hänge bis tief unten ins Tal ab, wo ich nichts mehr erkennen konnte.

Mit dem Gesicht zum Berg hangelte ich mich auf dem engen Steig höher und höher. Ich biss die Zähne zusammen und versuchte meine Angst zu überwinden. Wieder musste ich, wie von Herrn Lareiner angekündigt,– klettern, weil der Pfad endete. Es ging ein klein wenig besser, weil die Wand nicht so steil war wie zuvor. Mittlerweile stand die Sonne schon hoch und mir tropfte das Wasser nur so vom Körper.
Hab' Mut, flüsterte ich mir zu. Gott hat dich bis hierher beschützt, er wird es auch weiter tun. Du musst durchhalten. Ein Zurück gibt es nicht mehr. Doch das Klettern wurde mir immer mehr zur Qual. Jeder Muskel schmerzte und das Atmen fiel mir wegen der dünnen Luft schwerer.
Nach sechs Stunden verbissener Anstrengung zog ich mich hoch und erblickte ein weitgestrecktes Plateau. Weiß blendete mich die zur anderen Seite abfallende Fläche: Ich hatte den Gipfel erreicht.
Wahrhaftig. Ich fiel auf die Knie und dankte Gott für seine Hilfe. Unter der Berücksichtigung der Mahnung von Pechleitner zog ich mich aus, frottierte mich und legte andere Wäsche an, die Frau Lareiner mir gewaschen hatte. Dann trank ich einen gehörigen Schluck Wein, aß etwas und legte mich auf ein trockenes Grasstück, wo die Sonne den Schnee vertrieben hatte. Greifbar nahe erlebte ich jetzt die Spitze des Großglockners. Mit einigem Stolz konstatierte ich, dass ich ganz allein seinen Nachbarn bezwungen hatte.

Das Abenteuer war aber noch nicht zu Ende. Nach einer halbstündigen Rast sah ich mit Besorgnis, wie sich rundum schwarze Wolken zusammenballten. Es war auch viel zu heiß. Himmel, ein Gewitter in 3000 Meter Höhe! Ich musste mich in Sicherheit bringen. Aber wie? Ich tat etwas, das leicht mein Verhängnis bedeuten konnte. Ich setzte mich an den Rand des Gletschers und gab mir einen Schubs. Im Nu fegte ich auf dem Hosenboden abwärts in einem Tempo, dass mir Hören und Sehen verging.
Ein Rudel Gämse huschte in nächster Nähe vorbei. Endlich erreichte ich in meiner patschnassen Hose trockenen Boden. Der Himmel wurde dunkler und schon vernahm ich näherkommendes Rumpeln. Zu meiner Erleichterung stellte ich fest, dass der Abstieg über die Almen im Verhältnis zum Aufstieg kinderleicht war. Ich lief los mit einem ähnlich leichtfüßigen Lauf, wie ich es zuvor bei den Gämsen bewundert hatte. Ich lief und lief, das Gewitter saß mir im

Nacken. Bloß weiter runter, dachte ich. Irgendwo musste doch eine Almhütte zu finden sein. Blitze und Donner rückten in immer kürzerer Folge näher. Endlich tauchte am Rande der ersten Baumgruppe eine Hütte auf. Mittlerweile war es so finster geworden, dass ich nur mit Mühe dorthin fand. Ich war schon an der Tür, da leuchtete grell ein Blitz auf. Mit einem Donnerschlag, der mich fast taumeln ließ, stand ich in der Hütte, die Tür hinter mir zuschlagend.

Ich erstarrte. In schwachem Kerzenlicht erblickte ich zwei Soldaten, die da wie angewurzelt standen und mich aus entsetzten Augen wie einen Geist anstierten. Die beiden waren schreckensbleich und ich bestimmt auch. Mich verließen die Kräfte und erschöpft sackte ich auf eine Bank.

Es dauerte eine ganze Weile, bis einer von den beiden stammelte: „Wo kommst du denn her und bei diesem Wetter?"

Mit matten Worten berichtete ich ihnen, welche Umstände mich hierhergeführt hatten. Dann erst bemerkte ich, dass die beiden noch Uniformen trugen:

„Wieso habt ihr denn noch die Uniform an?"

Der Bann war gebrochen und sie erzählten mir, dass sie bereits aus dem Gefangenenlager entlassen seien und die Uniformen nur noch als Arbeitskleidung hier oben brauchten. Sie waren Senne und gehörten zu einem größeren Hof im Tale.

Plötzlich schaute mich der Größere nachdenklich an:

„Auf welchem Weg bist du eigentlich von Heiligenblut bis zu uns gekommen?"

„Über den Weißenfelskees", gab ich zur Antwort, „es war eine verdammt höllische Anstrengung. Das könnt' ihr mir glauben."

„Na, des gibt's doch net. Da trauen wir uns ja net rüber. Da musst' schon einen besonderen Schutzengel gehabt haben."

„Aber", fügte er hinzu, „du mußt' ja völlig kaputt sein, warte." Er ging zu einem Schrank und kam mit einer Flasche wieder. „Hier, trink' erst mal tüchtig, damit du wieder zu Verstand kommst."

Ich nahm einen großen Schluck und glaubte sofort zu ersticken. Hatte der mir Salzsäure gegeben? Mir wurde heiß. Ich spürte, dass ich rot anlief.

„Gell', der Enzian ist gut, der hilft dir auf die Beine", schmunzelte der andere Senner.

Beide standen auf. Während draußen wahre Sturzbäche auf die Erde niederfielen, schürte einer den Herd und der andere richtete die Knödelmasse her. In der Pfanne brutzelte schon Fleisch. Der Duft durchzog die Hütte, die geräumiger war, als ich zuerst angenommen hatte. Der Enzian hatte tatsächlich meine Lebensgeister erweckt. Da ich mich bei den Kameraden nun gut aufgehoben fühlte, wich die Anspannung der letzten Stunden allmählich von mir. Die beiden Männer waren rührend um mich bemüht. Ich bekam einen Teller voll Essen, den ich kaum bewältigen konnte. Zum Nachtisch machte die Enzianflasche ein paar Mal die Runde. Wir rauchten und wurden immer gesprächiger. Jeder hatte genug zu erzählen und bei Kerzenschein und Enzian wurde jede Episode eindrucksvoller.

Das Gewitter war fortgezogen und der Regen ließ nach. Karl und Toni, so hießen meine beiden Senner, richteten mir mit viel Sorgfalt in der Ecke ein Schlaflager her. Als ich mich darauf ausstreckte, fühlte ich jeden einzelnen Knochen in meinem Körper.

Der nächste Tag war strahlend schön. Die Natur wirkte wie frisch gewaschen und es duftete so rein und klar, dass ich immer wieder tief durchatmen musste. Karl und Toni waren mit dem Vieh beschäftigt. Ich spazierte ein wenig herum, bestaunte die Landschaft und genoss die Sonne. Arbeiten durfte ich nicht. Das hatten die beiden mir verboten. Gute alte Soldaten-Kameradschaft, ging es mir durch den Sinn. Das war wohl die einzig wertvolle Erinnerung, die man aus dem ganzen Dilemma der vergangenen Jahre mit nach Hause nahm.

Drei Tage hielten die Senner mich fest, bis ich auf meinen Abmarsch drängte. Abends unterbreitete Karl mir einen Vorschlag:

„Helmut, pass' auf. Morgen muss ich hinunter ins Fuschertal bis nach Bruck. Wenn du mitkommen willst, müssten wir am Abend dort sein. Jeden Freitag, also auch übermorgen, fährt von Bruck ein LKW nach Salzburg, der Leute mitnimmt. Ich denk', riskieren solltest du schon, mal ein Stück bequemer wegzukommen."

Mir war zwar nicht ganz wohl bei der Vorstellung, die Landstraße zu passieren, aber versuchen wollte ich es trotzdem und willigte ein. Nach allem, was hinter mir lag, vertraute ich auf mein Glück.

Am Donnerstag wanderten Karl und ich schon einige Stunden schneidig daher. Nachdem ich mich morgens von Toni verabschiedet hatte, musste ich öfter zu der Hütte zurückblicken, in der ich buchstäblich in letzter Sekunde Schutz und erholsame Unterkunft finden durfte. In der Dämmerung erreichten wir Bruck. Karl führte mich zu dem Fuhrunternehmer, den er kannte.

Der war auf Anhieb gar nicht davon begeistert, einen deutschen Soldaten, dazu noch auf der Flucht, auf seinem Wagen mitzunehmen. Karl gelang es, ihn zu überreden. Auf einem alten Feldbett in der Garage durfte ich schlafen.
Um sieben Uhr am nächsten Morgen starteten wir mit einem alten klapprigen Lastwagen. Ich staunte nicht wenig, als außer mir noch etwa zehn Leute, meist ältere Frauen, auf den Bänken Platz nahmen. Es war noch recht frisch und meine leichte Bekleidung ließ mich frösteln. Eine alte Frau neben mir legte mir fürsorglich eine Decke über die nackten Beine. Sie erklärte mir, dass es momentan keine andere Verbindung nach Salzburg gäbe als mit diesem Wagen. Wir rumpelten los. Nach zwei Stunden Fahrt dachte ich sehnsüchtig an die Höhen und Almen, über die ich viel lieber gewandert wäre. Diese Fahrt hatte Karl auch noch für mich bezahlt, denn umsonst wurde niemand durch die Gegend geschaukelt.
Es war gegen Abend, als wir kurz vor Bischofshofen von einer amerikanischen Streife angehalten wurden. Aus, dachte ich, alles vorbei. Warum nur musste ich aus lauter Bequemlichkeit auf diesen blödsinnigen Wagen steigen und mich auf die Straße wagen?
Zwei Soldaten kamen um den Wagen herum und musterten uns. Einer warf mir nur einen Blick zu und rief mit englisch gefärbtem Akzent: „Absteigen!"
Die anderen Fahrgäste mussten ihre Identitätskarten vorweisen. Bald durfte der Wagen weiterfahren. Mit weichen Knien stand ich nun da und überlegte krampfhaft, wie das jetzt wohl ausgehen würde.
Der Soldat, der mich zum Absteigen aufgefordert hatte, wollte wissen, woher ich käme. Ich erzählte etwas von einem Camp, das ich suche. Mit Mühe ließ ich ein paar Brocken Englisch einfließen. Er schien zu verstehen und versuchte nun, mir genau zu erklären, wie ich zu gehen hätte. Um auf das Lager zu stoßen, musste ich auf der Straße zurück, an der Kurve nach rechts und dann wieder nach links. Ich bedankte mich, gab beiden die Hand und schritt mutig in die mir angewiesene Richtung.

Mein Gesicht hätten die allerdings nicht sehen dürfen. Ich grinste über meine eigene Unverschämtheit. Nach der Kurve ging ich auf eine Anhöhe zu und stieg etwa eine halbe Stunde an. Von hier oben hatte ich einen guten Blick hinunter auf die Straße. Ganz unten sah ich die Straßenposten und mit einem gedachten

Händedruck dankte ich ihnen für ihre freundliche Hilfe. Die Nacht verbrachte ich in einer Scheune, ohne den Bauern gefragt zu haben. Im Augenblick war ich etwas menschenscheu geworden. Der nächste Tag bescherte mir ebenfalls Sonnenschein. Von dem Gewitter einmal abgesehen, war ich von diesem Wetter bisher regelrecht verwöhnt worden. Wieder musste ich viel steigen, jedoch nicht mehr klettern. Als ich nach einem längeren Abstieg auf ein schmuckes Haus zuging, hoffte ich, hier rasten zu können. Eine gutaussehende Dame unbestimmbaren Alters holte mich ins Haus. Beklommen stellte ich fest, dass ich es hier ohne Zweifel mit wohlsituierten Leuten zu tun hatte.

Ich wurde in ein ordentlich eingerichtetes Zimmer geführt. Es war mit Teppichen ausgelegt und gewährte durch ein großes Fenster einen wunderschönen Blick auf die Berglandschaft. In einem Polstersessel musste ich Platz nehmen. Ich benahm mich dabei ziemlich ungeschickt in meiner einfachen Wanderkluft und den kurzen Hosen. Die Dame holte Weinbrand und Gläser, schenkte uns ein und sah mich aufmerksam an. Dann sprach sie mit einer auffallend klaren Stimme und in reinstem Hochdeutsch:
„Lassen Sie mich raten. Sie sind deutscher Soldat, vermutlich ein junger Offizier. Sie sind auf der Flucht, um nach Möglichkeit der Gefangenschaft zu entgehen. Stimmt's?“
Ich war so perplex, dass ich erst einmal Luft holen musste, bevor ich antwortete:
„Das stimmt sogar erstaunlich genau. Ich bin am 21. Mai in Bozen aufgebrochen, um über die Berge bis hierher zu gelangen. Wie es weitergeht, weiß ich allerdings nicht. Aber sagen Sie mir nur, wie verblüffend schnell Sie mich einzuordnen wussten.“
Sie lächelte.
„Wenn man jahrelang mit Leuten Ihres Schlages zu tun hat, bekommt man einen geübten Blick. Sie müssen wissen, dass mein Mann Major ist, oder sollte man sagen, war? Ehe er vor drei Monaten nach Deutschland verlegt wurde, war er zwei Jahre in Salzburg stationiert und brachte mir häufig Offiziere mit ins Haus. So habe ich viele junge Männer kommen und gehen gesehen und wer weiß, wie viele davon noch leben. Mein Mann hatte eine gewisse Ausbildungsfunktion. Als ich Sie eben draußen stehen sah, hatte ich das Gefühl, Ihnen hel-

fen zu müssen. So wie ich wünsche, dass meinem Manne geholfen wird, um zurückzukehren.“ Bei den letzten Worten waren Tränen in ihre Augen gestiegen. Sie wendete sich ab. Später sagte sie mir, dass sie Wilstedt heiße und aus Norddeutschland stamme. Daher kam ihr akzentfreies Deutsch. Nach einiger Zeit betrat eine ältere Dame den Raum, die mir von Frau Wilstedt als ihre Schwiegermutter vorgestellt wurde. Es entwickelte sich eine angeregte Unterhaltung. Die beiden Frauen zeigten sich sehr daran interessiert, soviel wie möglich über mich zu erfahren, von meiner Jugend und der jüngsten Vergangenheit. Gegen Abend bot mir Frau Wilstedt die Gelegenheit, in einem äußerst noblen Badezimmer ein Bad zu nehmen. Ich wusste gar nicht, wie mir geschah. Es wurde zu Abend gegessen und dann führte mich die Hausfrau zu einem Fremdenzimmer, in dem bereits alles für meine Übernachtung vorbereitet war. Unversehens fühlte ich mich in eine andere Welt versetzt und die Freude darüber war mir wohl anzusehen.

„Nicht wahr, so gut haben Sie es nicht alle Tage während Ihrer Wanderschaft gehabt? Ruhen Sie sich einmal richtig aus und seien Sie für einige Tage unser Gast. Ich zeige Ihnen dann auch ein wenig von unserer schönen Umgebung.“

Die nächsten Tage gestalteten sich wie Urlaub. Die Frauen taten alles, was sich jemand in meiner Lage nur wünschen konnte. Die Unterhaltungen mit ihnen führten mich weit fort von allem, was mich in den letzten Jahren geprägt hatte. So waren die Gespräche über Literatur, Kunst und Musik absichtlich darauf angelegt, mich von der Gegenwart abzulenken. Ich empfand es als Erholung, am Wissen der Damen teilzuhaben. Wenn sich Frau Wilstedt ans Klavier setzte, um uns vorzuspielen, war ich vorübergehend dem ungewissen Alltag entrückt. Mit großer Dankbarkeit nahm ich Abschied von den gebildeten Damen und ihrem schönen Haus. Als ich wieder allein in der freien Natur wanderte, dachte ich noch oft an die vielen Annehmlichkeiten, die ich dort genießen durfte. So etwas würde sich mir mit größter Wahrscheinlichkeit nicht noch einmal ergeben.

Nach Hause!

Die Erholungspause tat mir gut. Ich kam gut voran. Nach meinen Notizen, die ich mir anhand einer Karte bei Frau Wilstedt gemacht hatte, musste ich bald ins Salzburger Land gelangen. Aber was dann? Wie sollte ich mich in der Umgebung einer Großstadt verhalten, um nicht gleich den Besatzungskräften in die Arme zu laufen? Ich musste es dem Schicksal überlassen.
In den nächsten Tagen war verwöhnte mich das Glück nicht. Zumindest was die Übernachtungen betraf. Einmal fand ich eine Sennhütte bereits mittags, wo der Senner mich mit dem Nötigsten versorgte. Doch es erschien mir zu früh am Tage, um mich bis zur Nacht dort aufzuhalten. Die Nacht durfte ich dann im Freien verbringen. Es war zwar etwas geschützt durch Buschwerk, aber mehr als ungemütlich. In der Frühe wurde mir derart kalt, dass ich mich kräftig bewegen musste, um wenigstens einigermaßen in Tritt zu kommen.
Drei Nächte hintereinander standen mir nur Heustadel zur Verfügung und ich war dem Himmel dankbar, dass das Wetter so konstant warm und trocken blieb. Sehnsüchtig schweiften meine Gedanken zurück zum Hause Wilstedt Wie eine Fata Morgana schwebte mir das komfortable Badezimmer, das ich mittlerweile mehr als dringend gebraucht hätte, vor Augen.
Endlich nahm mich ein Bauer auf, allerdings gegen Arbeitsleistung. Ich blieb fast eine Woche dort und half bei der Heumahd, die für mich ungewohnt und anstrengend war. Dafür konnte ich mich und meine Wäsche nach Herzenslust reinigen, regelmäßig ordentliche Mahlzeiten einnehmen und abends wusste ich, wo ich mich todmüde hinstrecken durfte.
Es hielt mich nicht länger. Der Drang, weiter heimwärts zu wandern, wurde übermächtig und trieb mich davon. An einem Montagmorgen startete ichfrühzeitig. Ich nahm die mir empfohlene Richtung nach Salzburg auf. Bald fühlte ich mich in der freien Natur wieder froh und ungebunden.
Aufs Neue ging es hinauf und hinunter. Pausen wurden eingelegt. Als die Sonne schon tief stand, spürte ich, dass ich an diesem Tag viel geleistet und ein weites Stück zurückgelegt hatte.
Für heute war mein Bedarf an Marschieren gedeckt. Mit einem Seufzer schaute ich auf meine Schuhe und hoffte inbrünstig, dass sie mich nicht vor Erreichen meines Zieles im Stich lassen würden.

Meine Übernachtung schien gesichert. Vor mir lag ein großer Bauernhof, in dem sich wohl ein Plätzchen für meinen müden Körper finden ließ.
Auf mein Klopfen öffnete ein Mädchen von geschätzten zwanzig Jahren.
Ich trug ihr meine inzwischen geläufig gewordene Bitte vor, worauf sie verschwand, um den Vater zu holen. Ein großer, stämmiger Mann erschien und musterte mich von oben bis unten:
„Bist a Reichsdeutscher?"
Die Frage kam mir so unverhofft, dass ich mich erst darauf besinnen musste, wo ich eigentlich war. Nun ja, ich befand mich in Österreich. Das gehörte ja jetzt nicht mehr als sogenannte Ostmark zu Deutschland.
„Ja, ich bin Deutscher. Ich war Soldat und versuche, in meine Heimat nach Westdeutschland zurückzukehren."
„Für einen Reichsdeutschen hab' ich auf meinem Hof keinen Platz", kam es barsch von dem Bauern. Er wollte sich abwenden und gehen. Ich hielt ich mit meinen Worten ihn auf:
„Was habe ich denn Schlimmeres getan als ihre Landsleute? Ich habe Befehlen gehorchen müssen wie Sie. Habe Schulter an Schulter mit ihnen im Dreck gelegen. Ich habe den Krieg nicht gewollt und genauso verabscheut wie Sie. Ich wünsche mir jetzt nichts sehnlicher als ein normales Leben, so wie Sie. Und Sie haben nicht einmal einen Schlafplatz für mich?"
„Nein", sagte er hart, „gehen Sie weiter. Ihr habt mit eurem Hitler genug Unheil angerichtet."
Unser Hitler kam doch von euch, wollte ich entgegnen. Doch ich schwieg.
Ich drehte mich um und ging auf einem Feldweg weiter. Es dämmerte schon und wieder einmal war ich ratlos, wohin ich mich wenden sollte. Da hörte ich Schritte hinter mir. Ganz außer Atem stand das Mädchen vor mir, das mich eben auf dem Hof empfangen hatte.
„Lauf' net davon", sagte sie hastig, „der Vater ist alleweil so grantig. Seit die Mutter vor zwei Jahren gestorben ist, ist halt kein Umgehen mehr mit ihm. Komm', wir gehen in einem Bogen um den Hof, da sieht er uns net, und ich versteck' dich in der Scheune."
Ich wollte gar nicht, gegen den Willen dieses hasserfüllten Menschen auf seinem Hofe zu übernachten. Doch das Mädchen schaute mich so freundlich an, dass ich schließlich mit ihr ging. Unterwegs nannte sie mir ihren Namen.

Luise hieß sie. Sie erzählte mir, dass sie morgen früh nach Salzburg müsse und ich sie ein Stück begleiten könne. Ich dachte an den Bauern und machte mich auf alles gefasst.
Ohne Zwischenfälle erreichten wir die Scheune. Luise brachte mir Decken. Sie lief wieder fort und kehrte nach einer Viertelstunde mit Milch, Brot, Butter und Käse zurück. Dann steckte sie mir einen Zettel in die Hand, wünschte mir rasch gute Nacht und stob davon. Ich nahm den kleinen Zettel und las:
Lieber Helmut, komme morgen früh um 8 bis zum Weg, ich bin da. Vater könnte was merken. Deine Luise.
„Deine Luise", alle Achtung, das Mädchen hatte es eilig. Es hatte doch Angst vor der Entdeckung durch den Vater.
In der Nacht schlief ich unruhig. Die Auseinandersetzung mit dem Bauern, unter dessen Dach ich hier lag, machte mir mehr zu schaffen, als ich wahrhaben wollte. Ich wälzte mich lange herum und dachte darüber nach, wie denn wohl ein künftiges Leben ohne Krieg aussehen sollte. Wenn schon jetzt die Menschen begannen, sich wieder zu hassen.
Ich war viel zu früh auf den Beinen und stahl mich davon wie ein geprügelter Hund. Aber Luise saß schon am Wege und wartete auf mich.
„Hier", sie hielt mir eine Tüte entgegen, „da ist was zum Essen für unterwegs und ein Packerl Zigaretten. Die hab' ich immer aufgespart für jemanden, jemanden, den ich..., weißt, so wie du..."
Schon lag sie in meinen Armen. Sie schmiegte sich ganz fest an mich und küsste mich mit einer Leidenschaft, die ihr Verlangen verriet. Dann legte sie ihren Kopf an meine Brust und unter lautlosem Weinen flüsterte sie:
„Nimm' mich mit, Helmut. Bitte nimm' mich mit nach Deutschland. Ich kann beim Vater net mehr leben, der ist net gut zu mir. Und dich, dich hab' ich lieb."
Leise und behutsam drückte ich ihre Schultern:
„Selbst wenn ich wollte, ich kann dich doch nicht mitnehmen. Ich weiß ja selbst nicht einmal, auf welchem Wege ich nach Hause komme und dort" – es tat mir leid, aber ich musste es ihr sagen, wenn es ihr auch weh' tat – „dort wartet meine Braut auf mich."
Sie richtete sich auf und trocknete ihre Tränen. Unendlich traurig sah sie mich an: „Warum find' ich net mal einen ganz für mich. Bin ich denn gar so hässlich?"

„Du bist im Gegenteil sehr hübsch und noch so jung“,ich nahm ihre Hände, „du brauchst bestimmt nicht mehr lange zu warten, bis der Richtige kommt. Da bin ich ganz sicher, und ich wünsche dir den besten Mann der Welt.“
Nun huschte ein Lächeln über ihr Gesicht. Still stiegen wir hinunter über saftige Wiesen und durch die Morgensonne der Stadt Salzburg entgegen.
Mittags erreichten wir die erste Straße, die in die Stadt führte. Wir mussten uns trennen. Ich durfte mich nicht zu weit stadteinwärts wagen. Luise umarmte mich noch einmal und riss sich dann los. Sie lief davon, ohne sich umzudrehen. Jetzt, alter Junge, muss endlich Schluss sein mit den Mädchengeschichten, schimpfte ich mit mir selbst. Was soll denn Jetty von mir denken? Obwohl ich da immer ohne mein Dazutun hineingerate.
An der nächsten Ecke entdeckte ich eine Konditorei. Da ich dringend etwas Warmes brauchte, wollte ich versuchen, dort aufs Neue zu betteln. Ja betteln, denn hier am Rande einer Stadt sagte ich mein Sprüchlein nicht mehr so unbefangen auf, wie noch draußen in der freien Natur.
Eine recht korpulente Frau sah mich reichlich erstaunt an und bei ihrer Frage zuckte ich förmlich zusammen:
„Sind's a Reichsdeutscher?“
Das konnte es doch nicht geben. Trug ich denn ein Kainsmal?
Wurde mit der Beantwortung dieser Frage über Wert oder Unwert entschieden?
Ich stand sprachlos da und schaute die Frau nur an, die den Krieg wohlbeleibt überstanden hatte. Wortlos drehte ich mich um und wollte gehen. Da aber kam Regung in die Frau und fast begütigend hielt sie mich ab:
„Na, net gleich weglaufen. Wenn's auch a Reichsdeutscher sind. Ohne Essen kommt mir kein Soldat da weg. Oder waren's am End' gar kein Soldat?“
Der Ton gefiel mir besser. Kurz schilderte ich, unter welchen Umständen ich bis hierhergekommen war. Jetzt taute sie richtig auf. Sie fasste mich beim Arm und schob mich kurzerhand in die Konditorei.
„Wissen's“, sagte sie dabei, „nach all' dem, was gewesen ist, ist man da net gut auf die Deutschen zu sprechen. Aber i sag' immer, die Soldaten, na, die Soldaten können net dafür. Die haben sich eh' arg schinden müssen für a falsche Sach'. Und nu' warten's a Momenterl, gleich gibt's was zu futtern!“
Mit dem Essen schien sie ihre anfängliche Frage wieder gutmachen zu wollen. Sie tischte reichlich auf und zum Abschluss gab es noch Salzburger Nockerln.

Es waren die ersten in meinem Leben und sie schmeckten mir köstlich. Die kräftige Konditorfrau strahlte, als ich ihr das mitteilte. Ich bedankte mich herzlich und verabschiedete mich von ihr. Da drückte sie mir eine Tafel Schokolade in die Hand. Eine absolute Rarität, die man nur aus Vorkriegstagen in Erinnerung hatte.
Unschlüssig stand ich auf der Straße und wusste nicht, wohin ich meine Schritte lenken sollte. Gefühlsmäßig entfernte ich mich weiter von der Stadt. Ich war geneigt, die nächste Anhöhe zu besteigen, um einen Hof als Unterschlupf zu suchen. Doch ich dachte an Luises Vater und befürchtete, woanders eine ähnliche Abfuhr zu erhalten.
Es wurde allmählich dunkel. Plötzlich befielen mich Zweifel an der Richtigkeit meiner ganzen Unternehmung. In den Bergen hatte ich mich sicherer und freier gefühlt als hier nahe der Stadt. Würde ich auch hier gute Menschen finden, die mir weiterhalfen?
Ich schrittentlang der Bahnstrecke und suchte mühsam nach einer Bleibe für die Nacht. Ich entdeckte eine Art Bahnwärterhaus. Wenn mich niemand fortjagte, müsste ich da für die Nacht Schutz finden. Nach beiden Seiten forschend ging ich über die Eisenbahnschienen und stand bald vor der Tür des kleinen Hauses. Erschreckt blieb ich stehen. Aus dem Haus war lautes Reden zu vernehmen. Gerade wollte ich Reißaus nehmen, als die Tür aufgerissen wurde und mir jemand zurief:
„Aber so kommen Sie doch her. Sie suchen doch sicher einen Platz für die Nacht?“
Ich blickte in den Raum und prallte zurück. Wo war ich denn jetzt gelandet? Was ich sah, konnte nicht wahr sein. Wie angenagelt blieb ich an der Tür stehen. An einem alten Tisch saßen in voller Montur deutsche Offiziere. Ein Major, ein Hauptmann, zwei Oberleutnante und der Leutnant, der mich eben gerufen hatte.
Es steckte mir noch zu sehr im Blut: Ich schlug die Hacken zusammen, stand stramm und machte in meiner Tiroler Kluft Meldung:
„Leutnant Tödter von der 1./376 auf der Flucht von Bozen in Richtung Heimat.“
Ein unbändiges Gelächter brach los. Die vielen Flaschen auf dem Tisch ließen vermuten, dass die Offizierskameraden ganz schön angeheitert waren.

Als sie sich beruhigt hatten, grinste der Major:
„Lass' gut sein, Junge, wir feiern hier unsere Entlassung und damit ist eine Meldung überflüssig. Apropos flüssig, setz' dich zu uns und trink' einen mit. Denke, du wirst es nötig haben. Menschenskind“, fügte er hinzu, „von Bozen bis hier. Alle Achtung, da musst du ganz schön getrabt sein.“
Alle redeten auf mich ein. Jeder wollte wissen, wie ich meine Flucht bewerkstelligt hatte. Ich berichtete ihnen sämtliche Einzelheiten. In einer Pause bemerkte der Major:
„Bis Salzburg bist du heil gekommen, aber du musst wissen, dass du von jetzt an ohne Entlassungsschein nicht mehr weit kommst. Dafür gibt es zu viele Besatzungstruppen bis München. Mach' es wie wir. Ganz in unserer Nähe gibt es ein Entlassungslager, eigentlich nur für Soldaten österreichischer Herkunft. Die sind dort ganz human. Schließlich haben wir auch nur sechs Wochen in dem Lager auf unsere Entlassung warten müssen. Aber lieber eine Zeit warten als geschnappt werden. Denn dann sind sie nicht mehr human und stecken dich Gott weiß wo hin.“
Was er sagte, war einleuchtend. Wenn mir auch die Aussicht, mich in einem Lager melden zu müssen, wenig verlockend erschien. Immerhin war ich von Bozen aus geflohen und musste bei einer Vernehmung Farbe bekennen. Nur, was blieb mir jetzt anderes übrig.
Ich war bereit, dem Rate des Majors zu folgen. Die Männer erklärten mir, auf welchem Wege ich zu dem Lager gehen musste. Sie wünschten mir Hals- und Beinbruch und verließen bald darauf das Häuschen, weil sie irgendwo eine Unterkunft hatten.
Zuvor hatten sie noch aufgeräumt; auf dem Tisch stand nur eine Flasche Wein. Sie war geöffnet, aber noch nicht angebrochen. Der Major hatte sie mir als „Trostspender“ für die Nacht dagelassen. Ich sah mich in dem kleinen Raum um. Ein Tisch, drei Stühle und, gottlob, ein Feldbett bildeten die ganze Einrichtung. Zum Glück war auch ein Wasserhahn mit Waschbecken vorhanden.
Inzwischen war es dunkel geworden. Nur eine Lampe vom Bahnkörper draußen beleuchtete spärlich die Behausung. Ich saß am Tisch und trank grübelnd von dem Wein. War es wirklich richtig, sich freiwillig in einem Gefangenenlager zu melden? Hatte ich die erheblichen Strapazen meiner bisherigen Flucht nur auf mich genommen, um statt in Bozen jetzt in Salzburg in Gefangen-

schaft zu gehen? Ich konnte es drehen, wie ich wollte. Nach dem, was mir der Major gesagt hatte, blieb mir keine andere Wahl. Mit Wehmut dachte ich an die durchwanderte Bergwelt, in der ich mich so frei und glücklich gefühlt hatte.
Die strahlende Sonne am nächsten Morgen hob meine Stimmung auch nicht.
Die innere Erregung hemmte meine Schritte, als ich auf das Lager zuging. Es bestand aus einer Anzahl Holzbaracken, die im Viereck um einen großen Platz standen So kannte ich das von meiner Arbeitsdienstzeit. Überall sah ich Gruppen deutscher Soldaten, die ohne Koppel und Käppi herumstanden oder auf Bänken saßen. Friedlich und langweilig statt voller Zucht und Ordnung, war wohl ein Gefängnislager.
Ich ging auf den Eingang zu. Niemand kontrollierte mich. Ich malte mir schon aus, wie bequem und ungehindert man auch wieder hinausspazieren konnte, wenn es einem nicht behagte. Zwei Soldaten wurden auf mich aufmerksam und kamen näher. Einer schaute erstaunt auf meine Kleidung:
„Nanu, wo kommst du denn her? Warst du Soldat und bist schon entlassen?"
Während ich in kurzen Zügen meine Geschichte erzählte, gesellten sich noch einige Leute zu uns und starrten mich neugierig an. Einer sagte ziemlich abschätzend:
„Also, du bist ein Reichsdeutscher und möchtest hier entlassen werden? Da wirst du aber Schwierigkeiten bekommen, mein Lieber. Dies ist ein Entlassungslager nur für Österreicher und wir warten immerhin schon mehr als sechs Wochen darauf, nach Haus' geschickt zu werden."
Eine Auseinandersetzung war das Letzte, das ich wollte. Ich vermied es deshalb, diesem angriffslustigen Unteroffizier meinen Dienstgrad zu nennen. Das hätte hier sowieso wenig geholfen. Ganz ruhig erkundigte ich mich, wo man sich melden müsse.
„Dort drüben in der großen Baracke ist das Büro von Leutnant Zepen", der von eben zeigte auf eine Hütte. „Er ist ein amerikanischer Jude und spricht perfekt Deutsch. Wenn ich Deutscher wäre wie du, würde ich es mir gut überlegen, gerade ihn wegen Entlassung anzuquatschen."
Jetzt konnte ich es mir aber nicht verkneifen:
„Erstens werde ich ihn nicht anquatschen, wie du dich auszudrücken beliebst. Zweitens habe ich nicht mehr und nicht weniger getan als du und drittens waren wir bis vor ein paar Wochen noch Kameraden, die gemeinsam für den gleichen

Wahnsinn ihre Knochen hingehalten haben. Aber das hast du scheinbar ganz schnell vergessen.“

Er wollte noch etwas erwidern, aber ich drehte mich um und ging auf die Baracke zu, die mir gezeigt worden war. Wenn ich mich auch äußerlich gelassen und ruhig gab, in meinem Innern rumorte es. Aber was, wenn mich der amerikanische Offizier tatsächlich ungnädig aufnahm und in ein anderes Lager verwies? Eines, das unter viel schärfen Bedingungen geführt wurde? Dann wäre meine ganze Flucht nur ein Aufschub gewesen.

In der Baracke stieg ich drei Stufen hoch und stellte fest, dass meine Knie zitterten. Vorsichtig öffnete ich die Tür und stand in einem großen Raum, in dem drei lange Tische hufeisenförmig aufgestellt waren. Hinter jedem Tisch saß ein amerikanischer Soldat. Vermutlich waren es Offiziere, ich kannte die Rangabzeichen nicht.

Der Soldat am mittleren Tisch, gegenüber dem Eingang, blickte auf. r sah mich ernst, aber nicht unfreundlich, an:

„Ich bin Leutnant Zeper. Nennen Sie mir bitte Ihren Namen, Dienstgrad und Ihre Einheit, von der Sie kommen.“

Ich hatte mir fest vorgenommen in allen Einzelheiten wahrheitsgemäß zu antworten, weil ich durch Lügen oder Verschweigen meine Lage nur verschlechtern konnte. Ich berichtete in knappen Sätzen von dem Rückzug der Batterie, von unserem Standort in Frangart bei Bozen, von der Übernahme der Soldaten durch die Amerikaner und schließlich von meiner Flucht über die Berge bis hierher.

Leutnant Zeper hörte sich alles aufmerksam an. Als ich von meinen Wanderungen sprach, huschte ein Lächeln über sein Gesicht. Er schaute mich eine Weile nachdenklich an, bevor er in gutem Deutsch mit amerikanischem Akzent zu mir sagte:

„Geben Sie ihr Soldbuch dort drüben ab“, er zeigte zu dem Tisch an der Längsseite des Raumes, „und nennen Sie da auch ihre Heimatadresse.“

Dann blickte er mir direkt ins Gesicht, kniff ein Auge zu und grinste breit:

„Können Sie denn noch weiterlaufen?“

„Ganz bestimmt“, beteuerte ich, „wenn es nur immer in Richtung Heimat geht!“

Er drehte sich um und rief seinem Kameraden am Nebentisch zu: „Okay! Entlassen!"
Ich glaubte zu träumen. Was ich in einer Art Trancezustand jetzt tat, widersprach sicherlich allen Regeln. Ich ging an den Tisch, reichte dem Leutnant die Hand und bedankte mich herzlich.
Er lachte nur: „Okay, okay, alles Gute!" und schon stand ich am Nebentisch. Ich gab mein Soldbuch ab und biss mir fast auf die Zunge. Als ich meine richtige Adresse angeben wollte, fiel mir ein, was mir der Major gestern eingeschärft hatte: Die Amerikaner entließen nur in die amerikanische Besatzungszone und meine Heimat lag in der englischen. Rasch gab ich die Anschrift von lieben Bekannten in München an. Ich unterschrieb und dann hielt ich es in der Hand. Dieses Dokument, das mir den Weg in die Freiheit eröffnete. Nur ein Blatt mit der bedeutungsvollen Überschrift:
Certificate of Discharge. Entlassungsschein.
Es trug das Datum vom 18. Juli 1945. Vor knapp zwei Monaten war ich in Bozen aufgebrochen, beseelt von dem Wunsch, mir nach fünf verlorenen Jahren die Freiheit zurückzuerobern. Soeben war sie mir dokumentiert worden!
Nachdem Empfang ich 80 Reichsmark sowie ein Päckchen mit Lebensmitteln erhalten hatte, konnte ich die Baracke verlassen. Gehen konnte man das nicht nennen, ich schwebte dahin wie auf einer Wolke.
Mit neugierigen Blicken empfingen mich draußen die Soldaten, die vor einer halben Stunde noch sehr skeptisch über meine Zukunft orakelt hatten. Es gelang mir nicht, eine gleichgültige Miene aufzusetzen. Man musste mir die Freude über meine unerwartet schnelle Entlassung ansehen. So meldete sich denn auch der Sprecher von vorhin:
„Sag' bloß, du kannst hier in unserem Entlassungslager bleiben?"
„Nee, kann ich nicht. Ich bin nämlich gerade entlassen worden und will zusehen, möglichst schnell nach Hause zu kommen."
Zunächst herrschte betretenes Schweigen. Dann umringten mich einige Leute und einer sagte:
„Menschenskind, wie hast du das bloß angestellt? Wir warten hier schon wochenlang und du kommst heute Morgen, holst dir den Entlassungsschein ab und gehst wieder. Aber lass' nur, ich freu' mich, dass wenigstens mal einer Schwein gehabt hat."

Sie kamen näher, sogar der streitlustige Kamerad, reichten mir die Hand und wünschten mir gute Heimkehr. Sie begleiteten mich noch bis zur Straße. Im Fortgehen rief ich ihnen ermunternd zu:
„Wenn das bei mir heute so schnell geklappt hat, dann seid ihr bestimmt auch bald an der Reihe. Ich drücke euch fest die Daumen."
Mit einem unbeschreiblichen Glücksgefühl schritt ich auf Salzburg zu. Das Versteckspiel war zu Ende. Jetzt hatte ich auch Augen für die wunderschöne Mozartstadt mit ihren barocken Bauten und idyllischen Straßen. Bewundernd blickte ich hinauf zur Festung Hohensalzburg. Gerne wäre ich ein paar Tage geblieben, um mir alles anzuschauen. Es war jedoch merkwürdig. Nun, da ich den Entlassungsschein in der Tasche trug, fehlte mir die Leichtigkeit, um Unterkunft zu bitten: Ich war eben nicht mehr auf der Flucht. Hingegen wurde der Drang, so rasch wie möglich nach Hause zu kommen, derart stark, dass ich wie im Traum auf den Bahnhof zustrebte.
Der Tag hatte fantastisch begonnen. Ich wunderte mich also nicht sonderlich, als der Bahnhofsvorsteher mir verkündete, dass ein Güterzug in zwanzig Minuten von Bahnsteig 2 in Richtung München abfahren würde.
Mehr als vier Stunden war der Zug schon unterwegs. Er rumpelte bedächtig durch die Landschaft, schnaufte gewaltig und hielt an jeder Station, um sich ausgiebig zu erholen. Ich stieg jedes Mal herunter, um zu kontrollieren, ob ich noch über alle Knochen verfügte. Es war schon lange dunkel und bald Mitternacht, als wir tatsächlich in München ankamen. Mit arg zerschundenen Gliedern taumelte ich über den Bahnsteig. Ich fand einen trostlosen Wartesaal und hockte mich in eine Ecke, in der ich bald einschlief.
Am nächsten Morgen hatte ich den Zug schnell gefunden. Er bestand aus lauter offenen Güterwagen, in denen jeweils nur wenige Leute zu sehen waren. In der Mitte des Zuges stieg ich auf einen Wagen, auf dem ein älteres Ehepaar auf abgeschabten Koffern saß. In einer Ecke stand ein Soldat in einer verschlissenen Luftwaffen-Uniform. Geistesabwesend und eine Zigarette rauchend schaute er auf den Bahnsteig. Er war noch sehr jung, kaum älter als 18 Jahre. Es gab es noch einen Mann und eine Frau mittleren Alters, die sich in bayerischer Mundart unterhielten.
Um elf Uhr setzte sich der Zug zischend, dampfend und pfeifend in Bewegung. Sofort bemühte sich jeder, an der Oberkante der Seitenwände Halt zu

finden. Auch dieser Zug hatte es nicht eilig. Er stampfte und rumpelte durch die Gegend und machte häufige Verschnaufpausen. Als wir nach drei Stunden in Augsburg einliefen, versuchte ich auszurechnen, ob wir wohl bis Anfang August den Westen erreicht haben würden.

Abends gegen 21 Uhr waren wir in Heidelberg. Ein Bahnbeamter ging an den Wagen vorbei:

„Heute fahren wir nicht weiter, die Lok muss ausgewechselt werden. Weiterfahrt morgen früh um acht Uhr."

Im Wartesaal hatte sich schon eine Menge Leute eingefunden. Jeder war froh, einen Platz zu erwischen, um ein wenig zu schlafen oder nur zu dösen. Zusammen mit dem älteren Ehepaar aus meinem Waggon fand ich Platz auf einer Bank mit einem Tisch davor.

Eine Schwester vom Roten Kreuz sprach uns frisch und unbefangen an:

„Ich bin Schwester Ursula. Wenn Sie ein bisschen rücken, kann ich mich zu Ihnen setzen. Stehen kann ich nicht mehr. Morgen muss ich noch lange genug auf dem Waggon stehen, bis wir in Köln sind."

Ich schaute mir die muntere Schwester genauer an. Sie war jung, vielleicht Anfang zwanzig, sehr schlank, hatte ein schmales übermüdetes Gesicht, große braune Augen und einen dunklen Lockenkopf. Aus einer Tasche holte sie Brot, ein Stück Dauerwurst und etwas Käse. Mit einem Taschenmesser schnitt sie für jeden von uns ein Stück ab. Für sie war es ganz selbstverständlich. Als ich abwehren wollte, um ihr nichts wegzunehmen, schaute sie mich groß an:

„Du musst doch Hunger haben, bist doch auch schon seit München unterwegs. Nur keine Angst, ich habe noch mehr."

Dann löcherte sie mich mit einer Frage nach der anderen:

„Wohin fährst du denn? Hast du schon einen Entlassungsschein, du warst doch Soldat? Und wie kommst du an die hübsche Tracht?"

Du meine Güte, sie war so neugierig … Doch ich erzählte ihr in groben Umrissen von meiner Flucht. Ihre Augen wurden groß:

„Ist denn so etwas möglich? Da hast du aber schon mehr als nur einen Schutzengel gehabt."

Dann wurde sie nachdenklich: „Pass' auf, du hast einen amerikanischen Entlassungsschein. Mit dem darfst du in der französisch besetzten Zone nicht erwischt werden. Die Franzosen erkennen ihn nämlich nicht an und schicken die

Soldaten wieder in Gefangenschaft nach Frankreich. Wir müssen also im Rheinland, bis wir durch Koblenz sind, höllisch achtgeben."

Was sie da sagte, war mir neu. Bis jetzt hatte ich mich mit dem Entlassungsschein in der Tasche sicher gefühlt. Wenngleich ich nicht wusste, wie sich bei uns die Engländer dazu stellen würden. Nun quälten mich neue Sorgen. Die Schwester schien sich mit den veränderten Verhältnissen in Deutschland auszukennen. Mir war nicht einmal eine französisch besetzte Zone bekannt. Woher auch? Ob ich nicht besser vorher aussteige, um den Gefahren zu Fuß auszuweichen, fragte ich.

„Um Gottes Willen", antwortete sie, „da kommst du nicht weit. Erstens sieht dir jeder den Soldaten an und zweitens hast du keine hohen Berge mehr, in denen du abgelegene Höfe und Sennhütten zum Verstecken findest. Nein, komm' morgen mit und lass' mich nur machen."

Bei den letzten Worten gähnte sie und kuschelte sich an mich. Im Nu war sie eingeschlafen. Das ältere Ehepaar schaute lächelnd herüber und der Mann bemerkte:

„Das arme Kind ist total übermüdet. Wer weiß, welche Strapazen diese junge Schwester hinter sich hat."

Das „arme Kind" rutschte immer wieder von meiner Schulter ab und landete in meinen Armen. Im Versuch, ihren Schlaf nicht zu stören, zog ich mit einer Hand meinen Rucksack unter der Bank hervor. Ich legte ihn in meinen Schoß und bettete Ursulas Oberkörper darauf, als handele es sich um ein Daunenkissen. Sie räkelte sich etwas und zog mechanisch ihre Beine auf die Bank. Wie in einem Himmelbett fiel sie in einen tiefen Schlaf.

Nun, das war alles gut und schön mit dieser süßen Last. Nach einer guten Stunde bemerke ich jedoch, dass meine Beine ebenfalls eingeschlafen waren und mein Rücken schmerzte. Ganz vorsichtig nahm ich den Rucksack samt Ursula und legte sie behutsam auf die Bank. Leise ging ich nach draußen.

Die Nacht war kühl, meine Beine kribbelten. Ich wanderte über den Bahnsteig und rauchte eine Zigarette. Da aber auch mich die Müdigkeit mehr und mehr einnahm, ging ich zurück in den Wartesaal. Die alten Leute waren eingenickt und Schwester Ursula schlief wie ein Kind. Um Platz zu finden, legte ich ihre Beine auf meine Knie, die dadurch angenehm gewärmt wurden. Bald sank mein Kopf auf die Brust. Trotz meiner ungewöhnlichen Haltung schlief auch ich ein.

Draußen wurde es hell. Ich bekam einen leichten Tritt in die Magengegend. Schwester Ursula versuchte, noch schlaftrunken, sich aufzurichten. Dann erkannte sie ihre eigenartige Lage und blinzelte mich an:
„Ich glaube, ich habe tatsächlich etwas geschlafen. Du auch?"
„Du hast beinahe fünf Stunden geschlafen, Ursula", klärte ich sie auf. „Einmal hast du mit deinem Oberkörper auf meinen Beinen und dann haben deine Beine auf meinen gelegen."
Jetzt setzte sie sich schnell auf und blickte mich erschrocken an:
„Oh Gott, dann habe ich dich ja um den Schlaf gebracht. Warum hast du mich denn nicht geweckt?"
„Das hätte ich nicht übers Herz gebracht", erwiderte ich, „und nebenbei habe ich auch etwas geschlafen, als du meine Beine gewärmt hast."
Sie stand jetzt ganz auf, reckte sich und strich mir über den Kopf: „Danke!"
Seit drei Stunden schaukelten wir wieder auf einem Waggon. Das ältere Ehepaar, Ursula und ich. Sie hatte uns noch einmal an ihrem gar nicht so üppigen Vorrat teilhaben lassen. Aus dem Kanister, den sie kurzerhand mitgenommen hatte, gab es kalten Tee. Wir waren heilfroh darüber, denn mittlerweile brannte die Sonne hochsommerlich vom Himmel herunter.
Nachmittags kamen wir in Koblenz an. Am Bahnsteig, an dem unser Zug hielt, wimmelte es von Soldaten. Es musste sich um eine ganze Kompanie handeln. Im nächsten Moment saß ich auf dem Boden. Ursula hatte mich hinuntergeschubst und zischte mir zu:
„Achtung, Helmut, das sind Franzosen. Lege dich fest hier an die Wand. Ich stelle mich davor und tue so, als gäbe es dich nicht."
Still lag ich nun da und bewegte mich nicht. Was hatte ich zu erwarten, wenn die Soldaten auf die Waggons kletterten, um sie zu durchsuchen? Bis hier war meine Reise mehr als glücklich verlaufen und das Ziel rückte immer näher. Lieber Gott, lass' mich bitte auch hier heil durchkommen, betete ich.

Draußen auf dem Bahnsteig hörte ich die Franzosen laut miteinander reden. Jetzt riefen sie Ursula etwas zu. Lachend gab sie auf Französisch eine Antwort, und ich staunte nicht schlecht. Dann beugte sie sich vor und kurz darauf stand eine Flasche Rotwein neben mir, die die Soldaten ihr offensichtlich geschenkt hatten.

Eine Stunde lag ich nun beinahe regungslos da. Wenn auch der dauerhafte Anblick von Ursulas wohlgeformten Beinen erfreulich war, meine Lage wurde mir zunehmend unbequemer. Endlich gab es einen Ruck und der Zug fuhr an. Ich wollte mich erheben, doch bekam einen leichten Tritt in die Seite. Oben winkte das Mädchen den Soldaten lächelnd zu und unten gab sie mir zu verstehen, dass ich noch in Deckung bleiben musste.
Dann drehte Ursula sich um, kniete nieder und warf mir lachend die Arme um den Hals:
„Gerettet Helmut! Jetzt kann nichts mehr passieren, denn die nächste Station liegt schon in der englischen Zone."
Auch die beiden älteren Leute freuten sich aufrichtig mit mir. Glückselig versuchten wir die Flasche Wein zu öffnen. Da wir nur ein Taschenmesser zur Verfügung hatten, musste das mit größter Vorsicht geschehen. Wir saßen auf dem schaukelnden Boden des Wagens und waren sehr bemüht, keinen Tropfen des kostbaren Getränkes zu verschütten. Froh feierten wir, gestern noch einander fremd, meine baldige Rückkehr in die Heimat.
Gegen 17 Uhr rollte der Güterzug in Köln ein. Es hieß Abschied nehmen. Uns war so, als seien wir seit langem Freunde. Ich half dem Ehepaar mit ihren Koffern auf den Bahnsteig und herzlich wünschten wir uns eine gute Zukunft. Dann stand Ursula vor mir. Ihre kleidsame Rotkreuz-Uniform hatte sie zurechtgezogen und Koffer und Rucksack auf die Erde gestellt. Ich nahm ihre Hände und schaute in ihr schmales, beinahe vornehm wirkendes Gesicht:
„Liebe Ursula, ich danke dir von Herzen für deine große Hilfe. Ohne dich wäre ich jetzt vermutlich auf der Reise in die französische Gefangenschaft. Ich wünsche dir nur Glück und dass du vielen Menschen begegnest, die dir so helfen wie du ihnen. Bleib' so, wie du bist, Mädchen!"
Ich umarmte sie und scheu gab sie mir einen Kuss auf die Wange. Sie richtete sich auf, schluckte und sagte heiser:
„Mach's gut, Helmut. Grüße dein Mädel unbekannterweise von mir und werdet glücklich. Ich … ich danke dir auch, es war schön mit dir."
Sie nahm ihr Gepäck und schleppte es davon. Ich konnte ihr nicht einmal dabei helfen, denn der Zug ruckte schon an. Ich stieg auf den Wagen und schaute zurück. Da hinten auf dem Bahnsteig sah ich Ursula. Sie lief noch neben dem Zug und winkte mir immerfort zu, bis ich sie nicht mehr sehen konnte.

Nach 20 Uhr erreichte der Güterzug seinen Zielbahnhof Mönchengladbach. Mit meinem Rucksack stieg ich vom Waggon herunter und ging zum Bahnhofsgebäude, das unübersehbare Kriegsschäden aufwies. Auf meine Frage sagte mir ein Beamter, dass am morgigen Freitag ein Güterzug über Kempen nach Kleve fahren würde. Abfahrt 9.15 Uhr, wenn nichts dazwischenkäme.
Mittlerweile war die Dämmerung hereingebrochen. Ich kam mir einsam vor, allein auf der Straße. Ich war hundemüde von der beschwerlichen Fahrt und dem bisschen Schlaf in der vergangenen Nacht. Hungrig und durstig ging ich langsam weiter. Die Stadt schien ausgestorben zu sein. Ich wollte schon umkehren, um am Bahnhof eine Möglichkeit zur Übernachtung zu suchen, da sah ich in einer Haustür zwei Frauen, die miteinander redeten.
Ohne lange zu überlegen, ging ich hin
„Bitte entschuldigen Sie, aber könnten Sie mir einen Rat geben, wo ich die Nacht schlafen kann? Ich bin ein entlassener Soldat, komme aber heute nicht mehr bis Oedt, wo ich zu Hause bin.“
Die ältere der beiden Frauen schaute mich mitleidig an:
„Wie sind Sie denn nur bis hier gekommen, dazu in dieser Tracht?“ Ich war einfach zu erschöpft, um viel zu erklären:
„Von Bozen zu Fuß über die Berge bis Salzburg. Von Salzburg mit dem Zug bis München und von München mit dem Güterwaggon bis hier.“
„Na, da haben Sie ja allerhand hinter sich. Sie können bei mir im Wohnzimmer auf der Couch schlafen. Kommen Sie nur mit.“
Die Frau machte mir auch noch eine Nudelsuppe warm und bereitete Pfefferminztee zu. Obendrein gab sie mir ein Stückchen Brot und etwas Hartwurst. Dabei hatte sie doch bestimmt selbst nicht genug zu essen. Sie schaute mir zu, wie ich alles verschlang. Es schien ihr Freude zu machen. Nach dem Essen gab es einen Weinbrand; es war mir unerklärlich, woher sie den haben könnte. Eine Weile blieben wir noch am Tisch sitzen und ich musste ihr von meiner Flucht erzählen. Sie sprach von ihrem Sohn, der in einem Lager bei Weeze sei und wohl bald, so hoffe sie, nach Hause käme.

In der Nacht schlief ich auf der Couch wie ein Stein. Die Frau musste mich morgens wohl schon ein paar Mal gerufen haben, denn sie rüttelte an meinen Schultern:

„Sie müssen aufstehen. Es wird Zeit, wenn Sie den Zug noch kriegen wollen. Ich habe schon dreimal gerufen, aber Sie lagen so tief im Schlaf, dass Sie gar nichts gemerkt haben."
Ich zwang mich hoch, brauchte jedoch eine geraume Anlaufzeit, bis ich zu Verstand kam. Erst als ich mich gewaschen hatte, durchfuhr mich plötzlich ein unendliches Glücksgefühl:
Dieser Tag musste mein letzter Reisetag sein. Noch heute würde ich mein geliebtes Mädchen in die Arme nehmen dürfen. und meine Mutter und Jettys Eltern wiedersehen. Ich konnte meinen Sehnsüchten und dem schier unerträglichen Heimweh ein Ende bereiten.
In letzter Minute kam ich auf dem Bahnsteig an. Ich stieg auf den erstbesten Waggon und saß sofort auf dem Hosenboden, denn just in diesem Moment ruckte der Zug an. Aber was machte mir das schon aus! Mein Herz jubelte, die Sonne schien und der Zug schnaubte unentwegt meinem Ziel zu.
In Kempen angekommen, ging ich bedächtig, nein mehr noch feierlich, auf den Bahnhofsausgang zu. Draußen setzte ich mich auf eine Bank in die Mittagssonne, um erst einmal die Bedeutung dieser Stunde auszukosten. Vor mir glitten die vielen Stationen meines ungewöhnlichen Weges vorüber.
Heute war Freitag, der 27. Juli 1945. Vor mehr als drei Monaten, am 22. April, war ich mit der Batterie aufgebrochen, um aus der Po-Ebene heraus dem Tod zu entrinnen. Ich dachte an die Zeit auf dem Hofe Kasseroller in Frangart, wo wir zum ersten Mal seit Jahren einen Hauch von Frieden erleben durften.
Danach begann meine Flucht vor der Gefangennahme. Ich sah noch einmal Friedl vor mir, damals am 21. Mai, wie sie mir auf der Etschbrücke entgegenkam. Dann kam der Anstieg auf den Helm, angeseilt an den eigenwilligen Pechleitner und mein erster Zusammenstoß mit einem amerikanischen Posten. Meine Gedanken schweiften zu der hilfsbereiten Frau Baumgart und ihrer lieben Tochter Stephanie, die meine Genesung ermöglicht hatten.
Nie im Leben würde ich mein Bergabenteuer vergessen, das mich wie durch ein Wunder von Heiligenblut aus über den Weißenfelskees und das Wiesbachhorn gelangen ließ. Ich sah noch einmal die beiden Soldaten in der Berghütte, die mich bei Blitz und Donnerschlag aufgenommen hatten. Das hübsche blonde Moidl, sowie das kräftige Reserl mit ihren Pfannkuchen. Ich erlebte im Geiste die unvergesslichen Tage in dem vornehmen Hause Wilstedt.

Alles war so greifbar nahe und doch schon so weit weg. Die ungemütlichen Nächte in Heustadeln oder im Freien, die Abfuhr von dem Bauern bei Salzburg, dessen Töchterlein Luise mit mir ziehen wollte. Das Bahnwärterhaus mit den Offizieren, das Lager, meine Entlassung, der rettende Engel Ursula und und und … Ich war so sehr mit meinen Gedanken beschäftigt, dass ich den Polizisten gar nicht bemerkt hatte, der mich wohl schon eine Weile beobachtete. Als ich jetzt aufschaute, sprach er mich an:
„Du bist doch sicher ein entlassener Soldat. Heut' fährt aber kein Zug mehr oder wo willst'e hin?“
„Ja, ich bin entlassen. Jetzt möchte ich zu meinen Lieben nach Oedt, zur Adolf-Hitler-Straße. Können Sie mir sagen, wie ich am besten hinkomme?“
„Mein Lieber“, sagte er, „die Adolf-Hitler-Straße jibbet ni mi. Die heeß widder Oststraß' . Und am besten kommst'e hin, wenn do dich hinten auf ming Motorrad setzt. Ich bin nämlich us Oedt.“
So brauchte ich auch die letzten wenigen Kilometer nicht mehr zu laufen. Sein Motorrad war eine Maschine in Kleinformat, hatte aber einen Soziussitz. Auf meine bange Frage, ob der Krieg auch in Oedt schlimme Schäden angerichtet hätte, gab der Polizist gelassen zur Antwort:
„Nee, bei uns is nit vill passiert und de Oststraß' is jenau so, wie do se verlasse has'. Nur sind noch vill Jungs draußen in Jefangenschaft. Kumm', mer fohre!“
Als er mich an der Ecke der Oststraße abgesetzt hatte, stand ich eine ganze Weile entgeistert am Wegesrand. Ich kam nicht auf Urlaub, ich war nicht mehr Soldat und ich musste auch nicht mehr fürchten, wieder weg zu müssen.
Dies war der erste Tag eines neuen Lebens. Eines Lebens ohne Uniform, ohne Waffen und ohne Krieg!
Langsam ging ich über die menschenleere Straße auf das Haus zu, in dem meine Mutter wohnte. Da hörte ich einen Schrei von der anderen Straßenseite. Mit triefend nassen Haaren stürzte meine Mutter auf mich zu, direkt aus einem Friseursalon heraus. Weinend drückte sie mich an sich. Sie schaute mich zwischen Weinen und Lachen an:
„Ich kann es nicht fassen. Bist du es wirklich, mein Junge? Brauchst du nicht mehr weg? Bleibst du jetzt ganz hier? Ich kann es nicht glauben! Ach mein Gott, ich mache dich ganz nass mit meinen Haaren. War gerade bei Frau Gehnen zum Haarewaschen. Ich lass' sie eben trocknen und komme sofort.“

Aufgeregt lief sie fort, kam zurück, drückte mich wieder und verschwand im Haus der Friseurin. Einige Leute waren aus den Häusern gekommen und hatten uns gerührt zugesehen. Da öffnete sich eine Tür. Es war wie im Traum. Da stand sie. Meine Jetty. Das Mädchen, nach dem ich mich unendlich gesehnt hatte.

In diesem Augenblick gingen alle meine Wünsche in Erfüllung. Für die Nöte, Ängste und Entbehrungen der Vergangenheit wurde ich reich entschädigt. I In ihren Armen, bei ihren Küssen empfand ich tiefe Dankbarkeit und Glück.

Der Weg zurück war weit gewesen, aber er hatte sich gelohnt!

Epilog von Antonio De Mitri – Helmut Tödters Enkel

Die vorliegende Niederschrift von Begebenheiten im Zweiten Weltkrieg beruht auf Tatsachen. Zwei Jahre nach seiner Rückkehr in die Heimat heiratete mein Großvater seine geliebte Jetty. Bald darauf zogen sie in ihre Wohnung im Düsseldorfer Stadtteil Gerresheim, wo sie bis zum Tod meines Opas mehr als 50 Jahre glücklich zusammen lebten. Die Liebe zu Südtirol, wo die Flucht bei Kriegsende ihren abenteuerlichen Lauf genommen hatte, hat meinen Großvater – und mit ihm auch meine Großmutter – nie losgelassen. Seit den Fünfzigerjahren verbrachten die beiden jedes Jahr ihren Urlaub am Ritten, Bozens Hausberg. Genau dort, wo auch Friedl Oberrauch mit ihrer Familie wohnte. Das starke Band zu diesem wunderschönen Flecken Erde (Opa: „Gottes eigener Garten“) übertrug sich auf meine Eltern und auf mich. Als wir im Sommer der Siebzigerjahre auf dem Weg von Düsseldorf zur Familie meines Vaters nach Brindisi mit dem Auto – Fliegen war noch zu teuer – auf halber Strecke Pause machen mussten, übernachteten wir auf der Hin- und Rückfahrt stets auf dem Ritten. „Tante Friedl“, wie wir sie nannten, ihr Mann und ihre Kinder waren für uns recht bald schon wie Wahlverwandte.

Nun, die ältere Generation ist von uns gegangen, Kontakte verflüchtigen sich mit der Zeit. Aber die vielen schönen Momente mit meinen Großeltern in Südtirol und die unglaublichen Erzählungen von der Flucht eines jungen Soldaten zu Fuß über die Berge, die ich an etlichen gemütlichen Nachmittagen bei Omas selbstgebackenem Kuchen (weltbester Schwarzwälder Kirsch!) in Gerresheim aufgesaugt habe, sind mir bis heute in liebster Erinnerung. Sie hellen meine Stimmung immer auf, wenn das Leben mal etwas beschwerlicher ist. Heute bin ich dankbar, dass ich am Ende dieser Nachmittage meinen Großvater immer wieder gedrängt habe: „Schreib das auf!“ Kaum war er in Rente, kam er meiner Bitte nach. Ich weiß noch, wie er sich nachmittags für zwei, drei Stunden in sein Arbeitszimmer, das „Stübchen“ im Südtiroler Stil, zurückzog, sich die große Lesebrille mit den dicken Gläsern auf die Nase setzte und beharrlich auf seine alte Triumph eintippte. Manchmal kam er völlig abgekämpft ins Wohnzimmer zurück und hatte nur ein paar Zeilen geschafft. Manchmal schwebte er förmlich zu seinem Sessel und berichtete stolz, wie gut ihm heute alles von der Hand gegangen war.

Das alles ist jetzt mehr als 40 Jahre her. Und doch sehe ich diese Augenblicke so lebendig vor meinem geistigen Auge, als wäre es gestern gewesen. Danke, Opi, dass Du Dir die Mühe gemacht hast, Deine Erinnerungen zu Papier zu bringen. Daraus dieses Buch zu machen, war ich Dir schuldig. Und wenn ich es unterm Strich betrachte, so ist Deine Geschichte immer auch die Geschichte von der Kraft der Liebe, die Menschen am Leben erhält, und uns gemahnt, jeglichen Hass, jegliche Spaltung und Gewalt in einer Gesellschaft mit unbedingter Leidenschaft und Mut im Keim zu ersticken. Damit sich nie wiederholt, was die Welt 1914 und 1939 in Jahre des Abschlachtens mit Millionen unschuldiger Toter getrieben hat.

Es ist das Erbe einer Generation an uns.

Antonio

Hochzeit Jetty und Helmut 1947

Goldene Hochzeit Jetty und Helmut 1997